THE CONCEPT OF A LEGAL SYSTEM
AN INTRODUCTION TO THE THEORY OF A LEGAL SYSTEM

法体系の概念

法体系論序説
[第2版]

Joseph Raz
ジョゼフ・ラズ
translated by Hiroshi Matsuo
松尾 弘 訳

慶應義塾大学出版会

© Oxford University Press, 1980
"THE CONCEPT OF A LEGAL SYSTEM: AN INTRODUCTION TO
THE THEORY OF A LEGAL SYSTEM, SECOND EDITION"
was originally published in English in 1980.
This translation is published by arrangement with Oxford University Press.

はしがき

本書は，私がオックスフォード大学に提出した博士論文を基にしている。私はハート（H. L. A. Hart）教授に多くのものを負っていることをここに記して謝意を表したい。私は彼の公刊された著作，講義，そして何よりもこの研究の草稿に対する彼の非常に辛抱強くかつ詳細な批評から，多くのものを学んだ。私はまた，彼の不断の励ましと指導に対し，何より感謝している。

私は，ここで論じられているトピックについて多くの啓発的な議論をともにしたハッカー（P. M. Hacker）博士に，そしてベンサムとケルゼンに関して私が書いた二つのペーパー——これらは本書のⅢ章からⅤ章における論述の素材の基礎になっている——を読み，コメントしてくれたケニー（A. Kenny）博士にも多くのものを負っている。

私のオックスフォード大学滞在は，必要な資金を提供してくれたエルサレムのヘブライ大学，そしてとりわけ，ポスナンスキー（E. Posnansky）氏の親切な配慮と関心によって可能となった。

ハート教授もハッカー博士もともに本書の草稿を読んでくださった。もし彼らのお骨折りがなければ，本書にまだ実際に残されているよりも多くの誤りや文体上の不適切な表現があったであろう。

法体系の概念／目次

　　はしがき　i
　　略語　v
　　凡例　v

序論 …………………………………………………………… 1

I　オースティンの法体系論 …………………………………… 6
　　1　主権　8
　　2　存在の指標　13
　　3　同一性の指標　22
　　4　法体系の構造　28

II　オースティンの理論：批判 ………………………………… 32
　　1　主権の無制限性　33
　　2　人的服従について　39
　　3　主権の統一性　42
　　4　立法について　45
　　5　独立性について　49

III　規範理論の構成要素 ………………………………………… 52
　　1　規範的言明　53
　　2　規範の構成要素　59
　　　　A　規範の構造に関するベンサムの説明
　　　　B　規範の構造に関するケルゼンの立場
　　3　規範の存在　72
　　　　A　派生的な創造条件
　　　　B　派生的な消滅条件
　　　　C　原初的な存在条件

IV 法の個別化について ……………………………… 83
1 個別化の問題　83
2 法の個別化へのケルゼンのアプローチ　91
3 ケルゼン対ベンサム——比較　101

V ケルゼンの法体系論 …………………………………… 110
1 法体系の存在　110
2 同一性の指標　112
3 同一性の指標——根本規範の役割　118
4 同一性の指標——有効性の連鎖　123
5 法体系の構造　128
 A　個別化に関する二つの選択的原理
 B　一方の分類を他方の分類に投影することの可能性
 C　静態的原理の優越性
6 独立的規範について　134

VI 諸規範の体系としての法体系 ………………………… 142
1 定言命令的規範　143
2 根本規範と動態的正当化　150
3 体系の構造とその体系に属する諸法の個別化　165
 A　制限的要件
 B　指導的要件
4 義務賦課法　173
5 権能付与法　183
 A　服従法に関する覚書き

VII 諸法の体系としての法体系 …………………………… 197
1 法の規範性について　197
2 許可について　199
3 権利を設定する法について　206
4 発生的構造および作用的構造　215
 A　強制的サンクションに関する覚書き

Ⅷ 法体系の同一性 …………………………………………… 220
1　非定時点的な法体系の同一性　220
2　定時点的な法体系の同一性とその所属資格　222
3　承認のルールについて　233
　　A　法と紙に書かれた法との関係に関する覚書き

Ⅸ 法体系の存在について ………………………………… 240
1　実効性の原理について　240
2　いくつかの追加的な指摘　243

おわりに：源泉，規範性および個別化 ………………………… 248
1　源泉　249
2　個別化一般　257
3　権能付与的ルール　265
4　規範性　272
5　規範的言明　278

ラズの法体系論──『法体系の概念』の意義と課題──（松尾　弘）283
訳者あとがき　317
復刊によせて　326
文献目録　327
人名索引　331
事項索引　332

略　語

いくつかの著作は，しばしばその書名の最初の主要語によって引用する。例えば，*The Limits of Jurisprudence Defined* は，*Limits* として引用する。
その他の略語は，以下のとおりである。

- **CL**　　Hart, *The Concept of Law.*
- **GT**　　Kelsen, *General Theory of Law and State.*
- **NA**　　von Wright, *Norm and Action.*
- **PTL**　Kelsen, *The Pure Theory of Law.*
- **TP**　　Kelsen, *Théorie Pure du Droit.*
- **WJ**　　Kelsen, *What is Justice?*
- **OLG**　Bentham, *Of Laws in General.* 　同書は，実質的には上記 *Limits* の新版である。

凡　例

本書は，Joseph Raz, THE CONCEPT OF A LEGAL SYSTEM: *An Introduction to the Theory of Legal System*, Second Edition, Clarendon Press, Oxford, 1980 の全訳である。

訳文中，（　）内は原著のもの，［　］内は原著における引用文等の中で原著者が用いているもの，〔　〕内は訳者による補足を指す。

原著におけるイタリック体の部分は，訳文では太字で表示した（ただし，ラテン語などによる慣用句のイタリック体表現については，この表示を省いたものもある）。

原著の脚注では，注が付された頁ごとに注番号が1から付されているが，本訳書では，脚注番号を各章ごとに1からの通し番号によって付した（原著の頁数と本訳書の頁数とが必ずしも一致しないことによる）。

本訳書の各頁の欄外には，原著本文の頁数を付記した。

序　論

　本書は，法体系の一般的研究への序説である。すなわち，法がもつ体系的性質の研究，およびあらゆる法が必然的に一つの法体系（イギリス法，ドイツ法，ローマ法，教会法の体系，またはその他の法体系）に属するという事実の基礎になっている前提や含意を吟味するための序論である。それらについての包括的研究は，法体系論（a theory of legal system）と呼ぶことができるものに帰結するであろう。そうした理論は，すべての法体系に当てはまることを要求する点において，一般的である。もしそれが成功すれば，法体系論は法体系の概念を解明するものとして，一般的な分析法学の一部をなすものとなるであろう。

　この問題にアプローチするために，ここで採用された方法は，一部は歴史的なものであり，従来の理論に対する批判的吟味から出発するものである。本書におけるこうした解釈的部分は，その性質上分析的であり，学説史の部分で吟味される著作家たちは，すべて分析法学派（the analytical school of jurisprudence）に属する[1]。分析的観点からすれば，完結した法体系論は，以下の四つの問題に対する解答から構成される。すなわち，──

　(1) 存在の問題。つまり，法体系というものの存在を判断するための指標は何であろうか。現存する法体系と，存在しなくなった法体系（例えば，ローマ法体系）またはけっして存在しなかった法体系（例えば，プラトンが理想国家のために提案した法）とを，われわれは区別している。さらに，フランス法体系

---

[1] Bentham, *Principles*, pp. 423 ff.; Austin, 'The Uses of the Study of Jurisprudence'; Kelsen, 'The Pure Theory of Law and Analytical Jurisprudence'; Hart, 'Positivism and the Separation of Law and Morals' を参照せよ。

はフランスには存在するがベルギーには存在しないといわれ，パレスティナには30年前に効力をもっていたのとは異なる法体系が，今や存在するといわれる。法体系論の対象の一つは，そうした言明の真偽を決定するための指標を提供することである。そのような指標を法体系の「存在の指標」と呼ぶことにする。

(2) 同一性の問題（およびそれと関連する所属資格の問題）。ある法がどの体系に属するかを決定する指標は何であろうか。これは所属資格の指標であるが，その指標からは，どのような法が所与の体系をなすかという問題に答えるものとしての，同一性の指標が引き出されうる。

(3) 構造の問題。すべての法体系に共通の，または一定類型の法体系に共通の構造が存在するであろうか。同一体系に属する諸法の間には，すべての法体系において同様に見出されるような，または法体系の主要類型間の相違を画するような，何らかの関係パターンが存在するであろうか。

(4) 内容の問題。すべての法体系において，あるいはいくつかの類型の法体系において，何らかの形で同様に見出されるような法が存在するであろうか。すべての法体系に共通の，または体系の主要類型を決定するような，何らかの内容が存在するであろうか。

あらゆる法体系論は，最初の二つの問題に対する解答を与えなければならない。なぜなら，存在および同一性の指標は，「法体系」を適切に定義するために必要不可欠な，その定義の一部だからである。しかし，その一方で，法体系論は最後の二つの問題に対しては消極的な解答を与えることもできる。つまり，すべての法体系に共通する構造だとか，すべての法体系によって共有された内容などというものは存在しない，という主張がされるかも知れない。この構造と内容についての吟味は，法体系の類型論にとっても根本的な問題である（それが，比較法学の分析的部分と呼ばれうる所以である）。

本書は最初の三つの問題に関するものであり，しかもこれらの問題が法体系の一般理論に属する限りにおいてそれらを扱うにすぎない。ハートを除けば，分析法学者たち（analytical jurists）は内容の問題にはほとんど注意を払ってこなかった。そして，われわれは主として従来の諸学説の批判的な吟味を通じて体

系的な帰結を展開することを選択したのであるから，内容の問題はほとんど考慮に入れずにおくことが便宜であろう。もっとも，内容の問題とその他の三つの問題との相互関係に関する少しばかりの考察が，第VI章およびその他の箇所で行われるであろう。

　法体系論の四つの問題すべてに関して，その多くの部分が分析法学者たちによって放置されてきた。伝統的には，法を理解するために決定的に重要なステップは「法」というものを定義することである，という考え方が受け容れられ，「法体系」というものの定義はそれ以上の何らかの帰結をもたらしうる問題を含むものではない，という想定が，さしたる議論もなしに行われてきたように思われる。これに対し，「もしわれわれが単一の孤立したルールに注意を限定してしまうならば，法の性質を把握することは不可能である」ということを最初に主張したのはケルゼンであった[2]。ここでは，さらに先に進むことが提案されるべきである。すなわち，本書の主要命題は，法体系論は「法」というものに何らかの適切な定義を与えるための前提条件であり，既存のすべての法体系論はこの事実を理解し損なっていることもあって成功していない，ということである。

　この命題を論証するに際しては，規範に関する一般理論がもつ一定の視点が考察されるであろう（第III章，第IV章）。しかしながら，その議論は，一般的な見解の有効性を論証するのにただ必要最小限のものだけに限定されるであろう。

　法の最も一般的で最も重要な三つの特徴は，法が規範的であり，制度化されており，そして強制的である，という点である。すなわち，法は人間行動の指針として役立ち，また役立つものと意図されている点で規範的である。法はその適用と修正の大部分が諸制度によって行われ，または規制されるという点で制度的である。そして，法は法に対する服従およびその適用が内部的に保障され，究極的には実力の行使によって保障されている点で強制的である。

　当然のことながら，あらゆる法体系論はこれらの諸特徴の説明と併存可能で

2　*GT*, p. 3.

なければならない。これらの諸特徴の重要性ゆえに，われわれはさらに，あらゆる法体系論はこれらの諸特徴を考慮に入れるものであり，少なくとも法にとってのそれらの重要性を説明するものであると想定することにする。

法に関するこれら三つの特徴を強調することは，われわれが現代における二つの分析的法体系論——ケルゼンとハートの法体系論——と共有する最も重要な点である。われわれの様々な立場の間にみられる相違は，これら三つの特徴，それらの相互関係，およびそれらの相対的な重要性に関する解釈の相違へと縮減されるかも知れない。この共通分母は，その他の類似の試みを批判的に吟味する文脈において問題を解決するために，本書の試みを提示することを有意義なものとする。

もっとも，これら現代の二つの理論を本書の中で扱う方法には，大きな違いが存在する。ケルゼンの理論は，法体系論への何らかの積極的寄与が述べられる前に，連続する三つの章（第III章，第IV章，第V章）で解説され，批判される。その目的は，法体系論の諸問題に関してより詳細な理解を獲得し，それらに取り組む際に伴う困難を探求し，そしてまた同時に，ケルゼンの功績と誤謬の双方から学ぶことにある。これに対し，本書で用いられているアプローチにもっとずっと近いハートの理論は，法体系論への積極的寄与を定式化することと関連づけて論じられる（第VI章〜第IX章）。このほか，完成された法体系論を生み出しはしなかったものの，法体系論の構築にとって重要な見解を述べた法哲学者たちについては，彼らの見解のいくつかを機会あるごとに取り上げて検討する。

法体系の概念を明示的かつ十分に扱ったのはケルゼンが最初であったが，すでにオースティンの業績の中には，黙示的にではあるが，完全な法体系論が存在する。彼の理論は重要な点でケルゼンのそれとは異なっているものの，同種の理論の一変形とみなすのが有益である。私は，彼らの理論を私が命令的アプローチと呼ぶことにしているものの二つの変形とみることを提案する。オースティンの変形の方がより単純であるから，われわれはそこから議論を始め，これを命令的アプローチの特質を表現するために用いることにする（第I章）。

たしかに，オースティンの理論には欠陥が多いが，その多くは命令的アプローチの枠内で治癒されうる。したがって，彼の見解に対する批判（第Ⅱ章）は，命令的アプローチそれ自体の不適切さの証明とみることはできず，むしろ，もっとずっと弱点の少ないケルゼンの理論への序論とみることができる。

I　オースティンの法体系論

　オースティンは基本的に「法」というものを，「主権者からその臣民に向けられた一般的命令」として定義するが，彼の法体系論は暗黙裡にこの定義の中に存在する。このことを明確にするために，われわれはこの定義を三つの部分に分解することにしよう。その各部分は，われわれに課された三つの主要問題の各々に対する解答を与えている。すなわち，法とは，(1)一般的命令であり，(2)何者かによって発令されたものであり（オースティンがよく用いる表現によれば，「設定された」とか「付与された」とかいわれる）[1]，そして，(3)その者が主権者である（つまり，一定の共同体によって習慣的に服従され，かつ何ぴとにも習慣的服従をしない者である），ということである。
　この定義の第二部分からは，法体系の同一性の指標および所属資格の指標が引き出されうる。すなわち，――
　オースティンによる同一性の指標：一つの法体系は，一人の者（または団体）によって発令されたすべての法を，そしてそのような法だけを含む。
　オースティンによる所属資格の指標：ある付与された法は，その法の立法者によって発令された諸々の法を含む法体系に属する[2]。それは同一性の問題に対するオースティンの解答でもある。
　定義の第三部分は，存在の指標を抽出するための大方の素材を含んでいる。すなわち，――

　1　オースティンは，主権者による一般的命令の発出を立法とみなしている。
　2　オースティンの立場に関するハートの要約として，*CL*, p. 66 を参照。

オースティンによる存在の指標：(i)法体系は，それに属する諸々の法の共通の立法者が主権者である場合に存在する。それゆえに，(ii)法体系は，それが一般的に実効的である場合に存在する。(i)から(ii)への移行は，つぎのような事実によって保障されている。それは，ある者が主権者であるのは，人々が習慣的に彼に服従している場合のみであり，そして，人々が習慣的に彼に服従しているというのは，人々が一般的に彼の命令に服している場合のみである，ということである。第Ⅱ章（第2節）では，この指標をより正確なものとするために，修正を行うことにする。

先の定義の第一部分は，法の構造に関するオースティンの見解へとわれわれが接近する唯一の手がかりである。彼はこの問題にけっして直接的に立ち向かっているわけではないが，われわれが法の構造に関する基礎的教義を再構築しうるほどに，「一般的命令」という用語の意味について十分に語っている。本章におけるわれわれの主な主張の一つは，この教義が，法体系に不可欠な要素を構成する諸法間のあらゆる内部的関係の可能性を排除してしまう，ということになるであろう。諸法の間の内部的関係という言葉でわれわれが意味するのは，それらの法の一つまたはそれ以上が，他の法の存在に言及し，または他の法の存在を前提とするような諸法間の関係である。それによってオースティンは，法体系であれば必然的にもつであろうような特定の内部構造（つまり，内部的関係のパターン）をなおさら強く排除するのである。

この手短な要約は，どれほどオースティンの法体系論が実質的には「法」に対する彼の定義の副産物であるかを論証するものである。彼の理論と定義のいずれもが，ある一つの概念の適用可能性をめぐって思い巡らされ，その概念を前提にしている。それは主権という概念である。この理由から，われわれがオースティンの理論を詳細に吟味するに当たっては，彼の主権概念を検討することから始め，ついで，彼の存在の指標（第Ⅰ章第2節），同一性の指標（第Ⅰ章第3節），そして，彼の法体系の構造論の基礎を準備した法構造の理論を議論することへと進むことにする（第Ⅰ章第4節）。

1 主権

「主権」は，オースティンよりもずっと以前に遡る哲学的および政治的用語に属する。しかしながら，この用語は最近になってベンサムにより，つぎのように変形された。すなわち，「多くの人々が」，と彼は述べる，「(これらの人々をわれわれは臣民と呼びうるのであるが) 一人の者または人々の集合体 (彼らをわれわれは統治者または統治者たちと呼びうる) に服従する習慣にあると仮定される場合には，そうした人々の全体 (臣下および統治者たち) は，政治社会 (political society) の状態にあるといわれる」[3]。この一節を以下の *The Province* からの一節と比較するだけでも，オースティンがその師にいかに多くのものを負っているかが分かる。すなわち，「もしも一人の明白に限定された優越者が，同様の優越者に対して習慣的に服従するといったことがなく，かつある社会の大部分の者から習慣的な服従を受けているならば，その明白に限定された優越者はその社会における主権者であり，その社会は (その主権者も含めて) 政治的で独立的な社会である」[4]。

二つの主要な新機軸がベンサムによって導入され，オースティンによって採用された。すなわち，——

(1) 主権は，道徳性や道徳的原理を参考にすることから引き出されるのでも，それによって説明されるのでもない。主権は，服従の習慣という社会的事実にもっぱら基礎づけられている。

(2) 習慣の概念，および人的服従——つまり，ある特定の個人または集団への服従——の概念は，主権の分析における主要な概念になっている。

これらの要点は，オースティンの主権論の基礎をなしており，その基礎はベンサムによって与えられた。しかしながら，ベンサムの一節とオースティンの

---

[3] *Fragment*, p. 38.
[4] *Province*, p. 194.

それとの間には，看過されるべきでない二つの違いが存在する。

　ベンサムは「政治的社会の状態にあること」を定義したのに対し，オースティンは「独立した政治的社会」を定義した。このことは，オースティンの定義が二つの条件――一つの積極的条件（人口の大部分が主権者に習慣的に服従する）と一つの消極的条件（主権者は誰にも服従する習慣をもたない）――からなる一方で，ベンサムの定義はこのうちの積極的条件のみに言及している。消極的条件は政治的社会の独立性のみに関係しているが，これについてベンサムは，この一節の中では関心をもっていない。オースティンはこの省略についてコメントし，つぎのように述べている。消極的条件の必要性について，「ベンサム氏は注意をし忘れた」[5]。これは，オースティンが参照した *Fragment* については正しくないが，ベンサムの最も重要な法理学上の著作である *Of Laws in General* およびその他の著作における主権者の定義に関しては真実である[6]。しかし，それは技術的な欠陥にすぎない。ベンサムがオースティンの修正に同意したであろうことは，疑いえない。*Fragment* の中でベンサムはつぎのように書いている。

　　　議論の余地のない政治的社会が，しかも大規模なそれが形成されたと仮定しよう。そこからより小さな団体が分離したとすると，この断絶によってその小さな団体は，先の大規模な団体との関係では政治的統一の状態にあることを止め，それによって自らを，その大規模な団体との関係では，自然状態に置いたことになる。……［そして］旧政府の下で，人々が全体としてある従属的な為政者たちだけから命令を受けることになっていた場合に，その為政者たちと，新政府の下で人々に命令する者たちとが同一の者である［と仮定しよう］。**これらの従属的な為政者たちが，いうなれば全体の最高統治者であった単一の者との関係において置かれていた服従の習慣は，気づかないうちに，徐々にうち砕かれてゆく。これらの従属的な為政者たちを特徴づけていた古い名前は，……今や彼らが最高であるという意味で使い続けられている**[7]。

　5　*Province*, p. 202.
　6　あらゆる政治的社会は独立した政治的社会であるか，あるいはその一部であるのだから，政治的社会の定義は独立した社会の定義を前提とする，というオースティンの主張（*Province*, p. 202）は，明らかに誤っている。
　7　*Fragment*, p. 44. 強調は著者による。

ここで示唆されている最高統治者の定義は，オースティンがいう消極的条件を含んでいる。

　オースティンとベンサムの主権概念における第二の相違は，オースティン自身によってはけっして注意されなかったものの，もっとずっと重要である。オースティンのいう主権者は四つの属性を備えており，そのすべてが彼の法体系論にとって決定的に重要である。彼のいう主権は，――

　(1) **非従属的である**。つまり，(a)主権者の立法権能は法によっては授与されえず，かつ(b)かかる立法権能は法によって廃止されえない。

　(2) **無制限的である**。つまり，(a)主権者の立法権能は法的には無制限であり，それはどのような法をも立法することができる権能である。しかも，(b)立法権能の行使に際し，主権者を法的義務に服させることはできない。

　(3) **独自的である**。あらゆる法体系について，(a)一つの，しかも(b)一つだけの，非従属的で無制限の立法権能が存在する。

　(4) **統一的である**。この立法権能は，一人の者または一つの団体の手中に存在する[8]。

　ベンサムのいう主権は，たしかに非従属的で独自的であるが，彼はけっして主権が無制限的であるとも統一的であるともいわなかった。この問題に関する彼の見解の発展を吟味することには，興味深いものがある。*Fragment* では，彼はこれらいずれの用語を用いることも避け，その代わりに「最高統治者」の語を用いている。彼は統一性の問題については沈黙しており，また，最高統治者の制限可能性に関しては，つぎのように述べている。「最高統治者の権能の……領域は，無制限（infinite）ではないけれども，明示的合意（express convention）によって制限されているのでなければ，不可避的に不確定（indefinite）である

　8　ここでは，主権は分割されうるけれども独自的であると想定されている。例えば，ある法体系において，ある者が宗教的事項については非従属的立法権をもつのに対し，その他すべての事項に関しては他の者が非従属的立法権をもつならば，彼らの権能は，彼らの間に分割された一つの主権的権能の諸部分とみなされる。これに反し，一つの体系の中で，二人の者がそれぞれ非従属的で無制限の立法権をもつとすれば，主権は独自的ではない。というのも，その法体系においては二つの主権的権能が存在するが，主権は独自的であり，あらゆる主権的権能は一人の者の手中にあるからである。

ことが許される，と私は考える」[9]。ここでいう合意（convention）が法であるか否かについては，何も述べられていない。法理学に関する二番目の出版物である *Principles* の中では，彼は主権の概念を認めるようになる。すなわち，——

> 先に言及したいくつかの政治的作用の担い手となる人々の集合全体に対し，われわれは政府という集合的名称を当てることから出発する。これらの人々の中には，他の人々に対し，いくつかの活動部門を割り当て，分配し，各人に属する特定の活動において遂行されるべき行為を決定し，さらに場合によってはその者に代わって彼の仕事を行うことを職務とする，ある一人の者または一つの団体が存在するのが通例である。そのような者または団体が存在する場合には，彼またはその団体は，……主権者または主権と名づけられうる[10]。

この水で薄めたような主権の定義によれば，主権者は制限を受けるもののようにみえる。その一方で，主権者は独自的で統一的である。しかし，この一節には脚注が付されており，そこではつぎのように述べられている。

> 私が，必然的に［あらゆる国には主権者が存在する］，と述べたのは，恐るべきことであった。合州国（the United Provinces）やスイスの新教徒の団体において，あるいはゲルマン民族の団体においてさえ，全体に対して絶対的権力を備えた一つの集会がどこに存在するであろうか。古代ローマの連邦のどこにそうしたものが存在したであろうか。私は，これらすべての問題に対する解答を見出すことを確実に引き受けようとは思わない[11]。

主権者の権能が統一的なものであるとすれば，あらゆる国家が主権者をもっているわけではないように思われる。もしあらゆる国家が主権者をもっているのだとすれば，その主権者は統一的ではありえない，とわれわれは推論しうる。

ベンサムは *Of Laws in General* の中で，あらゆる国家は主権者をもつと主張しているが，主権が統一的であるとか無制限である必要はない，との見解を放棄することはなかった。すなわち，——

> 主権者の権能の……実効的な原因は，人民の側における服従の性向以上のものでもなければ，それ以下のものでもない。今やこの性向は，たとえそれが一

---

9 *Fragment*, p. 94.
10 *Principles*, p. 325.
11 *Principles*, p. 325. 強調は著者による。

定のものであるとしても，数え切れないほどの変更の余地を認めうることが明らかである。……**人民は，ある種類の行為に関してはある一人の者の対世的命令に服従し，他の種類の行為に関しては他の者の命令に服従するという性向をもちうる**。さらに，われわれはゲルマン民族の団体における憲法的諸法律のことを考えるべきである。……**彼らは，ある者が一定の種類の行為を命じれば彼に従うが，彼がそれを禁じれば彼に従わないという性向をもちうる。これと反対の場合も同様である**[12]。

この一節はけっして明快ではない。ベンサムは主権の法的限界と事実上の限界との区別という問題をけっして観念しなかったようにみえる。この一節は，彼がいかに社会的事実を直接に参照することによって法的現象を説明しようと試みているかを示しているが，その説明の仕方は混乱していると，われわれは判断せざるをえない。しかし，上記の強調部分のうちの最初の文章では，ベンサムは分割された主権を認めており，また，それに続く文章では，主権制限の可能性を認めていることも明らかである。

もちろん，ベンサムが実際に書いた以上のことを彼に帰すことのないように注意すべきである。彼は分割された主権については説明しなかった。彼は一定の法的権能が主権者の権能の一部分であるかどうかを決定する方法を示唆しなかったし，そうだとすれば，何がその一部分であるかも示唆しなかった。彼は一つの主権者の権能を構成する様々な権能——それがあるとして——の間の関係を説明しなかった。同様に，彼は主権が法的にどのように制限されうるかを満足のゆく形では説明しなかった[13]。彼は，あらゆる法体系には不分割かつ無制限の主権が存在するという理論とは相容れない一定の法的現象を知っており，その結果，彼はそのような理論に同意することを拒絶したのである。

われわれはこの点を詳細に説明した。その理由は，ベンサムが主権は分割可能であると考えたことが大抵は見過ごされているからであるというだけでなく，

---

12 *Limits*, p. 101 n; *OLG*, pp. 18-19 n. さらに，*Limits*, p. 153; *OLG*, p. 69 をも参照せよ。

13 彼はつぎの二つについては説明を試みた。すなわち，(1)合意（convention）および(2)制限された服従の性向である。しかし，それらは満足のゆくものではない。この問題に関する最も広範な議論については，*Limits*, pp. 150-4; *OLG*, pp. 67-71 を見よ。

主たる理由は，彼が主権は分割可能かつ制限可能と考えたという事実が，われわれがオースティンに帰してきた同一性と存在の問題に関する同じ見解を彼に帰することを妨げているからである。ベンサムはこれらの問題に関して，それ以外の考えをもっていなかったのであるから，これら二つの問題に対する解答を，また，それによって法体系の理論をわれわれに提供した最初の分析法学者は，ベンサムではなくてオースティン——彼自身は直接にこの問題には専心しなかったが——である。というのも，もし主権が分割可能であるならば（あるいはベンサムやオースティンの理論とは反対に，主権が必ずしも独自的でないならば），われわれは一つの体系に属する諸法の起源を跡付けることにより，いく人かの別々の立法者を見出すであろうからである。そして，もしその体系に属するすべての法に共通の立法者が存在しないとすれば，それらの法すべてに共通の紐帯は，それが他のどこかに見出されえないかぎり，存在しない。同様に，もし主権者が法的に制限可能であるならば（あるいはもし彼が従属的でありうるならば），彼を制限する法が主権者以外の誰かによってつくられなければならず[14]，それによって再び，ある体系に属するすべての法に共通の立法者は存在しないことになりうる。さらに，その体系に属するすべての法が必ずしも主権者によってつくられたのでないことになれば，主権者への服従とその体系の諸法への服従とが同じことではなくなり，それゆえに，これらが同一であることを前提とするオースティンの存在指標は，修正されなければならない。

2　存在の指標

法は，主権者から彼の臣民に対する一般的命令である。ベンサム（およびケルゼン）とは対照的に，オースティンは一般的命令のみが，つまり，「ある種類をもって指定された作為または不作為」を義務づけるような命令のみが法である，と考えている。彼がそのように定式化した唯一の理由は，「確立された

14　この点は，後に第Ⅱ章第1節で詳しく論じられる。

用語法」との一致である[15]。たしかにわれわれは，個別的な諸命令をルールと呼ぶことには非常に抵抗がある。しかし，そうした諸命令がその他のすべての点において法と同様であるならば（例えば，有資格の法的権威がその法的権能を行使して下したものであるならば），われわれはオースティンの定式化を無視して，それらを（個別的な）法として認めることができる。

オースティンにとって命令とは，以下の六つの条件によって定義される。つまり，つぎの諸条件が満たされる場合にのみ c は A の命令である。すなわち，(1) A が他の人々が一定の仕方で行動することを意欲し，(2)彼がこの意欲を明示し，(3)もし彼の意欲が満たされなければ，彼はこれらの人々に損害や苦痛を与えることを意図し，(4)彼がそのようなことを行う権能をもち，(5)彼がそのようなことを行う意図を明示し，そして最後に，(6) c が彼の意欲(1)および彼の意図(3)の内容のみを明示している場合である。オースティン自身の言葉によれば，

> 命令は，……それを下す当事者の意欲が無視された場合に，この者が害悪または苦痛を与える権能と目的をもつ点で，その他の意欲の表明とは区別される。……それから，命令は意欲の表明であるが，しかし，つぎのような特殊性により，その他の意欲表明とは区別される。すなわち，命令を下される当事者は，彼が他方当事者［命令を下す当事者］の意欲に応じない場合には，この者から害悪を受けなければならないということである[16]。

五番目の条件は，ここでも，また同書中の他のどこにも，言及されていない。その一方で，オースティンは，不完全な法，つまり，サンクションを伴わない法を欠陥のある法であり，それは命令ではないとみなしている。彼はそれを論じつつ，つぎのように書いている。「不完全な法の創造者は，意欲を表示するにもかかわらず，その意欲に従うことを強いるという企図を明白にしない」[17]。この一節を根拠にして，私は五番目の条件を導出した。最後の条件は，命令が抽象的存在であるという事実，つまり，命令は命令を下す行為とも，その行為

---

15 *Province*, p. 19 を参照せよ。
16 *Province*, p. 14. また，ibid., p. 17 を参照せよ。
17 *Province*, p. 28.

の中で使われた言葉とも同一ではないという事実からの帰結である。それはちょうど，命題がその主張行為やその主張の中で使われた言葉と同一ではないのと同じである。

　オースティンは，意欲（the desire）(1)，意図（the intention）(3)およびその意図を執行する権能（the power）(4)が，命令を下す時点においてのみ存在すればよいか，それともそれらは命令が有効であるかぎり存続しなければならないかについては，述べていない。どちらの答えも適当ではなかろう。法は，その立法者がそれに対する興味を失ったというだけで無効であるとはみられない。しかし同時に，処罰権能は法違反が可能であるとか起こりそうになった時点よりも，立法の時点において存在しなければならないと主張することが，それほど重要であるとも思われない。最も合理的な解決は，意欲(1)は立法の時点においてのみcが法であることの必要条件であり，そして同時に，処罰権能やそれを用いようとする意図(3)は，法の有効期間中は存続するものであろう，ということである[18]。

　命令の定義に関する六つの構成要素は，三つのグループに分けることができる。六番目のものは命令の内容と構造に関係し，後に本章（第4節）で論じられる。条件(1)，(2)，(3)および(5)は，命令を下す行為，つまり立法行為に関係し，次節で再吟味される。条件(4)，すなわち，命令に従わない者に苦痛を加える権能は，その命令法に服する者に対する命令者または立法者の優越性とも呼ばれているが[19]，それは命令が下される環境に関係する。法の定義から存在の指標を抽出するためには，われわれは最初に，外部環境に関する定義の部分に注目しなければならない。われわれはその他の諸条件を便宜的に「命令」の意味に含まれるものとして扱うことができ，そうだとするとオースティンによる法の定義は，以下のように言い換えることができる。すなわち，法とは，(1)命令であり，(2)それは優越者の下位者（たち）に対するものであり，また同時に，(3)

---

[18] 法的なものでない命令には，おそらくこれと異なる解決が適切であろう。
[19] *Province*, p. 24.

主権者の臣民（たち）に対するものである。このうち，条件(2)と(3)は，オースティンがする以上に注意深く区別する必要があることが，理解されるであろう。

　優越性の要素をもっと詳しく検討してみよう。この要素はたしかに，ある者がその代理人の手をとおして損害や苦痛を与える権能を含んでいる。しかし，どの程度の優越性が必要なのであろうか。ある箇所においてオースティンは，優越性は「他人に害悪や苦痛を及ぼし，害悪に対する彼らの恐怖をとおして，ある者の意欲に彼らの行為を適合させるように強いる権能」であると述べている[20]。言うまでもなく，これらの言葉はその表面的な価値において受け取られるべきではない。さもなければわれわれは，彼がペイリーを論駁するために用いた二つの議論をオースティンに対して用いることができてしまう。すなわち，

> 意欲が無視された場合に引き起こされるべき害悪が大きくなればなるほど，そして，同種の事件に対して害悪をもたらす機会が増大すればするほど，その意欲が無視されない機会が増大することは疑いない。しかし，その意欲に従うことを確実に決定するであろう動機や，服従を必然的なものとするであろう動機というものは，想定することができない。もしペイリーの命題が真であるならば，……命令は，……端的に言って不可能である。あるいは彼の命題を明白に誤った帰結の分だけ不条理なものへと貶めるならば，命令は可能であるが，それはけっして無視されたり破られたりすることのないものになる[21]。

優越性は，第一段階において不服従者が要求されたとおりに行動することをすでに怠った後に，さらに要求どおりに行動するよう不服従者に強いるために必要な権能と同等に扱うことはできない。これは論理的にまたは物理的に必ずしも可能ではなく，また，しばしば可能であっても，それを強調することは意味がない。それゆえに，優越性とは，せいぜい法に規定されたサンクションが執行されるという見込みを創造するのに十分なものである，と結論づけなければならない。

　サンクションの厳格性に関しては，その最小限も最大限も定められていない。

20　*Province*, p. 24.
21　*Province*, p. 15.

オースティンはつぎのように説明する。すなわち，――

> 実のところ，起こりうべき害悪の大きさ，およびそれを引き起こす機会の大きさは，問題になっている事柄の埒外にある。……最小の害悪を引き起こす最小の機会が存在するならば，意向（a wish）の表明は命令（a command）に値し，それゆえに義務を課すものとなる。サンクションは，あなたがそうしようと思えば，弱いまたは不十分なものであるが，しかしそれでもなおサンクションが存在し，それゆえにまた義務および命令が存在する[22]。

　異なった法が異なった人々に向けられ，また異なったサンクションを規定しているので，各々の法の有効性の前提条件である優越性を確立する事実もまた，それぞれの場合で異なっている。

　この点でも，その他の点におけるのと同様に，オースティンのいう主権は，優越性とは異なるものである。立法者の主権を構築する諸事実の存在は，法体系における各々の法の有効性の前提条件であるが，それらの事実はどの法の場合にも同じである。さらに，オースティンの暗黙の仮定とは反対に，立法者の主権ということからの帰結として，立法者が個々の法と称されるものの対象者に対し，そのサンクションに関して優越するということは出てこない。ある者が主権者ではあるものの，法と称される一定のものに関して，その臣民の幾人かに対しては優越しない，ということもありうる。オースティンはもちろん，主権の消極的条件――主権者は誰に対しても習慣的に服従しないという事実――は，主権者が彼の法の対象者に対して優越することまで含意しない，という事実を知っている。しかしまた，主権の積極的条件もそのような事実を含意しないのである。人々の大部分は，各々の法に関してより劣った者であることなしに，習慣的に主権者に服従しうる。

　習慣的服従の客体であることと，服従する者に対して優越することとの違いをオースティンが理解し損なっていることは，法は必然的に主権が帰属するのと同じ政治社会の構成員に向けられているという彼の見解を説明している。

> 法がそれに対して定められまたは向けられている［と彼がいう］……人また

22　*Province*, p. 16.

は人々は……必然的に，その法の創造者が主権者である独立した政治社会の構成員である。……というのも，義務を課された当事者が法の創造者に服しないとすれば，そのような当事者は，義務および権利がそれぞれ執行され，保護されるための法的または政治的サンクションを気にかけないであろうからである[23]。

　もちろんオースティンは，「多くの場合において，ある独立した共同体の実定法は，部外者に対しても義務を課する」ということを知っている[24]。彼は社会における部分的または制限的所属資格の概念を導入することにより，この困難を説明している[25]。部外者は主権者の権力を受け容れるかぎりにおいて部分的構成員である。臣民に対して向けられた命令のみが法であるという代わりに，命令は，必要となればそこに規定されたサンクションを受けることがありうる人々に向けられている場合にのみ法であるという方が，より正確であろう。しかし，これはまさに優越性の条件に相当するものである。したがって，「彼の臣民に向けられた」という部分を法の定義から削除することが可能である。

　われわれがみたように，あらゆる法の有効性 (the validity) は，その最高の立法者が，(1)その法の対象者よりも優越し，(2)人口の大部分の者によって習慣的に服従され，(3)何ぴとにも習慣的に服従しない，ということを前提にする。第一の前提は，問題になっている特定の法の立法者と対象者との関係を包含する。第二の前提は，立法者と社会全体との関係を含むものである。われわれがこれから取りかかるのは，後者の条件である。

　命令に従うことはそれを知っていることを含み，ある者が命令者に従うためには，命令者が誰であるかを知らなければならない。一定の文脈においては，命令に従うことは，命令であるがゆえに行為することをも含意する。オースティンはたしかに，この最後の条件を含意させることを望んでいない。しかし，法の存在を知ることなしに法を遵守することを，彼はどのようにみるのであろうか。たしかにわれわれは，そうした遵守は全体として権威の存在を弱めるよ

23　*Province*, p. 283; pp. 15, 350 も見よ。
24　*Province*, p. 351.
25　*Province*, pp. 351 ff.

りも，むしろ支持する傾向にあるとみなしている。さらには，法の存在を知りながら遵守することが，主権者および法体系の基盤としてそれほど薄弱なものではないといえるかどうかさえ疑う者もあろう。多くのものが，必要な知識の正確な範囲に依存していることは疑いない。オースティンはこの問題に関しては沈黙しており，何らかの明確な立場を彼に帰することは不可能であるとみられる。

主権者に服することは，彼の命令に服することを意味する。法の存在は——主権者が習慣的に服従され，また，それゆえに主権者はその他の命令をも下すのであるから[26]——同一の体系に属する他の法が存在する，ということを前提にしている。したがって，オースティンによれば，法は必然的に体系の中に，諸法のグループの一部として存在する。しかしながら，その体系の存在期間のある瞬間において，法がまったく存在しなくなることもありうる。実際問題としてはばかげているかも知れないが，主権者がすべての現行法を廃止し，例えばほんの二，三日あけた後に新法を制定することも，理論的には可能である。彼の理論によれば，その体系が，諸個人にというよりも人々の諸クラスに適用されるという意味で，一般的な法を含むという論理的必然性は，何ら存在しない。これ〔体系が一般的な法を含むこと〕はたんに便宜であるが，実際上は多分不可避的である。「共同体の諸個人一人ひとりに対する義務の体系を形づくることは，端的に不可能である。たとえそれが可能であったとしても，そのような体系はほとんど役に立たないであろう。政治的優越者によって確立されたほとんどの法は，それゆえに一般的である」[27]。

主権者に対する習慣的服従は，法がつくられたというだけでなく，それが習慣的に遵守されていることを前提とする。法というものは，(1)それがある法体

---

26 オースティンは，ある法への服従が服従の習慣と同等でありうるとは考えていないようにみえる。こうして彼は，一人の主権者によって下され，もう一人の主権者に向けられた命令という概念に困難があるとはみていない (cf. *Province*, p. 139)。それゆえに，おそらくそのような命令への服従ですら，その〔後者の〕主権者から彼の主権を奪うことにはならないであろう。

27 *Province*, p. 23.

系に属し，⑵その法体系が全体として実効的である場合にのみ存在する。ある特定の法が無視され，繰り返し侵犯されることもありうるが，それでもなお，その法を一部分として含む法体系が全体として遵守されているかぎり，その法は存在する。

体系というものは，それに属する法が存在する場合に存在する。したがって，これまで法の存在に関していわれてきたことから，**法体系の存在指標**を引き出すことができる。すなわち，法体系はつぎの場合にのみ存在する。それは，⑴法体系の最高の立法者が習慣的に服従を受け，つまり，その体系に属する法が概して実効的（efficacious）であり，⑵その最高の立法者が何ぴとにも習慣的に服従せず，⑶彼がそのすべての法の対象者に対し，その法のサンクションに関して優越する，という場合である。

これらの条件のほかに，われわれは第四の条件を加えるべきである。それは，⑷その体系に属するすべての法が現実に立法され，そして，それが究極的にはある一人の者または一つの団体によって立法された，ということである。この条件はその他の条件と異なり，義務の履行に言及するのではなく，権能の行使に言及している。法体系の存在は，義務が履行されることだけでなく，立法権能が行使されることをも伴っている。第四の条件は，要するに法創造の条件である。オースティンによれば，法は究極的に主権者によって発令される場合に創造される。この第四条件は，自明のことを述べるにすぎない。それは，法体系と称するものが現に存在しているとみなされるためには，それに属する法が法創造の条件を満たしていなければならない，ということである。

この第四条件を別にすれば，法体系の存在指標は，体系の存在のための唯一の条件が実効性であるとすれば，実効性の原理（the principle of efficacy）を明らかにするものである，ということができる。オースティンによる存在指標は，実効性の原理をその主な要素として含んではいるものの，たんにこの原理のみに基づくものではない。それは，最高の立法者の優越性と独立性をも主張する。さらに，体系の実効性は，それが最高の立法者に対する住民の個人的な服従に寄与するかぎりにおいてのみ重要である。

この問題を離れる前に，この分析で用いられた鍵となる概念——社会——に関して，若干述べておかなければならない。社会の意味についてオースティンが述べるすべてのことは，「自然状態における社会は，……相互の交際によって結ばれてはいるが，何ら政治的社会の……構成員ではない人々から構成されている」ということである[28]。他の箇所では，彼はつぎのような問を発している。「……誰がある社会の構成員なのであろうか。どの特徴，またはどの顕著な目印によってその社会の構成員は構成員でない人々から分離されるのであろうか」[29]。これに対し，彼はつぎのように答えている。「ある者は，数多くの様式のいくつか，または数多くの原因のいくつかによって……ある社会の構成員たりうる」[30]。そして，それらの様式や原因は，「共同体が異なるのに応じて」違っている[31]。彼はさらに説明を進める。「これらの様式は，個々別々の社会において，実定法または道徳の個々別々の体系に従い，違った形で確定される」[32]。この一節は，一人の最高立法者によるすべての法のすべての対象者としての社会の定義を（最高立法者自身の定義とともに）示唆している。法の対象者とは，法が適用される人々である。この定義には，以下の二つの異論がある。この定義からは，(a)世界の人々は多くの場合において全体としてある社会を構成する，ということが帰結される。したがって，イギリスの法体系によれば，何ぴといえども，例えば大英帝国で殺人をすれば，犯罪を犯すことになる。(b) *A* が二つの人民，赤民族と緑民族の主権者だと主張し，彼らを皆自らの法に服させる者であると仮定する。実際には赤民族のみが彼に服従する一方，緑民族は *B* によって事実上支配され，*A* の法には服しない。われわれとすれば，*A* は独立した社会である赤民族の主権者であるといいたい。しかし，先に示された定義によれば，緑民族も赤民族も一つの社会をなし，どちらも *A* の法の対象者で

---

28 *Province*, p. 200; cf. Bentham, *Fragment*, p. 38.
29 *Province*, p. 356.
30 *Province*, p. 356.
31 *Province*, p. 358.
32 *Province*, p. 358.

あることになる。だとすれば，彼らの大部分が A に習慣的に服従し（これは赤民族の数が緑民族の数よりもずっと多い場合である），それによって A が赤民族と緑民族双方の主権者であるか，あるいは彼らの大部分が彼に習慣的に服従せず，その場合には彼はどちらの人々の主権者でもなくなるかのいずれかである。どちらの帰結も受け容れ難いものである。

　私は，概して社会の概念を用いることなしに済ませることを提案する。われわれは一つの補助的概念——独立した社会の中核部分——を，一人の主権者に対し，他のすべての人々よりも優先して習慣的に服従するすべての人々のうちのいく人かの者，と定義する[33]。独立した社会というものは，その構成員の数が十分に大きく[34]，人口の大部分がその社会の中核部分と同一の主権者に習慣的に服従する場合には，中核をなす人々と，社会的に重要な関係（例えば，同一国内での生活，同一言語の共有）において彼らを支持するその他すべての人々からなっている。

　この定義は，一人の者が一つ以上の独立した社会の構成員たりうることを容認している。

3　同一性の指標

　オースティンの理論の説明に際して，法体系は一人の者または一つの集団によってつくられたすべての法を含むということは，その者または集団がそれらの法の発令に対して個人的に責任を負うことを意味するものではない。オースティンによれば，主権者とはある体系におけるすべての法の直接的または間接的立法者である。重要なのは，われわれがある体系における法の源泉を辿るときには，それらの法すべての最終的源泉である一人の者（または一つの集団）に行き着くという事実である。

---

[33]　Bentham, *Limits*, p. 101; *OLG*, p. 18 を参照せよ。
[34]　*Province*, pp. 198, 207-8 を見よ。

オースティンによる同一性の指標および所属資格の指標は，起源の原理（the principle of origin）と呼ぶことができるものの一変形である。起源の原理とは，ある体系における法の所属資格およびその体系の同一性は，その法の起源によって完全に決定されるのであり，ある法の起源とは，それによってその法が存在するに至った一連の事実である，と述べるものである。オースティンによる起源の原理の変形には，つぎの三つの特色がある。

　(1)　あらゆる法の起源には，立法の行為が含まれている。それは，オースティンによれば，ある者が，他のいく人かの者が一定の仕方で行動することを望むという意欲を表現する意図的な行動である。
　(2)　あらゆる法の最終的起源は，一人の者または一つの団体の立法的行為である。すべての法には，一つの究極的源泉（または立法者）がある。
　(3)　究極的源泉の存続は，その体系に属する法の存在のための必要条件である。

オースティンによる同一性の指標は，立法的起源の原理に立脚しており，ある体系に属するすべての法には一つの持続的な究極的源泉が存在するものと仮定している，ということができるかも知れない。

ある者は，法の究極的源泉たりうる資格をもち，かつ，その法を直接的または間接的に発令した場合にのみ，その法の究極的源泉（または立法者）である。ある者は，主権者であり，法の対象者に優越する場合に，法の究極的源泉たりうる資格をもつ。ある者は，法をつくる権能を与えられ，法を直接的または間接的につくった場合にのみ，その法の非究極的立法者である。ある者は，一定の行為によって法をつくる権能を彼に与える法が存在する場合にのみ，従属的立法者として法をつくる権能を与えられている。ある者は，自らが直接的立法者としてつくった法が直接的または間接的に付与する権能の行使によって法がつくられた場合にのみ，間接的立法者である。

主権者による直接的立法とは，（第2節でみたように）主権者が，(1)ある人々が一定の仕方で行動するように望む意欲，および彼らがそのような仕方で行動しない場合に彼らに対して何らかの損害または苦痛をもたらす意図を心に抱くこと，そして，(2)そのような意欲および意図を表明することである。オーステ

ィンは，代表者による立法がどのように行われるのかをけっして厳密に説明していない。その場合には，代表権をもつ者たちがそうした意欲および意図を表明すると想定することが可能かも知れない。事柄が代表権をもつ者たちの裁量権の中にあるかぎり，彼らはまた，その法の対象者が規定されたとおりに行動し，彼らがそうしないならば主権者の代理人の手によって損害を被るであろう，という意欲を抱くこともまた明白である。主権者による直接的立法と，その代理人たちによる立法との主な相違は，代理人たちの場合には，権能賦与法——つまり，彼らにこの立法権能を付与した諸法——に規定された仕方で彼らの意欲を表明しなければならない，ということである。

　主権者やその他の間接的立法者は，彼らよりも下位の者たちによる立法に際し，その法の対象者が規定された仕方で行動するように，という願望を考慮に入れるものと仮定されているであろうか。その答えは，立法権能を付与する法の性質による。委任立法は，下位の立法者に付与された諸権利に基づいてつくられる。これらの権利にはそれらがどのように用いられるべきかを命じる義務を伴うが，つねにそうであるとは限らない。権利の用い方についての決定は，時には権利保持者の絶対的裁量に委ねられる。こうしてオースティンは，二種類の代表者を区別する。すなわち，「信任に服する」者とそうでない者である[35]。そして彼はつぎのように述べる。「そうした信任が主権者によって与えられる場合には，……その信任は法的サンクションまたはたんに道徳的サンクションによって執行される。代表団は，一つまたは複数の実定法によって拘束される。あるいは代表団は，たんにそれが共同体の大部分の者を害するかも知れないという危惧によって拘束される」[36]。ここからは，(a)法的信任は法的義務であること，および(b)あらゆる代表権にそのような義務が伴うわけではなく，したがって両者は同じものでないことが推論されうる。立法権能はたんにもう一つの義務でもないし，自由ですらない。オースティンは明示的に，「数多くの

35　*Province*, p. 229.
36　*Province*, p. 230.

実定法が，最高の政治的優越者によってその作成者に与えられた権利をとおして，その対象者から直接に発生している」と述べている[37]。

これと同じ見方は，以下に示される二つの文章の基礎的前提になっている。

> ［主権者たる団体の］構成員が……全面的にまたは部分的に法的もしくは政治的義務から自由で，法的に責任を負わないとすれば，各人はその法的に無制限の権能を違憲的に行使することをつぎの二つの方法で抑制または禁止される。つまり，1.［道徳的義務］……。2. それ〔法的無責任〕が，権能を与えられていない命令を下すことに影響するならば，……その違憲的命令は法的に拘束力をもたず，それゆえにその命令への不服従は違法ではないことになる[38]。

この〔第一の〕文章は，つぎのことを十分明らかにしている。

(1) オースティンは，立法権能の不存在と，権能を越えてまで立法するとは表明しない義務とを区別している。

(2) 立法権能は，その行使についての義務と必ずしも結びつけられない。

(3) オースティンはしばしば「法的に無制限」という語句を「義務に服しない」という意味で用いているが，別の箇所ではそれは権利の不存在を指すものとしても理解されなければならない[39]。

第二の文章は，基本的にこれと同じことを示しており，それ以上のコメントは不要である。すなわち，イギリスの王は主権者ではない。なぜならば，──

> 彼は法的または政治的義務から完全に解放されているものの，……もし彼がその権能に付された憲法上の制限を逸脱することになれば，彼の違憲的命令に対する被支配者の側での不服従は，違法とはならないであろうからである。……これに反し，主権者によって下された命令は，実定法に違反することなしにはその臣下によって背かれえない[40]。

一般的に権利は，あるクラスの人々に義務を課す法によって別のクラスの人々に付与される。その結果，立法の権能は，委任を受けた立法者以外の者に義務を課す法によって与えられることになる。オースティンはこの義務の性質

---

37 *Province*, p. 159.
38 *Province*, p. 265.
39 例えば，*Province*, p. 254.
40 *Province*, pp. 266-7.

や，それが課される人々については，具体的に述べていない。唯一の合理的解釈としては，義務は下位の立法の対象者として企図された者たちに課され，その下位の立法者が権能を与えられた事項に関しては，この立法者に従うことが彼らの義務である，ということになる。立法する権能は，私が「服従法」と呼ぶことを提案する法によって与えられる。これは，ある者が命令するならばその者に服従すべきであるという義務を課す法である。

　委任立法を服従法という用語で説明することには，オースティンの観点からみれば二重の利点がある。それは，委任を受けた権威に服従することは，必然的にその権威に服するように命じる主権者に服従することになる点を明らかにしている。それはまた，委任立法における主権者の願望に関する先のわれわれの疑問にも答えている。例えば，A市の評議会が，主権者から与えられた権能を行使して，すべての世帯主に対し，住居の正面玄関の上に外灯を設置するように命じると仮定する。主権者は，世帯主が外灯を設置することなどを望んでいるであろうか。この例では，同一の行為が，外灯を据え付けることとしても，市の評議会に従うこととしても表現されうる。主権者は，世帯主が後者の表現によって述べられた行為をするように望んでいる。市の評議会は，世帯主が前者の表現によって述べられた行為をするように望んでいる。両者の願望は，実際には同じことになるとしても，同一ではない。

　委任立法を説明するためにやはり服従法の概念を用いたベンサムが[41]，もう一つの説明の仕方もしていることに注意するのは重要である。彼は法を「主権者によって考案され，または採用された意思を宣言する集合的な表示である……」と定義する[42]。そして，彼はつぎのように説明する。「主権者が自ら……いつ発令されたものであろうとも他人の命令を採用する用意をしているときには，この主権者はそれによってその者にある種の権能を与えたものといわれ，それは命令の権能（a power of imperation）という用語で呼ばれうる」[43]。主権

---

[41] 例えば，*Limits*, p. 110; *OLG*, pp. 27-8.
[42] *Limits*, p. 88; *OLG*, p. 1.
[43] *Limits*, p. 104; *OLG*, p. 21.

者は，その従属者が命令を下すたびに，黙示的な立法行為をすることにより，別途この者の法をその都度採用するものと捉えられている。主権者は従属者の意思を彼自身の意思とするのである[44]。ベンサムが委任立法の性質を指示による立法（legislation by reference）（例えば，A が 1 か月前に x に書いたことは，今日からは法である）と類似のものとして扱う理由はここにある。同様のアプローチの痕跡はオースティンにも見出される。例えば，彼はつぎのように述べている。「習慣が〔主権者に〕従属する裁判官の判決によって法的ルールに組み入れられるときには，習慣から生じる法的ルールは，主権者の立法に属する黙示的命令である」[45]。オースティンは，裁判官が習慣を法的に拘束力のあるものとして宣言するときにはじめて，主権者はこれとは別に習慣を立法しているものと考えているように思われる。オースティンは，委任立法に関して競合する二つの理論を支持していることに気付いていない。私の考えによれば，この二つの理論のうちでは，服従ルールによる委任立法の説明の方がずっと優れていることに疑いがないので，これからは服従ルールのみを論じることにしよう。

　オースティンはある文章の中で，「法はしばしば無効によってサンクションを受ける」と述べている[46]。無効がつねにサンクションであるならば，この定式は先に（p. 21〔25頁〕）に引用した文章（*Province*, pp. 266-7）と矛盾する。無効がサンクションであるという定式が受け容れ難いことは，ハートによって証明された[47]。さらに，オースティンはこの定式をまったく必要としていない。それは，彼がいう能力についての定式によって完全に説明されうる私的な権能を説明するために，導入されたものである[48]。したがって，これを完全に無視することも可能である。

---

[44] *Limits*, pp. 103-4; *OLG*, p. 21.
[45] *Province*, p. 32.
[46] *Jurisprudence*, p. 505.
[47] *CL*, pp. 33-45.
[48] *Jurisprudence*, p. 710.

4 法体系の構造

オースティンは，法体系の構造についてはほとんど述べていない。本節で詳述される見解の大抵のものは，本書の中ではほとんど取り上げられない著作からの推論である。材料の少なさは，このトピックに対するオースティンの見解の傾向を明らかにするが，詳しいことを確定するには何ら十分ではない。われわれはせいぜい，何やら霞がかった一般的立場を叙述するにとどめざるをえない。

あらゆる法は命令である。つまり，誰かに行動を求めようとする願望，および彼がこの願望に従わないときには苦痛をもたらそうとする意図の表示である。法が願望を表示するものであるかぎり，あらゆる法は，いく人かの人々，法の対象者，彼らが行わなければならない行為，およびその行為が行われなければならない機会を明確に指定する。対象者，行為および機会についての記述は，この対象者たちに対して特定の機会に行為をするように命じる命令的な共通形式によって組み合わせられる。これは決まりきった用語によってつぎのように表示されうる。すなわち，xが人を表す変数，「！」が命令的共通形式，そして，AとCがそれぞれ行為と機会を表す変数であるとすれば，われわれが今議論し，命令的部分と呼ぼうとしている法の部分は，$x\ !\ A$ in C という公式によって図式的に表される。

ある者に，例えばPに，無制限の立法権能を付与する服従法は，その命令的部分に関しては同じ構造をもつが，機会の指定は，$x\ !\ A$ in C_1というように，より複雑になる。例えば，Pがxに対し，機会C_2における行為Aを命じたが，C_2が問題になるような場合である。Pの立法権能が制限されている場合には，公式はより複雑になるが，基本構造は一貫して維持されたままである。

損害を加えるという意図は，処罰政策の宣言と呼ばれるものによって直接的に，あるいはまた従属者たちに対し，法の対象者が法に違反した場合にはサンクションを加えるように命じることによって間接的にも表現することができる，

という見解をオースティンに帰することは，合理的であると思われる。

　苦痛を加える意図が直接的に表現されている場合には，法は第二の部分——政策の宣言——を含む。これは立法者が自らサンクションを与えることを意図する場合，または違反が起こるたびに代理人に対し，違反者に対処するようにその都度命じることによって違反を処理することを意図する場合に，問題となりうる。サンクションを与えるよう従属者に命じることによって損害を加える意図が表現されている場合でも，原初的な法の内容にはまったく影響がない。この意図は，第二次的法によって表現されており，それをわれわれは処罰法と呼ぶことにする。処罰法は，いうまでもなく，それ自体が何らかの処罰法か，サンクションの政策のいずれかによって裏付けられている。サンクションの政策は，法の一部ではあるが，独立した法ではない。それは義務を課すものではなく，したがって，処罰法によって裏付けられる必要はない。ほかに理由がないとすればこの理由から，オースティンの理論は，他の法の違反に対してサンクションを与える法の無限連続を含むものではない[49]。

　あらゆる法は命令部分をもち，さらにいくつかの法は処罰政策の部分をもっている。命令的部分のみをもつ法は，それに対する違反があった場合に，違反者に損害を与える機会をつくり出す別個の法である処罰法が存在する場合にのみ，法である。法とそれに対応する処罰法との関係をわれわれは処罰関係と呼ぶことにする。それは内部的関係（an internal relation）の一例である。

　諸法の間には数え切れないほどの関係が潜在的に存在し，その多くが興味深いものである。しかし，法体系の構造を探究するにあたっては，われわれが内部的関係と呼ぶ，一種類の関係だけに着目することにしよう。内部的関係は，二つの法のうち，一方が他方の存在の（部分的）条件であるか，あるいは他方の意味や適用を左右する場合にのみ，存在する。その他の関係は外部的関係と呼ばれるであろう。法体系の内部構造は，内部的諸関係のパターンである。解釈法（interpretation laws）は，それが解釈を助ける法に対して内部的関係をもつ。

---

[49] この問題に関しては，Kelsen, *GT*, pp. 28-9; Hart, 'Self-Referring Laws' を見よ。

前者が後者の意味を左右するからである。社会的帰結に従った諸法の関係は，非常に重要な種類の外部的関係（external relations）である。例えば，居酒屋に一定の衛生条件を要求するある地方の条例は，レストランに同様の条件を要求する同一の地方政府の条例，および居酒屋に対して同様の条件を要求する近隣の地方政府の条例の双方を，異なった仕方で補完している。都市の更地に対して課税する法は，建築組合に対して一定の免税を認める法の効力を強めている，などの例がある。

処罰的関係は，おそらくオースティンによって暗黙のうちに認められた最も重要な内部的関係である。命令的部分のみをもつ法は，それに対応する処罰法が存在しなければ，けっして独立した法ではない。せいぜいそれは解釈を必要とする不完全な法，おそらく他の法の一部であり，義務の賦課ではなくて，行為の許可という効果をもつものであろう。

従属的立法に関するこれまでの議論では，オースティンが暗黙裡に認めていたもう一種類の内部的関係が扱われていない。それは，従属的法（a subordinate law）とその立法を権威づける服従法（the obedience law）との関係である。そのような関係をわれわれは発生的関係（a generic relation）と呼ぶことにする。それは，ある法とその法の源泉の一部である別の法との関係であり，ある法の創出に寄与した諸事実の一つである。

発生的関係は，オースティンにある問題を提起した。あらゆる法は義務を課する。義務というものは，それに対する違反が，宣言された政策または処罰法に従ってサンクションが加えられる機会となる場合にのみ，存在する。ところが，従属的権威が創る法とそれを権威づける服従法の双方の違反に対して加えられるサンクションは，たった一つである。このことは，一つの義務だけが存在し，その結果，そのような行為を指示する一つの法だけが存在することを意味する。それはたしかに，服従法が，重要な点において，他の義務賦課法とは異なることを意味している。

オースティン的な諸法の間にはこれらの内部的関係のみが存在しうるというわけではない。単純な例を挙げよう。ある法に従うということは，それを遵守

する者に対し，別の法によって何らかの便益を与える機会となりうる。しかしながら，われわれの目的は，必要不可欠な内部的関係を見出すことであり，オースティンによればそのような関係は存在しないとされる。処罰法は処罰政策に道を譲ることがありうる。服従法も，主権者が唯一の立法者にとどまることを選択する場合には，避けることができる。たしかに，処罰関係および発生的関係は大抵の法体系に存在するであろうが，しかし，それらは論理的に必然のものではない。また，それ以外にも，諸法の間には何ら必然的関係といったものは存在しない。「法理学の効用」の中でオースティンは，すべての成熟した法体系に普遍的に存在すると主張する五つの区別を列挙している。すなわち，(1)成文法と不文法の区別，(2)世間一般に対する権利と特定の人々に対する権利の区別，(3)世間全体に対する権利は，所有権と，そこから切り取られた様々な制限的権利に区分されること，(4)契約，侵害および準契約から生じる義務の区別，(5)侵害は民事上のものと刑事上のものに区別されることである[50]。(1)の区別は外部的関係，つまり，源泉の形態に応じた諸法の関係を確定するものである。残りの区別は，権利および義務の分類であり，それらは外部的関係の基礎ではあるかも知れないが，いかなる種類の内部的関係の存在をも示唆するものではない。

〔オースティンの〕法体系論は，〔諸法の〕独立性の原理——それに従って，法体系がある一つの内部構造をもつ論理的必然性が存在しないとすれば——に立脚するものである。

オースティンの理論は，独立性の原理に基づく理論の一例であるということができる。あらゆる法は命令であるという事実は，あらゆる法が独立した単位であり，その存在，意味および適用は，他の法によって論理的に左右されない。こうして，法の本質に関するオースティンの見解は，構造の問題に対する彼の消極的な解決を規定している。

---

50 'The Uses of Jurisprudence', pp. 367-8.

II　オースティンの理論：批判

　前章では，オースティンの法体系論が起源の原理および独立性の原理に基づくものとして，さらには実効性の原理にも基づくものとして，紹介された。本章では，この理論がもたらすいくつかの困難を指摘することを試みよう。オースティンは法体系の構造についてほんのわずかなことしか述べていないので，独立性の原理に関する彼の見方は，後の章まで吟味せずにおくことにしよう。

　本章の大部分は，オースティンの理論の最も重要な特徴——主権者にあてがわれた役割——に関係する。彼の主権論は広範囲にわたってかつ徹底的に批判されてきた。ここでは，オースティンの主権論に対して提起された反論のすべてを検討し尽くそうと試みるのではない。私の目的は，最も重要な反論のいくつかを法体系論の問題に関係づけ，それによってこの問題の重要性に新しい光を投げかけようとすることである。通常よりも注意が払われるのは，オースティンの理論それ自体の慎重な精査によって明らかにされる〔彼の理論の〕難点である。もっとも，われわれが知っているように，彼の理論の価値を最終的に判断するのは，それがもつ法への応用度であることはもちろんである。

　第1節では，無制限性のテーゼが，どのようにして，またなぜ，オースティンの理論が憲法の重要部分の説明に失敗していることを意味するかが説明される。主権者への人的な服従を法体系の存在のための条件とすることは，法体系の存続についての歪められた像に通じるということの経緯は，第2節で検討される。彼の存在性の指標がもつもう一つの欠点は，最後の節（第5節）で論じられる。あとの二つの節は，同一性の指標の欠点に関わるものである。

1 主権の無制限性

よく知られた文章の中で，オースティンは「実定法によって制限された最高権力などというものは，用語上まったく矛盾している」[1]と述べている。これによって彼がいわんとしたのは，主権者は権利および義務の主体になりえないこと，および主権者の立法権能は法的に縮小されえないことの双方である。後者の主張は，主権者は義務に服することがありえないという彼のテーゼの直接的帰結として大抵は解釈されている。オースティンはホーフェルト的な権能概念を用いなかったので——と議論は進む——，権能はそれを用いるべきでないとの義務を課することによってのみ制限されうると考えた。その結果，彼は権能の欠如と義務の存在とを混同した。主権者は義務の下に置かれえないという彼の定式は，彼にとって主権者の立法権能は無制限であることをも意味した。

このようにして，われわれはハートがつぎのように述べていることに気がつく。「主権者の権能に対する法的制限の可能性に反対するオースティンの議論は，そのような制限に服することは義務に服することである，との仮定に基づいている」[2]。同様にしてサーモンドもつぎのように書いている。

> 法によって国家の立法的機能の行使を制限することは……不可能であると考えられている。この原理は，これとは非常に異なった，国家は法的義務に服しえないという原理と一般には区別されていない。両者は一緒に扱われ，同じ論証によって支持されている。たしかに，法を国家の命令であると定義し，あらゆるルールは法的義務を創出し，それに対応するものであるとみなす体系には，そのような区別を容れる余地はない。法の本質に関するこのような見解によれば，法の支配に服することは法的義務に服することと同一のことであり，法的サンクションに対する国家の責任と，国家の立法権能に対する法的制限との区別は消滅する[3]。

オースティンが主権者の無制限性を論じる間に，彼は立法権能の縮減は立法

---

1 *Province*, p. 254.
2 Hart, *CL*, p. 242.
3 *Principles*, p. 137.

者に義務を課すことによって行われるものとみなしている，という印象を生み出しているのは，たしかにそのとおりである。しかし，われわれがみたように（第Ⅰ章第3節），少なくともいく人かの立法者は，つぎの二つの方法で制限されうる。すなわち，一定の立法権能，つまり一定の権利を留保することにより，または彼らがもつ権能の行使に際し，彼らにあることを命じ，義務を課すことによってである。オースティンは明らかに第二の方法がより重要であると考えたが[4]，このことおよびしばしば〔彼の議論に〕入り込んでいる混同は，主権者の立法権能の無制限性は，つぎの二つのステップにより，またそれによってのみ，証明されうるものとわれわれが理解することを妨げることができない。

(1) 一定の権利の不存在として解釈される主権者の立法権能の制限は，不可能である。なぜなら，露骨にいえば，彼は権利をもちえないことになるからである。

(2) 主権者は，その権能の行使において完全に自由である。なぜなら，彼は法的義務に服しえないからである。

この論証の後半部分の理由を理解することは容易である。オースティンは，「……適切にいえば，われわれはある者によって彼自身に対して定められた法というものを語ることはできない。もっとも，彼がサンクションによってそれを遵守するように拘束されているとすれば，彼は自分自身の行動の指針としてある原理を採用することはできるかも知れない」[5]。われわれはマークビーの説明を付け加えることができる。「大袈裟な比喩的表現による場合を除けば，何ぴとも自分自身に命令を下すことができるとはいわれえない」[6]。たしかに，もしわれわれが主権者によって彼自身に対して定められた法を認めるとすれば，われわれは構造の問題に対する命令理論に立脚した解決に関して生じるすべての帰結とともに，命令理論を拒絶して，法についてのその他の説明に与しなければならない。

　4　*Province*, p. 254 におけるオースティンの議論を参照せよ。
　5　*Province*, p. 255.
　6　Markby, *Elements*, p. 93.

つぎに，論証の前半部分に移ろう。主権者が権利をもちえないとすれば，権利の不存在は彼の権能の制限ではない。たんに彼は権利の付与によって権能を与えられた者ではないというだけのことであり，権利の剥奪によって権能を奪われることもありえない。権能を規制するこの方法は，彼には当てはまらない。主権者の立法権能は法的権能ではないということは生じてこない。法的権能という言葉によってわれわれは，ある行為によって法的状況を変更しうる能力を意味しており，主権者は立法によって法を変更することができる。しかし，彼の法的権能は，法によって付与されたものではないがゆえに，法的権利ではない。従属者がどのような立法権能をもつのかを明らかにするには，彼に権利を付与する諸法を見つけ出すことになり，主権的権能の存在または不存在を確認するには，大衆の服従の習慣という社会的事実を見出すことになる，等々である。そして，オースティンは彼の諸概念をそのように枠づけたために，主権者の立法権能は制限されえないことになった。というのも，特定の法への一般的な不服従は，主権者がその法をつくる権能をもたなかったことを意味しないからである。もしその不服従が広がり，法一般への不服従になるならば，主権者は一定の事項について立法を行う権能を失うだけでなく，その主権的権能を全体として失うことになるであろう。

議論を要約すれば，つぎのようになる。立法権能を取得するには二つの方法がある。(a)一つは事実によって，(b)もう一つは法によってである。前者はもっぱら無制限の権能へと通じる。後者は主権者には適用されない。前者の方法は主権者にのみ当てはまるがゆえに，このことは両者が両立不可能であることを意味する。ある者が一度にこの両者の方法で獲得された諸権能をもつことはありえない。それらはなぜ両立不可能なのであろうか。なぜ主権者は権利をもちえないのであろうか。オースティンの議論は，そのままでははなはだ説明的ではない。すなわち，――

  人は自らに対して法や義務を課しえないのと同様に，自らに権利を付与することはできない。権利をもつあらゆる当事者は……必然的にその権利を他人の力や権能をとおして取得したのである。……その結果，主権者たる政府がその

臣民に対して法的諸権利をもつとすれば，それらの権利は，第三者たる人や団体によってその臣民に対して定められた実定法の創造物であろう[7]。

オースティンは明らかに，彼の論理がそれ以上説明を要しないほどに明快であると考えた。

ウィラフビーはこれと同様の命題を支持して，一層見込みのある考え方を示唆する。「権利についてすら，それらを国家に帰属させるということは，無意味である。なぜならば，それらの創出，性質および内容はもちろん，それらの存続もすべて国家の意思に服するからである」[8]。オースティンはこれと同一線上で考えていたふしがある[9]。この議論の強みは，マークビーによって最もよく説明されている。

> ……税金や罰金に対する，いわゆる主権者の権利と，同僚の市民から貸金を受け取る市民の権利との間には，本質的な相違があるように私には思われる。この市民は彼の貸金を取得する権利をもつが，彼はその権利を他人，つまり，彼にその権利を付与した主権者の意思と意向に従ってのみ行使し，享受することができる。これに対し，税金や罰金を課す主権者の権能は，それを執行する権能でもある。さらに，貸金の返済に対して市民がもつ権利は，その行使や享受に関して他人の意思に依存するだけでなく，その意思によって制限されている。外部にある主権者の権能だけが，債務者と債権者との間の法的関係の性質を変更することができる。その一方で，税金や罰金の場合は，主権者が特定の期間を示して，したがって，限定された期間について，自らに対して履行されるべき義務を表明した場合であっても，主権の性質上，主権者の意思によってこの義務をいつでも変更することができることになる。……そのような浮動的な性質をもった権利を想定することは不可能である。……なぜなら，われわれは保持者が随意に変化するような権利を考えることはできないからである[10]。

私自身の言葉でいえばつぎのようになろう。**人は自らが排他的でしかも完全なコントロールをもつものに対して権利をもつことはできない。**ある者のコントロールが排他的であるというのは，他の誰もが法によって権利の存在や範囲

7　*Province*, p. 284.
8　Willoughby, *The Fundamental Concepts of Public Law*, 76; さらに，Hobbes, *Leviathan*, p. 173 も見よ。
9　*Province*, pp. 291, 254-5 を参照せよ。
10　Markby, *Elements*, pp. 93-4.

を左右できない場合である。ある者のコントロールが完全であるというのは、その者が随意に権利を創設したり、消滅させたり、変更したりすることができる場合である。

人々が完全かつ排他的なコントロールをもつ権利を、いま一度彼らに帰属させるということは意味をなさない。権利は、法的に許可されたまたは有効な行動を、そうでないものから区別するために役立っている。問題になっている者の行動を評価する比較的一定した標準として役立つのでなければ、そのような区別をすることには意味がない。それゆえに、もしこの者がいつでも好きなときに、法的に許可されまたは有効で、誰も立ち入ることのできないものの境界線を動かすことができるとすれば、そのような区別には意味がない。

マークビーの議論には、以下のような演繹法が含まれている。すなわち、主権者がその権利を随意に変更できるのであれば、彼は権利というものをもちえない。彼はその権利を随意に変更できる。したがって、彼は権利をもたない。第二の前提は、法の定義から引き出される。主権者のあらゆる命令は法である。ゆえに、以前の命令を無視せよとの彼のあらゆる命令もまた法である。

マークビーの議論の背後にある原理は穏当なものである。人は何らかの権利をもつ場合に、(一定の種類の)彼の権利が彼自身の介入に**相対的に免れている**(relatively immune) 場合にのみ、彼は(この種の権利の)潜在的保持者である。さもなければ権利は、彼に対して開かれている可能な行為の仕方のうちで、どれが許可されまたは有効であるかを決定することによって、彼を制限することも導くこともできない。しかしながら、マークビーは、相対的免脱 (relative immunity) の要件を満たすためには、潜在的な権利保持者が (問題になっている類の) 諸権利をそれらに対する完全かつ排他的な法的コントロールをもつことなしに保持できなければならない、と考えている。これは不必要なまでに厳格な要件である。他の要件が満たされているかぎり、つまり、事実問題として、ある者の権利に対する制限が当てにされているときに、この者がその制限を回避するために権利を変更しようとすることがそれほどしばしば起こらないかぎり、たとえマークビーの要件が満足されていない場合でも、ある者を(一定の

種類の権利の）潜在的保持者とみなすことには意味があるし，権利の制度の一般的な目的や前提に合致する．換言すれば，ある者の権利の彼自身からの**事実上の免脱**（a *de facto* immunity）は，その権利にとって必要な相対的免脱を獲得するために必要なことのすべてである．そのような**事実上の免脱**は，必要になるたびに権利を変更することのコストが許されない（例えば，議会の時間と機関を使うことのコストが多大で，他の職務に遅れを生じさせる）という理由か，それとも権利保持者がその法的権能を頻繁に使用することを妨げる何らかの圧力（例えば世論）のゆえに，存在しうる．

　これらの考察は，主権者は権利をもちえないとするオースティンのテーゼが拒絶されうることを示しており，また，彼の理論のその他の部分と一貫させる形で主権者に帰属させることのできる権利の性質を説明している．しかし，たとえ主権者が権利一般をもちえたとしても，彼は立法権能をもつことはできず，したがって制限された立法権能をもつこともできない．主権者自身に立法権能を付与するためには，主権者はその臣民に対し，一定の事項に関して彼に従うように命令しなければならない．一歩進んで，主権者がその市民に対し，事項 p に関して彼に従うよう命令(1)を下したと仮定する．さらに，後になって彼はこの事項に関して命令(2)を下したが，第二の命令は部分的に第一の命令と矛盾し，そのかぎりで第一の命令を撤回したとする．x に対して C における A を告げる法（および命令）は，x に対して C における非 A を告げる法（および命令）と矛盾する．それは，いかなる場合にも，後者に違反することなしには前者に従うことができないという意味で，矛盾するからである．前者が後者よりも遅れて立法されたのであれば，前者はそれと両立しない範囲で後者を撤回するものである．(2)は(1)を撤回するがゆえに，それ自体が法である．このように主権者は彼自身の立法権能を制限することはできない．立法権能を制限すると称する法は，それに服する機会がないゆえに，けっして法ではない．このような機会を創出する条件は，法がその機会に適用されるかぎりで，法それ自体を撤回するものである．主権者の権利の制限を当てにする機会が存在しなければ，主権者に立法権能を帰属させることには意味がない．換言すれば，主権者は立法

権能をもたない。事実によって獲得された立法権能 (legislative power) をもつことは，立法権 (legislative rights) をもつことを排斥する。

また，(1)は受け容れ難く，したがって法ではなく，それゆえにそれと矛盾する形で，(3)大衆に対して将来自分に従うよう命じる主権者による法は，必要的である（すなわち，あらゆる体系に存在しなければならない）か，あるいはそれも受け容れ難いということも起こりうる。もしそれが必要的であれば，主権者がそれを立法するか否かにかかわらず，それは法である。まだ立法化されていない法の可能性を認めようとはしない者は，それは受け容れ難いものとみなしているに違いない。この議論は，法は命令であって主権者は従属的たりえないとするオースティンのテーゼに依存していることが強調されるべきである。

これらの考察は，無制限性の定式の理由を説明する。この定式の帰結はオースティン自身が知っている[11]。そのことは，一定の憲法規定，すなわち，立法の権利および義務を主権者に帰属させる法，あるいは立法の権利および義務をもつ主権者の能力を決定する法と称されるものは，この理論によれば法ではない，ということを意味する。あるいはこの理論は，なぜわれわれがそれらの法を他の法の場合と同じ根拠によって法とみなすのかを説明することに失敗している，ということができる。

2　人的服従について

オースティンが実効性の原理 (the principle of efficacy)[12] から離反する一つの方法は，彼にとって法の実効性は，それが最高の立法者への一般的服従を構成するかぎりにおいて，体系の存在にとって重要であることによる。体系の存在にとって重要な服従とは，人的服従である。法はたとえその立法者が死ぬか，さもなければ〔立法者たる〕団体が存在しなくなっても遵守されうるが，その場

11　*Province*, pp. 257-60.
12　実効性の原理によれば，法体系の存在はその実効性のみに依存する。前述第Ⅰ章第 2 節を見よ。

合には法に服従することがその立法者に服従することにはならない。これはたしかにオースティンによって認められていた。もっとも，彼はおそらく立法者が生きている間に法に従うことはその立法者に服従することを伴うと主張したに違いない。全般的には，ある人（または人々の団体）が死亡した（あるいはそれ以外の仕方で存在しなくなった）後には服従されえない，ということは真実である[13]。

その結果，主権者が存在しなくなったときは，彼によって直接または間接的に立法された法体系は，存在しなくなる。たしかにこれは，新しい主権者がいわば以前の主権者によって空けられた場所を代わりに占める瞬間から生じることである。その瞬間から，新しい主権者によって直接的または間接的につくられた法のみからなる新しい法体系が創設される。そして，たとえ新しい主権者が空いた場所に地歩を固めなくとも，そして，大衆が旧法を遵守し続けても，旧法は今や実定的道徳のルールではあるが，法的なルールではない。というのも，この状況下では，誰もあるいはどの団体も服従されてはおらず，服従は人的服従ではない。しかるに法体系は，そうした人的服従が存在する場合にのみ存在するからである。

こうして人的服従を要求することは，法体系における最高立法者の命の長さが，その体系の諸法の存続期間を，したがってまたその体系自体の存続期間をも決定することを意味する。オースティンは，新しい主権者が地歩を固めた後でもしばしば旧法が存続することを知っていたのであり，彼はそのような場合には，新しい主権者が黙示的に旧法を改めて立法するので，それは今や彼の法であると説明する。後に第5節で，こうした黙示的命令という概念の使用が検討されるであろう。しかし，たとえこのような工夫が受け容れられたとしても，問題は未解決である。というのも，法律家は——十分な理由をもって——オースティンの用語を使えば，旧法体系が存在しなくなったといわれるときの新たなスタートとなる主権の変更と，主権の憲法的変更とを区別するからである。

---

13 われわれの主張を左右しないものの，いくつかの例外はある。

新体系が創設されるときには、しばしばそれは旧体系の法と内容を同じくする多くの法を含んでおり、これらの法は大抵は旧法を参照することにより、一まとまりにして法典化される。他方、主権に関する通常の憲法的変更が生じる場合には、同一の法体系が存続する。この場合、新しい主権者の下で効力をもつ法は、以前の主権者が立法した法とたんに内容的に一致するというだけでなく、現に同一の法なのである。

主権者の憲法上の承継と非憲法上の承継との違いへのオースティンの言及[14]は、あらゆる主権の変更は法体系の変更を含むという重大な結論を左右するものではない。この結論は、人的服従が法体系の存在の指標の主要な構成要素となったときには不可避的である。前章においてオースティンの定式から引き出された法体系論は、この点に関しては、法体系に関するわれわれの既存の概念を説明し損なっている。同時にそれは、われわれの概念が修正されるべきことの強力な理由を提供してはいない。

この点において一つの重要な区別、法体系と定時点的 (momentary) 法体系との区別を導入することが有益かも知れない。定時点的法体系は、ある体系においてある一定の時点で有効なすべての法を含む。しかし、これらの法は大抵その体系の法のすべてではない。1906年に制定され、1927年に廃止されたイギリス法と、1948年に制定されたイギリス法とは、同一の法体系に属する。とはいえ、両者がともに属するような定時点的法体系は存在しない。なぜなら、それらは同一の瞬間にともに有効であったというのではけっしてなかったからである。

「エリザベス二世の統治の初期におけるイギリスの法体系」というフレーズは曖昧である。これはその特定の時点における定時点的法体系を指すこともあるし、あるいはこの定時点的体系が属する法体系を指すこともある。しばしばそのようなフレーズは、どちらを指すのでもなく、ある期間の体系を指すために用いられる。つまり、瞬間よりは長いが、法体系の全存続期間よりは短い、いくらかの時間的間隔の中で、一つのまたは他の瞬間において有効な法を指す

---

14 *Province*, pp. 152 ff.

場合である。

　定時点的法体系は法体系の下位分類の一つである。すなわち，どの定時点的法体系についても，その定時点的体系のすべての法を含む法体系というものが存在する。同一の法体系の下位分類である二つの定時点的体系は，重複したり，それらに属する法が同一のことさえあるし，また共通の法をまったくもたないこともある。

　本節で提出された議論は，オースティンの法体系論はせいぜい定時点的法体系についての適切な説明を含むものにすぎないことを示している。そこでの法体系についての説明は，根本的に不完全である。彼の理論によれば，二つの異なる定時点的法体系は，実際には一つの体系に属していても，たんに異なる体系に属するという帰結になりうる。

　われわれが定時点的法体系の概念を論じるときには，オースティンの理論がもつもう一つの欠陥も指摘しうる。あらゆる法体系論は，以下の前提条件を満たさなければならない。すなわち，法体系がその中に定時点的体系を含まないことは，論理的に不可能であるということである。換言すれば，法体系は存在するものの，いかなる法も有効ではないという瞬間は，一時たりとも存在しえないということである。この前提条件の必要性は直感的には明らかである。しかしながら，オースティンの理論は，前述第Ⅰ章第2節でも言及したように，この前提条件を満たしていない。

3　主権の統一性

　オースティンが「独立した政治的社会であればどこでも，主権者は一人であるか，あるいは諸個人の一つの団体である」[15]というときには，彼は主権者の権力は独自的かつ統一的であるということを意味している。しかし，以下の議論は，彼の理論が主権の統一性 (the unity) を保障することに失敗しており，

15　*Province*, p. 246.

その結果，彼の同一性指標は少なくとも修正されなければならないことを証明しようと企画している。

主権は，主権者のすべての権能が一人の者または人々の一つの団体の手中にあるならば統一的である。何人かの人々やいくつかのグループが主権者の権能の一部をそれぞれ別々にもつならば，主権は分割されている。それゆえに，人々の団体というもの（a body of persons）の定義は決定的に重要である。オースティンはつぎのように説明する。

> 団体が明確であるというのは，団体を構成するすべての人々が決定されていて指示可能であり，あるいは団体に属する各人が決定されていて指示されうることである。しかし，明確な団体という場合には二つの種類がある。明確な団体の一つの種類は，以下の指標によって識別される。1. 団体が特定的もしくは個別的に決定された人々からなり，または各人に固有の特徴や特色描写によって決定された人々からなっていること。2. ……個々の構成員の各々が，包括的な特色描写に合致するという理由からではなく，彼が特定のまたは固有の特徴をもつがゆえに，この明確な団体の構成員であること。もう一方の種類の明確な団体は，以下の指標によって識別される。1. 団体がある一つの階級に属するすべての人々から構成され，あるいは各々そうした階級の二つまたはそれ以上に属する人々から構成されていること。2. ……個々の構成員の各々は，特定のまたは固有の特徴をもつという理由からではなく，ある特色描写に合致するがゆえに，その明確な団体の構成員であること[16]。

特定的または個別的に決定されるとは，限定的な特色描写によって決定されることを意味する。包括的な特色描写によって決定されるとは，非限定的な特色描写によって決定されることである。こうした解釈によれば，第一のタイプの明確な団体は，限定的な特色描写の使用のみによって決定される。構成員資格が非限定的な特色描写によってのみ決定される団体は，第二の種類の団体である。オースティンによれば，明確な団体というものは，包括的特徴をもつがゆえにそれに属する人々と，限定的な特色描写を満たすがゆえにそれに属する人々から構成される混合的団体でもありうることには，疑いがない。それゆえに，もしこの長い引用が団体の定義として捉えられるとすれば，何人の人々で

---

16 *Province*, p. 145.

あっても団体とみなされることができ，また，主権は統一的でなければならないとの定式が純粋に満たされることはけっしてない。

これは明らかに通例の団体概念ではない。通常は，何人かの人々が長期間にわたって一連の統合された諸行為に参加する場合，あるいは彼らが何かその他の相互に特別の関係に立つ場合にのみ，彼らは一つの団体を構成するものとみなされる。後に続く議論は，オースティンがそうした言葉の使用に関する制約を何ら心に抱いていなかったことを示している。

以上に述べたこと以外に，主権の統一性の観念を意味あるものとする唯一の方法は，主権者団体の現在の構成員全員が，あらゆる立法行為に一般的に参加する場合にのみ主権は統一的である，と述べることである。彼らは立法過程のあらゆる段階で全員参加する必要はないが，その過程のどこかの段階で一般的に参加しなければならない。主権者団体の何人かの者が一種類の法（例えば，一定地域に適用される法律）の立法に参加し，他の者は別の種類の法の立法にのみ参加することが通常であるとすれば，主権は分割されている。

この定義によれば，オースティンは現に統一性のテーゼを拒絶している。彼が，ババリアでは主権者団体は地方政府と一団体たる帝室裁判所の双方であると述べたときには[17]，それらはつねに別々に行為し，一つとして立法において連合することはなかったことを知っていたに違いない。同様に，連邦国家における主権者は「一つの集合的団体を形成するものとして統合されたいくつかの政府」であると彼が述べるとき[18]，それらは原則として同じ法律の立法においては協力しないことを彼は知っている。もしそうであるとすれば，オースティンは，複数の最高立法者が一主権者の諸部分であるのは，その主権者がかつて何か別の理由に基づいて，彼らの法が一つの法体系の一部であることを確立したことのみを理由とする，ということを知ることができる。

主権の統一性が捨て去られてしまうと，ある法の最高立法者を見つけ出しても，その法がどの法体系に属するのかを確定するには十分ではない。たしかに，

---

17 *Province*, pp. 240-1.
18 *Province*, p. 249.

一最高立法者の手になるすべての法が同一の法体系に属することは真実であるが，それらの法はその法体系のすべてではないかも知れない。同一の体系に属するものの異なった最高立法者による別の法が存在することもあり，その場合には二人の最高立法者はともに存在するが，主権者は一人である。しかし，それはどのように呼ばれうるであろうか。オースティンはおそらく，最高立法者が法的に無制限である場合にのみ彼は主権者であり，そうでなければ彼は主権者の一部にすぎないと答えるであろう。しかしその場合に，最高立法者を制限すると称するルールが法的ルールなのか，それともたんに実定的道徳の一部にすぎないのかを，どうやって知りうるのであろうか。それは最高立法者が主権者であるかどうかに依存する，というのが，オースティンによって与えられた唯一の指標である。こうして議論は循環論法的になる[19]。

　オースティンは主権の統一性を確立してはおらず，その結果，起源の原理に立脚する彼の同一性指標は受け容れることができない，という結論は避け難い。起源の原理は究極的起源の統一性を前提とする。

4　立法について

　起源の原理のオースティン版は，前節で明らかにされたのよりもずっと根本的な欠陥をもっている。立法の概念に対するオースティンの説明自体が，むしろ有効性の疑わしいものである。一つには，主権が単独の者の手中にある国においてさえ，主権者が一定の受け容れられた立法手続に従う場合にのみ法が創造される，というのが通例である。しかし，オースティンによれば，命令である主権者の意欲の表明はいずれも法であり，したがって，主権者が受け容れられた手続とは異なる方法で命令する——その場合には彼の命令は法ではない——という事実が生じる余地を，オースティンは認めない。主権者が団体であ

　19　この理論は，前述第Ⅰ章第 1 節（p. 10）で述べられた議論とは別である。もっとも，両者は同一の点，つまり，オースティンの同一性指標が主権の統一性に依存していることを証明するものである。

る場合には，受け容れられた手続に従うことは，主権者団体の本質的な特徴であろう。この場合，主権者団体の構成員は主権者団体を形づくり，受け容れられた手続に従うときにのみ主権者として行為する。しかしながら，このような解決方法は主権者が単独の者である場合には適用されえない。というのは，オースティンは主権者としての単独の者の行為と，私的な市民としての彼の行為とを区別しないからである。たしかに彼の理論枠組みの中では，この区別をするために満足のゆく方法は存在しない。

法は，権威的な法的素材[20]の意味や趣旨に関する一定の不明瞭さによって特徴づけられるのとちょうど同じ程度に，権威的な法的素材をなすものについての厳格で比較的明瞭な定義によって特徴づけられる。立法についてのオースティンの説明は，法的素材それ自体の識別における重大な不確実性を導入するものである。

立法についてのオースティンの説明は，黙示的命令の観念に対する彼の取扱いによってさらに深刻に損傷を受けている。この概念がそれ自体において異議のあるものというのではなくて，それが役立てられようとする正確な目的についてオースティンが明確ではなく，いずれにしても彼はこの概念を誤用しているということである[21]。

彼は，主権者がどのようにしてその代理人や裁判所をとおして行為し，習慣や以前の主権者によって立法された法を採用するかを説明するために，この概念を用いている。困難なのは，明らかに主権者によってはつくられなかった法の存在を説明することである。その解決方法は，この主権者は直接的にはそれらの法をつくらなかったものの，間接的につくったことを明らかにし，そうした間接的立法がどのようにして行われるかを説明することである。間接的立法は，ある者が命令を発し，それを廃止できる主権者がこれを廃止しない場合に行われる。ここでは黙示的命令の概念が，間接的立法の現象を説明する役割を

---

20 この表現は，立法化された法令を含んでいる。それは後述第Ⅳ章第 1 節でさらに詳しく説明される。

21 この問題に関しては，*Province*, pp. 30-2; Hart, *CL*, pp. 45-7, 63 を見よ。

果たしている。この黙示的命令の概念は受け容れ難く，虚構的である，と正当にも批判されており，前述第Ⅰ章第3節ではそれが不必要であることが示された。ある者が黙示的命令を下すには，彼がその命令を知っており，その命令を廃止することも期待されうるのでなければならない。第一の要素は，主権者の場合にはしばしば欠けており，団体には時として適用不可能である。さらに，オースティンは，従属的な立法権能を付与する法に関する彼の定式の中で，間接的立法についてのもう一つの説明をしている。

しかし，以前の主権者たちの慣習と法は，さらにもう一つの問題を提起する。なぜなら，それらの明らかな直接的立法者は，主権者の代理人とはみなされえないからである。慣習はけっして立法者によってつくられたものではないし，オースティンのいう意味におけるまたは何らかの承認された意味における命令ではなく，また，以前の主権者たちは現在の主権者の従属者ではありえない。いまここに言及された異論を回避するためには，これらの法の創造に関するオースティンの説明を以下のように修正することが試みられる。すなわち，習慣はそれらが裁判所によって立法化されるまでは法ではなく，以前の主権者の法は現在の主権者の裁判所によって再度立法されることにより，彼の法となる。しかしながら，裁判所はそれらを通常の方法によって，つまり，いく人かの人々は習慣に従って行動すべきである，などといったように彼らの願望を表明することによって，立法を行うのではない。こうして裁判所は黙示的に，つまり，(1)それらを強制することによって立法を行うといわれるが，その一方では，(2)それらを強制しないこともできる。ここでは，黙示的命令の概念は，第二の，よりもっともらしく思われるような，果たすべき役割をもっている。

第一の役割は間接的立法の説明であった。――われわれはどのようにして裁判所によって行われた行為を主権者に帰することができるであろうか。第二の役割は，直接的立法のある不規則な様式を説明することである。――どのようにして裁判所は一定のカテゴリーの法を立法するのであろうか。黙示的命令の第一の役割は，法を廃止することが自由にできるとしても，そのようにはしないことである。その第二の役割は，法を強制しない自由があるとしても，法を

強制することである。

　裁判所が法を強制する義務を負わなければ，法が——いわば違反者を処罰すべき旨の裁判所に対する命令によって（また，おそらく刑罰政策によっても）支えられていないことから——サンクションを欠いていることのみを理由にして，ほかに誰も法に従う義務を負っていない，と考えられるかも知れない。しかし，これは実際にあることではない。裁判所が法を強制しない自由とは，裁判所がその法を強制不可能にすることによって破棄することができる，ということを意味するにすぎず，裁判所がその法の立法者であることを意味するわけではない。それはまた，法がサンクションを欠いていることを意味するものでもない。そのサンクションは裁判所によって効き目のないものとされうるものの，その法はそれ以外の法と同じようにサンクションによって支えられうる。

　この議論はもっぱら消極的なものである。その目的は，オースティンの議論が裁判所を検討中の法の立法者とみなすようわれわれに強いるものではない，ということを明らかにすることである。したがって，この議論は，裁判所はけっして立法を行うことはなく，つねに以前に立法された既存の法を適用するのであり，しばしばそれを破棄する自由をもつ，ということを立証するためには用いることができない。各々のカテゴリーの法が裁判所によって立法されたのか，それとも裁判所によってたんに強制されるにすぎないのかを確定するためには，それ以上の議論が必要である。オースティンが考察した二つのタイプの法の運命は，以下の指標によって決定される。もし裁判所が，(1)法を創造するという意図をもってつくられたことから，あるいは一般的に法であるとみなされていることから，法と称されるものを強制し，かつ，(2)その強制の理由が条件(1)を満たしていることであるとすれば，裁判所はすでに存在している法を強制しているのであり，裁判所自身によって立法された法を強制しているのではない[22]。

　この指標によれば，以前の立法者の法は現在の主権者の裁判によって立法さ

22　この問題に関しては，後述第Ⅷ章を見よ。

れるのではないことになり，慣習の場合はオースティンが想像したよりも複雑になる。しかし，もしこのことが真実で，以前の主権者を現在の主権者の代理人であるとみなすことができないとすれば，オースティンによる法の定義は維持されえない。本節での考察は，この定義の代わりに，法とは主権者によって強制される命令である，という定義を置く気にさせるかも知れない。その場合，法体系の同一性の指標はつぎのようになる。すなわち，一つの体系は一人の主権者によって強制されるすべての法から構成される。ホランドが，法とは「一人の主権者によって強制される，外部的行為の一般的ルールである」[23]と述べるときには，これに類する定義の変更が行われている。

5 独立性について

オースティンに対する批判のほとんどは，主権者は独立していなければならないという定式化が法体系の独立性の説明として不適切である，とする点で一致している。また，習慣的服従の推移性（transitivity）[24]を認める者たちは，最高立法者は必ずしも究極的に人口の大部分の者たちから服従されている者である必要はないと述べることにより，異論を提示している。習慣的服従が一般的に推移性をもつとの疑わしい仮定を除くとしても，なお実質的に同じ結論が受け容れられざるをえない。つまり，ある者（または集団）は，他の者（または集団）に習慣的に服従するにもかかわらず，依然としてある体系の最高立法者でありうる，ということである。後者は，最高立法者が下す法を規則的に指令するが，彼らの指令は，たとえ命令であったとしても法ではない。

ほとんどすべての批判が主権についての二つの概念を区別することにより，このことを主張する。例えば，ブライスはつぎのように述べている。「主権者の権威をもつのは，……法がその指令に法的な力を帰属させる者（または団体），

---

23 Holland, *The Element of Jurisprudence*, p. 40.
24 つまり，もしAが習慣的にBに服従し，Bが習慣的にCに服従するならば，Aは習慣的にCに服従することになる。

つまり，一般的な規則の設定または個別的な規則もしくは命令の発布に関する究極的な権能を正当にもち，その権能が法それ自体の権能であるような者である」[25]。また，他の箇所では，「……実際上の主権者とは……法をもってにせよ，法に反してにせよ，彼（または彼ら）の意思を普及させることのできる者（または団体）〔である〕。彼（または彼ら）は**事実上の**支配者であり，その者に対しては服従が現実に行われる」と述べている[26]。

ダイシーはブライスに従ってつぎのように述べている。「しかしながら，『主権』の用語は，オースティンが時折用いる意味で正確に使われる範囲においては，法的な概念化にすぎず，いかなる法的制限によっても制約されない法創造の権能を端的に意味する，ということに慎重に注意が払われるべきである。……しかし，主権の語は時折，厳密に法的意味においてというよりも，政治的意味において使われる。かの団体は『政治的に』主権者または国家において最高であり，その意思に国家の市民は究極的に服している。……オースティンは彼の著作のいくつかの部分で，このうちの一方を他方と明らかに混同した」[27]。

オースティンは主権者が政治的に全能でないことは知っていた。しかし，彼が法的権能とたんなる政治的権能との間に引いた区別は満足のゆくものではない。すなわち，──

> いかなる君主政においても，君主はその臣民によって主張され，感じられている意見と感情に対し，習慣的な敬服を示している。しかし，ほとんどすべての君主政では，君主は共同体の狭い部分ではあってもとりわけ影響力のあるいく人かの意見と感情に敬服し，あるいは彼らの利害と偏見をとくに考慮に入れる。……それゆえに，適切に君主政と呼ばれるようなものは存在しないとの結論が下されてきた。そのような君主政とは，最高の政府はすべて仲間の政府であるというものである。……それはもっともらしく思われるかも知れないが，誤りである。君主が習慣的に共同体の特定部分の者の命令に従ったとすれば，

25　Bryce, *Studies in History and Jurisprudence*, vol. ii, 51.
26　Ibid., ii, 59-60.
27　Dicey, *Introduction to the Study of the Law of the Constitution*, pp. 72-4. 同様の立場をとる他の理論家に関しては，以下のものを見よ。Brown, *The Austinian Theory of Law*, p. 276; Buckland, *Some Reflections on Jurisprudence*, p. 82; グレイのいう現実的支配者（real rulers）は，政治的主権者の主題の一変形である（Gray, *The Nature and Sources of the Law*, p. 79 を見よ）; Salmond, *The First Principles of Jurisprudence*, pp. 131 ff.

主権は，誤って彼の臣民と呼ばれた特定の団体とともに，誤って君主と呼ばれた者の手中にあり，あるいはその特定の団体に排他的に属することになろう。……しかし，共同体の意見に対する習慣的敬服，または共同体の一部分の意見に対する習慣的かつ特別の敬服は，主権の本質的要素の一つである独立性とは矛盾しない[28]。

命令という手段によって行使された影響力は法的影響力に違いないとの仮定には，まったく根拠がない。強力な労働組合，影響力のある大司教，巨大な金融もしくは産業財閥，またはもう一人の主権者。これらの者はいずれも，主権者がどのように振る舞うべきかを習慣的に命令し，それに従わない場合には何らかの有害な帰結が生じるであろうとの威嚇によって彼らの命令が支えられることにより，彼らの意思を主権者に押し付けることができる。しかしなお，彼らはそれによって最高の立法者とはならないであろう。

したがって，オースティンに対する批判者たちは，習慣的に服従することがないという意味における独立性は最高立法者の必然的な特徴ではない，と主張する点では正しい。しかし，彼らは政治的主権と法的主権との区別がもつ十分な含意を理解しなかった。そのことは，ベンサムとオースティンが行った法理学への最も重要な寄与のうちの一つを見捨てることを意味する。というのは，オースティンが服従の習慣という社会的事実を直接に参照することによって最高立法者を定義しようと試みたことは，ダイシーが考えたように，混乱がなくはないが，法の本質に関する説明のうえでは決定的な一歩だったからである。オースティンの試みは失敗し，この失敗は法体系の同一性および存在の問題に対する彼の解決方法を台無しにした。しかし，答えられるべき問題は残っており，しかも本節で言及されたオースティンに対する批判者たちは（おそらくサーモンドを除いて），これら〔残された〕問題を解決しようと真剣に試みることさえなかった。法体系論の諸問題を解決しようとする新たな包括的な試みが行われることは，ケルゼンに至るまでなかったのである。

---

28 *Province*, pp. 218-20 n.

III　規範理論の構成要素

　理想的には，法体系論は規範に関する一般理論の一部として扱われるべきである。しかしながら，〔規範の〕一般理論に関する現在の混乱状態に鑑みれば，法体系論の諸問題に対して個別的に立ち向かう方が，ずっと推奨に値する。とはいえ，そうした個別的な検討ではけっして完成の域には達しえない。事実，最も偉大な法哲学者たちはみな，ここで論じられる者も含めて，彼らの法理学理論の基礎として，規範に関する独自の理論を展開したのである。

　本章および次章では，ベンサムおよびケルゼンの著作から抽出されうる規範に関する一般理論の一定部分，および彼らの法体系論と直接に関連する部分が，批判的に吟味されるであろう。ここには四つの主要なトピックに関する考察が含まれる。本章では，(1)規範的言明とここでは呼ばれる一まとまりの言明に関するケルゼンの定式，(2)行為と「意思の諸側面」という見地からの，法の構造に関するベンサムの説明，(3)法規範の存在に関するケルゼンの説明を吟味することにする。次章では，(4)この二人の著作に明示的または黙示的に見られる法の個性化の理論を吟味する。

　法体系論にとってのこれら四つのトピックの重要性が，第Ⅰ章ならびに第Ⅱ章で述べられたこと，およびこの後に続く議論から明らかになることが望まれる。しかし，これらのトピックは複雑であり，それらについての探究は必然的に本題から明らかに離れた事柄に対する詳細な取扱いを含むので，以下の手短な議論の中で，これら四つのトピックと法体系論との関係を提示しよう。

　法体系は諸法の体系であるから，ここでは法の性質についてなにがしかのことが述べられなければならない。「法」というものの意味は，一般的に合意さ

れたものとして扱われるにはあまりに議論が多いが，完全に避けて通るには法体系論にとってあまりに重大である。法の存在，要素および個別化に関する説明は，法の概念に関する分析の一部である。規範的言明は法についての言明であるが，混乱を避けるために，規範的言明と法との関係に関するいくつかの指摘が必要である。さらに，法体系の存在はそれに属する法の存在を伴うがゆえに，法の存在条件は，法体系の存在の理解にとって特別の重要性をもつ。また，法体系の構造の問題と法の個別化の問題とは緊密に相互関連していることが，さらに論じられるであろう。つまり，法体系の構造は，(1)法の個別化の原理の理論的な選択によって，および(2)考察の対象となっている法体系の豊富さと複雑さに関する事実上の付随条件によって決定される，ということである。

　これらのトピックに関する議論では，ケルゼンとベンサムの理論における一定の諸側面が批判される。時折，両者の理論の諸部分が，以後の各章において法体系論の諸問題を検討する際の背景として役立つように，再構築されたり，結合されたりする。

1　規範的言明

　ケルゼンの純粋理論は，社会的規範に関する科学，つまり，彼が倫理学（ethics）および法学（legal science）と呼ぶものの基礎を探究するものである。部分的にこの探究は，これらの科学がその帰結を定式化するために用いる言語に関連している。この言語に特有の性質は，それが規範的言語である，ということである。というのは，この言語はここで規範的言明と呼ばれている種類の言明を行うために用いられる文章を含むからである。

　「法創造の権能をもつ者によって制定された法規範は，規定的（prescriptive）である」[1]。法規範の制定に際し，言語は遂行的に（performatively）用いられる。他方，法学は記述的（descriptive）である。すなわち，「……法律家は，法の理

---

[1] *GT*, p. 45.

論的解説者として，純粋に記述的な意味をもつ命題において，規範を提示する」²。これらのやや不可解な所見は，『法の純粋理論』の新版の中でさらに詳しく解説されている。「**法規範**は判断ではない。つまり，それは認識の客体についての言明ではない。その意味によれば，法規範は命令（commands）である。それはまた許可（permissions）および認可（authorizations）でもありうる」³。規範は情報を伝達するものではなく，命令，許可または認可であるから，それは真か偽かといった形で記述されえない。「……法的権威者によって制定された規範は，法的主体に義務を賦課したり，権利を付与したりするものであり，真でも偽でもなく，たんに有効か無効かである」⁴。規範が拘束力をもつことと，それが有効であることとは同一のことであり，両者はともにその規範が存在することを意味する。「『有効性』という言葉によってわれわれは規範の特殊的存在を意味する。規範が有効であると述べることは，われわれがその存在を認めると述べること，あるいは——同じことになるが——その規範はそれによって行動を規制される者に対して『拘束力』をもつことをわれわれが認める，と述べることである」⁵。それゆえに，規範は実体である。もちろん，それは物理的事物というよりは抽象的実体であるが。「法は，規範として，理念であり，自然的実在ではない」⁶。規範とその創造に用いられる言語との関係についてのケルゼンの所見は，全体として混乱しており，ここでわれわれの関心を引くものではない。本節の残りの部分は，規範と規範的言明との関係に関するものである。

　規範的言明は情報を伝達しており，したがって真か偽かでありうる。「法の科学によって定式化された言明は，……何ぴとにも義務を賦課したり権利を付与するものではない。それは真または偽でありうる」⁷。規範的言明の基礎的な構造と意味は，以下の文章の中で手短に説明されている。

2　*WJ*, p. 268.
3　*PTL*, p. 71.
4　*PTL*, p. 73.
5　*GT*, p. 30.
6　'The Pure Theory of Law', 50 *L. Q. R*, 481.
7　*PTL*, p. 73.

つぎのようにいうこともできる。すなわち，一定のもの——とりわけ一定の行動——は，「である」か「であるべき」かの性質をもちうる。例えば，「ドアが閉まっている」と「ドアを閉めるべきである」という二つの言明において，ドアの閉鎖は，前者では何かあるものとして宣告されているが，後者では何かあるべきものとして宣告されている[8]。

この所見は，他の哲学者たちによって示唆された様々な考え方とも親和性をもつ[9]。しかし，ケルゼンはこの問題をそれ以上追究せずに，このような非常に漠然とした文章で満足しており，また，ここでは規範的言明の論理を展開する試みは行われないので，われわれはこの問題をそこまでにして立ち去ることができよう。

以下の文章の中でケルゼンは，規範的言明の真実性の基礎に関する説明に相当することを述べている。「記述的意味における法の諸ルールは，……**国内的または国際的法秩序によれば**，この秩序によって決定された諸条件の下では，この秩序によって決定された一定の帰結が生じるべきである，ということを述べる仮定的判断である」[10]。そして，類推的に「倫理学は一定の道徳の規範を記述しており，それはわれわれが**この道徳に従って**どのように自分たちを導かなければならないかをわれわれに教えている」と述べている[11]。規範的言明は，pであるべきである，という一般的形態をとり，それは一定の規範体系において，pであるべきである，という趣旨の規範が存在する場合にのみ真実である，ということができる。

この定式を論じるにあたっては，以下の諸点が考慮に入れられなければならない。すなわち，——

(1) ケルゼンによれば，「すべきである」という用語は，他の類似の用語と同様に，遂行的に——規範を創造するために——も，記述的に——規範の存在

8　*PTL*, p. 6.
9　例えば，Hare, *The Language of Morals* における叙述的（phrastic）と中立的（neustic）との区別，例えば，Wittgenstein, 'Tractatus', pp. 167 ff. に見出されるステニウスの意味論的叙法，および von Wright, *Norm and Action* における規範的言明の論理を見よ。
10　*PTL*, p. 71.
11　*TP*, p. 99 n. 強調は著者による。

を述べるために――も用いられうる。法学においては後者の意味においてのみ用いられる。「……法的ルール（the legal rule）の『すべきである』は，法規範（the legal norm）の『すべきである』のような規定的な性質をもたない。――その意味は記述的である。『すべきである』という言葉のこのような曖昧さは，『すべきである』を用いた言明が命令的言明と同一視されるときには，看過されている」[12]。

(2) さらに，ケルゼンは「すべきである」という用語を通常の用法よりもずっと広い技術的意味で使っている。「『すべきである』の語は，ここでは通例の意味よりも広い意味で使われている。慣用によれば，『すべきである』は命令のみに対応するのに対し，『してもよい』は許可に，『することができる』は認可に対応する。しかし，本書においては『すべきである』の語は……『してもよい』および『することができる』を含んでいる」[13]。事実ケルゼンは，「すべきである」の語を規範的様態に関する一種の変数として用いている。したがって，規範的言明の一般的形態は，M が何らかの規範的様態を表すものとすれば，Mp として表現されうる。

(3) 上記引用の中で強調体で表された文章は，規範的言明がつねに特定の規範的体系を指示している（もちろんそれらの規範的言明は，一つ以上の規範的体系を指示することができる）ことを明らかにする。この指示は，「イギリスにおいては人は……すべきである」とか，「イギリス法によれば人は……すべきである」といったように，多かれ少なかれ明示的である。指示されている体系が言明を行う際にまったく言及されないような場合には，黙示的指示もありうる。

指示されている体系の存在については，指示する言明の中では主張されていない。この存在はその言明によって前提とされている。もしそのような体系が存在しなければ，この言明は，偽ではないものの，真でもない。それは真理値をもたない。

---

12 *PTL*, p. 75.「法の諸ルール」は「法についての規範的言明」と同じことを意味し，「命令的言明」の語によってケルゼンは命令（imperatives）を指している，ということが想起されるべきである。

13 *PTL*, p. 5.

ケルゼンによって論じられている規範的言明は，その体系の存続期間中における特定の瞬間をも黙示的に指示している。それらの規範的言明は，特定の定時点的体系を指示する。他方，明示的に，そしてより長い期間を指示することもできる。しかし，ケルゼンに従うならば，言明の時間的指示は無視されることになるので，しばらくの間，あらゆる言明は特定の定時点的体系を指示するものと仮定されるであろう。

(4) ケルゼンは，Mp という形態の規範的言明の意味は，Mp という規範が存在するという言明と同一であると想定している。「ある特定の法規範が効力をもっているという主張は，……ある所与の法規範が効力をもっていることの確認と同じことを意味しており，その確認は——まさにちょうど——法規範が規定するとおりに行動しなければならない，ということを意味している」[14]。

以上が，規範的言明の観念に関するケルゼンの説明である。彼の説明は，それが法的でない会話における「すべきである」という言明にも当てはまると主張するかぎりで，大きな誤りを犯している。その説明は（それが一まとまりの規範的言明にのみ当てはまると理解されるならば），まさに規範的言明と呼ぶことができる，法に関するある一まとまりの言明を説明するための基礎として受け容れられうる。ケルゼンは，規範的言明は Mp という形をもち，規範を記述するものであるとみている。しかし，「ドアは開けられるべきである」といった言明は規範を記述していない。なぜなら，ケルゼンによれば，あらゆる規範は人間の行動を規定するものであるが，この言明の中ではその事実への言及が行われていないからである。さらに，「イギリスの法体系は過去100年の間に根本的な変化を経験した」という言明や，「殺人に関するイスラエル法は1936年以来変わっていない」という言明は，規範の内容を記述していないだけでなく，Mp という構造すら示していない。にもかかわらず，これらの言明はすべて大抵は規範的言明であると考えられている。

それゆえに，ケルゼンによる規範的言明の概念は以下のように一般化される

---

14 *TP*, p. 109 n.

べきである。ある言明は，ある（法）規範の存在がその真理性の必要条件である場合にのみ，（法）規範的言明である。規範の存在は，言明の真理性の条件に入るものの一つであるか，あるいはそもそも言明が真理値をもつことの条件でありうる。

規範的言明は，規範的共通形式（「……すべきである」とか「……することが許されている」など）または規範的述語（例えば，「義務を負う」とか「権利をもつ」）を伴う言明だけを含む場合には，直接的である。そうでない規範的言明は，間接的な規範的言明と呼ばれるであろう。かくして，「1948年にイスラエルでは新しい法体系が確立された」というような言明は，間接的である。

真実の規範的言明は，純粋であるか，適用可能であるか，あるいはその双方である。ある規範的言明は，一定の規範の存在がその言明を真とするのに十分である場合に，純粋である。ある規範とある事実が存在し，両者が一緒になってある規範的言明を真とするのに十分であるときは，その言明は適用可能な言明である。ある言明を真とするのにそれぞれ十分な二つの独立した一連の諸条件が存在し，その一方のゆえに言明が純粋であり，他方のゆえにそれが適用可能であるときには，その言明は純粋かつ適用可能である。ある言明が純粋であるか適用可能であるかは，法体系の内容に依存する。「オックスフォードの住民は A をすべきである」というタイプの言明は，オックスフォードの住民が A をすべきであるという趣旨の法が存在する場合に，純粋である。人口10万人以上のすべての都市の住民は A をすべきであるという法が存在し，かつ，オックスフォードが10万人以上の人口をもつ場合には，それは適用可能な言明である。

一つの法体系に言及する一連のすべての純粋な言明は，その法体系を完全に記述する。この一連の言明はその体系の「一式全部」と呼ぶことができよう。ある体系の一式全部を論理的に含意する一連の純粋な言明はどれも，その体系の（完全な）記述である。

ある体系の完全な記述は，その体系におけるあらゆる言明がその体系の法を完全に正確に記述しており，かつ同一の法を記述する言明が二つと存在しない

場合にのみ，その体系の適切な記述である。

ここで採用された用語法は，法体系論にとって重要ないくつかの問題を新たな方法で定式化することを可能にする。すなわち，同一性の指標は，一連の直接的な規範的言明が，仮に真であるとして，法体系の完全な記述であるかどうかを立証する方法を提供する。法体系の存在指標と法の存在指標の双方が，法体系の記述が真であるかどうか，つまり，その体系が存在するかどうかを立証する方法を提供するために，必要とされている。法の構造ならびに個別化に関する定式，および法体系の構造に関する定式は，法体系についてのいくつかの記述のうちで，どれが適切な記述であるかを決定するための方法を提供する。

法理論に関するこれらの仕事を定式化するこうした方法は，最初は奇異に見えるかも知れない。その正しさと利点は，第IV章で説明されるであろう。

2　規範の構成要素

A　規範の構造に関するベンサムの説明

「単一または単純な法という観念の本質的な内容は，……行為と様相である」，とベンサムは説明する[15]。最初に，ベンサムの非常に精巧な行為論に関して，いくらか述べられなければならない。

ベンサムは，精神の行為，会話の行為および外部的行為を区別する[16]。これらのうち，ここでは外部的行為およびその不作為についてだけ議論される。行為は複合的であるかあるいは単純である。ベンサムの説明によれば，複合的行為を構成するのは，「……数多くの単純な行為である。それらは，非常に多数で異質的であるものの，共通の企図や目的についてそれらがもつ関係から，ある種の統一性を引き出している。例えば，正餐を供する行為，子供を養う行為，勝利を誇示する行為，戦力を保持する行為，裁判所をもつ行為，その他といっ

15　Bentham, *Limits*, p. 178; *OLG*, p. 94.
16　*Principles*, p. 191.

たものである」[17]。

　複合的行為は，一定の状況下におけるいくつかの単純な行為の実行として分析されうる（包括的な）行為である。単純な行為と複合的行為というカテゴリーは，相互に排他的ではない。いくつかの単純な行為の実行として分析されうる多くの行為もまた，単純な行為を分析する通常の方法で分析することができる。同一の行為状況を記述する異なった方法を認める点が，ベンサムの行為論の最も重要な基本的特徴の一つである。複合的行為はここでは取り扱われない。

　言葉に表されるすべての種類の行為は，個別的であるか包括的（ベンサムの表現では「諸行為の集合」）であるかである[18]。私はさらに，全般的に包括的な行為と部分的に包括的な行為とを区別することにする[19]。ある行為が何らの個別的行為を指示することもなしに記述されうるならば，それは全般的に包括的である。全般的に包括的でない包括的行為は，部分的に包括的である。キスすることは全般的に包括的行為であるのに対し，シーザーにキスすることは部分的に包括的であり，また，今シーザーにキスすることあるいはシーザーを殺すことは個別的行為である。個別的行為は包括的行為の例証である。

　積極的行為は「動作または奮闘からなる」とベンサムは述べる[20]。「動作を告げるあらゆる個別的行為は，その動作を開始する主体，それを進展させる主体，およびそれを終了させる主体をもたなければならない」[21]。動作を開始する主体は行為者と呼ばれ，つねに人間である。あらゆる積極的行為において，これら三つの主体が区別されうる。もっともそれらは同一人であることもある。例えば，ある者が自らを傷つける場合である。すべての行為においてではないが，一定の個別的行為においては，第四の主体が存在する。それは，行為の病理的効果が生み出される客体（すなわち苦痛または快楽の感覚）である[22]。ベンサムは

17　*Principles*, p. 194.
18　*Limits*, p. 126. この文章は *OLG* には含まれていない。
19　命題間における類似の区別に関し，von Wright, *NA*, p. 24 を参照せよ。
20　*Principles*, p. 190.
21　*Limits*, p. 126.
22　*Limits*, p. 121; *OLG*, p. 35.

この第四のカテゴリーに入るものとして人間だけを認める。こうした行為の記述方法は，行為者は自己の行為に対する最低限のコントロールをもたなければならない，との一般的前提を付加することにより，修正されるべきであろう。
　ベンサムは二種類の不作為を区別する[23]。一つは，ある行為を思いとどまることである。これはたんにその行為をしないことである。もう一つは，故意の不作為である。私はベンサムに従い，第一の意味でこの言葉を使うことにする。ただし，以下の条件を付け加える。すなわち，ある者が t 時において A をする機会があった場合にのみ，彼は t 時において A につき不作為である。こうして，ドアが閉まっているならば，私はそれを閉めることについて不作為をしえない。なぜなら，ドアを閉める機会は存在しないからである[24]。不作為がもつ消極的性質は，行為の属性であって，それに関する記述の属性ではない。それゆえに，不作為を積極的な用語で記述することができるし，外部的な行為を消極的な用語で記述することもできる[25]。人は同一時点において，いくつかの別個の行為をすることができるし，ある行為をし，別の行為をしないこともできる[26]。
　ダルシー（E. D'Arcy）はその著書『人間の行為』の中でつぎのように書いている。「『今日の午後2時にあなたは何をしていましたか』という質問に対しては，以下のどれもが適切な答えになりうるであろう。つまり，『昼寝をしていました』，『肱掛椅子で休息していました』，『日光浴をしていました』，『肖像画のモデルになっていました』，『十字路の交通信号が変わるのを待っていました』，『X線写真の撮影を受けていました』，『髪を切ってもらっていました』，『官庁街で政府に反対する座り込みをしていました』，『ハンガー・ストライキをしていました』などである。これらの答えのいずれもが，身体的な非運動，つまり『動かないままでいること』としてのベンサムによる不作為の定義を満足させるであろう。しかし，われわれはこれらのうちのいずれについても，不

23　*Principles*, p. 191 n.
24　機会の概念に関しては，von Wright, *NA*, p. 37 を見よ。
25　*Principles*, p. 191.
26　*Principles*, p. 191 におけるベンサムの所見からすると，こういうことになる。

作為と呼ぶべきではなかろう」[27]。私は，ハンガー・ストライキは（ある一定のタイプの目的のために）食べる機会があるのに食べないでいる不作為である，と呼ばれる方がよいと提案する。ハンガー・ストライキは滅多に不作為とは呼ばれない，というのはもっともである。しかし，これはおそらくこのような用語法でハンガー・ストライキを論じる機会の僅少さによるものであろう。いずれにしてもベンサムは，通常の言語習慣にではなく，むしろ哲学的なカテゴリーと分類に関心があったのである。

　私は，ベンサム解釈において回避されるべき落し穴を明らかにするために，ダルシーの文章を引用した。ダルシーの仮定とは反対に，ベンサムによれば，人についていわれうることで，彼がその体を動かしたということを伴わないことのすべてが，彼の不作為を記述するものではない。不作為は単純に身体の非運動ではない。それは「積極的行為者……の否定の意味を含んでいる」[28]。それゆえに，ベンサムの指標に従えば，ダルシーの例の中では「ハンガー・ストライキ」だけが不作為である。「X線写真の撮影を受けていた」というのと「髪を切ってもらっていた」というのは，まったく行為ではなく，人がそこに置かれた状態であり，彼に起こった物事である。その他の例は特殊な積極的行為，つまり，学ぶこととか，占有を保持すること[29]などのような継続的行為を記述している。

　「環境」および「行為状況」という用語の技術的用語として用いるときには，定義上，行為状況とは少なくとも一つの行為を含むいくつかの事実であり，ある行為状況における何らかの行為との関係で，その状況における他の事実が環境である，ということができる。一つの行為状況としての諸事実の全体性を考慮すれば，ベンサムとともにつぎのようにいうことができる。「何らかの行為に属する環境の範囲は，円として定義することができる。その中で，環境はどこに位置するということはないが，問題の行為はその円の中心である。そうだ

27　*Human Acts*, p. 41.
28　*Principles*, p. 191.
29　*Principles*, p. 193.

とすれば，どの行為も，議論のためには，円の中心であると考えることができるのであるから，他のいかなる行為も，その他のいかなる客体も，問題の行為の周囲に存在する数多くの行為または客体と考えることができる」[30]。

ベンサムによれば，ある行為とその環境との関係は，ある実体とその属性との関係と類似している。このことはとりわけ，ある行為状況は様々な方法で，行為と環境としてか，あるいは行為のみとして，記述することができることを暗示している。例えば，毒によってもしくは毒を盛ることによって殺すという記述と，弾丸の込められたライフルの引き金を引いた結果，そのライフルが発射もしくは発砲されたことによって殺すという記述である。ベンサムが述べるように，「ここでも行為とその環境は，あたかも実体とその属性であり，その実体の属性を一つひとつそれがなくなるまで剥ぎ取ることができるように，ある行為からその環境を剥ぎ取ることができる」[31]。ベンサムはさらにつぎのように続けている。

> 法によって告げられた何々という行為が環境を伴うものかどうか，あるいはそれが環境から解放されたたんなる行為ではないかどうかという問題は，すべて言葉遣いに依存している，ということを注意深く考察しなければ，多くの困惑が引き起こされるであろう。すなわち，ある場合には環境を伴った仕方で表現されるまさに同一の行為が，別の仕方で表現される場合にはそうではないということは，非常に多い[32]。

ベンサムの行為論は，三つの主要な特徴を備えている。

(1) 行為記述における多大な柔軟性と，行為記述の様々な方法における部分的な互換性。

(2) 単純な外部的行為が，いくつかの他の種類の行為，とりわけ不作為と複合的行為を説明するための基礎になっていること。

(3) 単純な外部的行為の説明においては，行為者によって生み出された動作，つまり彼の運動に力点が置かれていること。法理論の目的から，個々の行為に

---

30 *Principles*, p. 195 n.
31 *Limits*, p. 129; *OLG*, p. 44.
32 *Limits*, p. 129; *OLG*, pp. 43-4.

ではなく，包括的行為に第一次的重要性が置かれていること。

ベンサムの行為論は，（彼のいう外部的行為の代わりに）基本的行為をその行為記述の包括的方法の基礎にすることによって再構築されうる。基本的な包括的行為は，何らかの様式による一定の意図をもった運動により，一定の帰結を確保するものである。基本的な包括的行為はすべて積極的行為である。つまり，行為者による何らかの運動を含む。しかし，そこに含まれる運動の種類は，基本的行為の記述においては特定されていない。同様に，基本的行為はすべて一定の様式によって――速くまたはゆっくり，おそらく一定の道具を用いて，等々――行われるが，それは行為記述においては特定されていない。包括的行為の一部は，その帰結によって定義される。つまり，何らかの事態をもたらすもの，またはある事態が変更されないように妨げるものとして定義される。定義におけるもう一つの要素は，ある明確な意図であり，ある事態を確保しようとする意図によって結果が確保される。通常の行為では，意図される事態が確保される事態であるが，つねにそうというわけではない。

基本的行為は，その他の包括的行為を定義するための基礎として役立つ。他の包括的行為は，特定の様式で（例えば，毒を盛ることによって）行われた基本的行為として，または特定の運動によって（例えば，ボールを蹴ったり投げたりすることによって），あるいは一定の帰結をもつ基本的行為として，等々といった形で定義されうる。その他の包括的行為は，記述された種類のタイプの包括的行為（例えば，殺すことおよび打つことは，基本的行為――故意に殺すことや打つこと――および非基本的な包括的行為の双方を含むタイプの包括的行為として分析されうる）であるか，または不作為もしくは他の行為との複合である。

こうして，ちょうど今記述されたような基本的行為のタイプは，法の関心事となる大抵の行為を説明するに際しての強力な道具である[33]。この研究の残り

  33　私には，すべての意図的行為が基本的行為によって分析されうるように思われる（もっとも，一定目的のためには，他の種類の分析がより有用でありうる）。しかしながら，意図的行為は「意識的な自発的行為の下位分類であるようにみえる。意識的ではあっても努力によって抑制することができ，故意に（on purpose）行われたのではない行為は，意図的ではないが自発的（voluntary without being intentional）であると思われる。例えば，苦痛によって尻込みすること，もじもじすること，く

の部分では,全種類の行為が例として役立つものの,このタイプの基本的行為に直接的に当てはまるような分析が企図されている。

本節の残りは実質的に,ベンサムが法の構造に関する彼の見解を詳述している『法一般について』(*Of Laws in General*, pp. 93-97) の解釈である。ベンサムにとって法は「意欲 (volition) を宣明する諸表示の集合」である[34]。実際に法は,一つの文章または一まとまりのいくつかの文章である。もっとも,ベンサムは大抵の場合に,それは主権者が何々ということを欲するという趣旨の命題であるかのように法を論じている。

「あらゆる法にとって本質的な二つのことがある」とベンサムは説明する。それらは「何らかの種類の行為で,願望 (wish) または意欲 (volition) の客体であるもの……およびそうした行為を客体とする願望または意欲である」[35]。それゆえに様相 (the aspect) は,願望または意欲に対応している。行為記述が行為を記述するのとちょうど同じように,おそらく様相記述 (the aspect description) は意欲を記述する。

ベンサムの理論に対して提起されうる異論の多くは,以下のように単純な,しかし広範囲に及ぶ修正を採用することによって回避されうる。様相を意欲または立法者の意欲の局面 (phases) と同一視することに代えて,われわれはそれを規範的言明のそのような要素,つまり,すでに言及されたように,規範的様態 (normative modalities) として扱うことができる。しかし,こうして法の構造に関するベンサム説の哲学的基礎の多くが拒絶されるとしても,このことはその学説自体が無価値であることを意味するものではない。反対に,ベンサムの学説は,命令学派の法哲学者による法の構造分析の中で,最も有用なものである。

法は非言語的な抽象的実体であるとみなされ続けるであろう。法というもの

しゃみをすること,笑うこと,憤激した声音を使うこと,傷のことをくよくよ考えることである」(Kenny, 'Intention and Purpose', 63 *Journal of Philosophy*, p. 644)。

[34] *Limits*, p. 88; *OLG*, p. 1.
[35] *Limits*, p. 178; *OLG*, p. 93.

は，それを完全に記述し，そしてそれだけを記述する規範的言明の構造に対応する構造をもつといわれるであろう。こうした背景に対照させる形で，ベンサムの規範構造論が説明されるであろう。

ベンサムによれば，法というものは様相および行為から構成されている。あるいは，行為論に導入された上記の修正後の観点からいうとすれば，法は行為状況（行為者の詳細記述を含む）から構成されている。いくつかの法は，やはり様相および行為状況から構成される部分をもっている。そのような部分は「規定」(provisions) と呼ばれるであろう。規定ではない法の部分は「条項」(clauses) と呼ばれる。

ベンサムによれば，四つの様相が存在する。(1)積極的な指令，(2)消極的な指令，(3)積極的な非指令，(4)消極的な非指令である。これら四つの様相は，ここではそれぞれ，C, P, NC, NP と表現される。積極的な行為状況を a によって表現し，行為が不作為であるときの行為状況を $\bar{a}$ によって表現することにより，四種類の規定を区別することができる。Ca ないし命令，Pa ないし禁止，NCa ないし非命令，および NPa ないし許可（非禁止）である。これらの四つは相互に定義可能である。すなわち，「積極的行為に向けられた消極的様相は，これに対応する消極的行為に向けられた肯定的様相と等値である」[36]。ということは，──

(1)　NPa は論理的に $NC\bar{a}$ と同値である。

(2)　Pa は論理的に $C\bar{a}$ と同値である。さらに，──

(3)　Ca は，NCa が法でないときにはつねに法であり，その反対もまた真である。

ベンサムは最後の定義を，諸規定間におけるその他の関係についての説明の中で述べている。

> これらの諸要求 (mandates) の中で，いくつかのものは他との関係において相容れず，排他的である関係が存在する。その他のものは他との関係において必然的に付随するものとして存在する。……命令 (a command) は……許可 (a

---

36　*Limits*, p. 180; *OLG*, pp. 95-6.

III 規範理論の構成要素　67

permission）を含む。それは禁止と非命令の双方を排斥する。禁止は非命令を含み，それは命令と許可の双方を排斥する[37]。

　これが意味するのはつぎのことである。Ca〔積極的行為 a の命令〕が法であるときにはつねに NPa〔a の非禁止＝許可〕は法であるが，Pa〔a の禁止〕または NCa〔a の非命令〕は法ではない。Pa が法であるときにはつねに NCa は法であるが，Ca または NPa は法ではない。これらの用語で表現されうる諸規定間の関係のうちでは，以下のものが根本的であると考えることができる。

　(1)　NCa もしくは NPa またはその双方は，つねに法である。
　(2)　Ca と Pa の双方が法であるということは，けっしてない。

　これらのことと諸定義から，諸規定間におけるその他のすべての関係が演繹されうる。それゆえに，諸様相は対当の正方形（a square of opposition）を構成する[38]。上記の諸原理からの興味深い帰結の一つは，いかなる所与の行為状況にとってもつねに，NCa と Pa が法であるか，NPa と Ca が法であるか，あるいは NPa と NCa が法であるかのいずれかである，ということである。

　これまでのところでは，a および $\bar{a}$ は行為状況を表すものとみなされてきた。今後は，行為，行為者の特定──a または $\bar{a}$ と表現される──と，環境の特定──c および $\bar{c}$（$\bar{c}$ は c の反対である）と表現される──とを区別することにする。$a\backslash c$ は，環境 c において行為者によって積極的行為が実行されたことを意味する。そこにおいて行為が行われるべきであるとか行われるべきでないなどとして，環境を特定する法の部分は，「限定的条項」と呼ばれる。T が四つの様相〔C, P, NC, NP〕のいずれかを表すものとして用いることにより，ベンサムのいう「例外的条項」（$/c$ と表現される）は以下のように定義されうる[39]。

　$Ta\backslash c$ は論理的に $Ta/\bar{c}$ と同値である。

　条項は，限定的なものでも例外的なものでも，ベンサムによって「資格付与的」（qualificative）と呼ばれている。

37　*Limits*, p. 181; *OLG*, p. 97.
38　Cf. Prior, *Formal Logic*, p. 220.
39　Cf. *Limits*, pp. 208-9. *OLG*, pp. 114-15.

「何ぴとの財産も，**彼の同意なしに**，奪うことは，禁止されている」という文章の中で，強調部分の語は限定的条項——xが同意しなかったときは，その行為は禁止されている——を記述している。しかしながら，同じルールはつぎのようにも定式化されうる。「何ぴとの財産も，彼がそれに同意するのでなければ，奪うことは，禁止されている」。ここでは，このルールは例外的条項の助けを得て定式化されている。つまり，特定された環境の場合を除いて，その行為をすることはつねに禁止されている，ということである。限定的条項は，法があたかも適用されたかのような環境を特定するものである。例外的条項は，法が適用されない環境を特定するものであり，そのような環境は，そのルールにとって例外であり，かくして論理的には，そのルールはその他のすべての環境に適用されることを含意している。

ベンサムは諸規定間における一層根本的な関係として，さらに四つのものを付け加える。「例外を伴った許可は，限定を伴った禁止と等値である。……例外を伴った非命令は，限定を伴った命令と等値である。……例外を伴った命令は，限定を伴った非命令と等値である。……例外を伴った禁止は，限定を伴った許容と等値である」[40]。換言すればつぎのようになる。

$Pa\backslash c$ は論理的に NPa/c と同値である。

Pa/c は論理的に $NPa\backslash c$ と同値である。

$Ca\backslash c$ は論理的に NCa/c と同値である。

Ca/c は論理的に $NCa\backslash c$ と同値である。

これらの諸原理は，日常の法的会話における明確な対応物をもたない。というのも，そこでは，ある一定の例外が明示的に言及されているときには，その他の例外は存在せず，あるいはある条件が詳述されているときには，その他の条件は存在しない，ということが必ずしも想定されていないからである。それゆえに，例外的条項が日常会話において，先に記述されたような仕方で限定的条項に取って代わるということは，通常はできない。

---

[40] *Limits*, pp. 209-10; *OLG*, p. 116.

Ⅲ　規範理論の構成要素　69

　資格付与的条項を分析すると，行為の特定に資格付与する主要条項と，主要条項に資格付与する付随的条項とに分けることができる。付随的条項自体は，限定的であるかあるいは例外的である[41]。「夏期，業務時間中に，政府庁舎前に駐車することは，特別の許可による場合を除き，禁止されている」の中では，「夏期」という条項が主要（限定的）条項である。「業務時間中に」というのは，主要条項に資格付与する限定的な付随的条項であり，「特別の許可による場合を除き」というのは，第一の付随的条項に資格付与する例外的な付属条項である。このことをさらに詳しく検討する必要性は，ここではない。

　これまでは法規定が分析されてきた。あらゆる法は一つの主要規定を含むが，それは命令または禁止である（これらの場合，法は義務賦課的である）か，あるいはそれは非命令または許可である（これらの場合，法は義務免除的である）。義務賦課法には，例外的規定の効果をもつ付随的規定として，許可または非命令を含めることができる。例えば，「図書館の本は二週間以上借りたままにしてはならない。ただし，休暇期間中はそれより長く借りることができる」といった場合である。

　義務免除法の可能性を認めることは，いくつかの理論的ならびに解釈的問題を提起する。義務免除法は義務賦課法を前提とし，それを廃止したり，資格付与したりするものである[42]。廃止法（つまり，一つのまたはいくつかの別の法を廃止することを唯一の効果とする法）が，それによって廃止された法が存在しなくなった後にも存在するものとみることにどれほど多くの意義があるかは疑わしい。このことは，その他の考慮要因と相俟って，法は行為によって廃止されるのであって，他の法によって廃止されるのではないとみることが最善であることを示唆している。この見解によれば，法を廃止することを唯一の機能とする制定法は，法を表現していない。それはたんに廃止行為の構成要素であり，その産物にすぎない。

　義務賦課法に資格付与するだけの義務免除法については，後に第Ⅶ章第2節

41　*Limits*, pp. 213-4; *OLG*, p. 120.
42　Cf. *Limits*, p. 259; *OLG*, pp. 168-9; *Principles*, p. 430.

でいくらか詳しく論じられるであろう。しかし、義務免除法の可能性を認めることが、ベンサム理論の解釈において深刻な難点を孕んでいることを、ここで指摘しておかなければならない。ベンサムは義務免除法の可能性を明示的に否定したかのように時折みられている。たしかに彼は「1クォーター当たりの価格が44シリングを越えないときは、誰でも小麦を輸出することができる」という規定について、「……この規定は命令タイプのものではなく、その理由から性質上独立した法をなしえない」と述べている[43]。これは、義務免除法が独立した法でないことを意味するものであろうか。義務免除法が義務賦課法における例外規定と効果において同一であることはたしかである。唯一の違いは、おそらく、従属的な例外規定は主要規定と同時に制定されるのに対して、義務免除法はそれが資格付与する規定よりも後に制定されることであろう。しかし次章で明らかになるように、ベンサム自身の理論によれば、これはそのようにはっきり区別する根拠としては非常に貧弱である。さらに、義務免除法の可能性を承認することは、ベンサムによる法の定義における「一定の者により、一定の場合に遵守されるべき行動に関する……意欲」[44]という表現——それはあらゆる法が義務賦課的であることを示唆しているようにみえる——と相容れない。これらの理由により、私は、大抵の場合にベンサムは義務賦課法のみを認めているものとみなすことにする。

　法はまた、三種類の独立した条項を含みうる。

(1)　解説条項[45]。法の中で用いられている諸概念を説明するもの。

(2)　回復条項。法の不遵守によって引き起こされうる損害を回復するために企図された政策の宣言[46]。

(3)　激励条項。法の遵守に対する報奨または法の不遵守に対する制裁についての政策の宣言[47]。

43　*Limits*, p. 248; *OLG*, p. 157.
44　*Limits*, p. 88; *OLG*, p. 1.
45　*Limits*, pp. 203, 221; *OLG*, pp. 302-3, 127.
46　*Limits*, p. 242; *OLG*, p. 151.
47　*Limits*, p. 225; *OLG*, p. 134.

二つ以上の規定をもつ法，または独立した諸条項をもつ法は，「複合的な法」と呼ばれる。

B 規範の構造に関するケルゼンの立場

規範の構造に関するケルゼンの考え方は，ベンサムのそれと異なるものではない。「規範は」と彼はいう，「何かが起こるべきであるという観念，とりわけ個人が一定の仕方で行動すべきであるという観念の表現である」[48]。ケルゼンの著作にいつも出て来る「すべきである（当為）」の語は，ベンサムの「様相」に対応し，個人とその一定の仕方での行動は，ベンサムの理論の中でも識別されている行為者と行為に対応する。さらに，規範は，ケルゼンによれば，条件付きである点が特徴的である。規範の「条件」とは，ベンサムのいう「環境」にほかならない。つまり，行為者が規定されたとおりに行為しなければならない場合を決定する規範の部分である。今後，これら四つの要素は，「規範の性質」（すなわち，ベンサムの「様相」およびケルゼンの「当為」），「規範の主体」，「規範によって規定された行為」および「履行条件」と呼ばれるであろう[49]。

規範は，その履行条件に従い，規範によって規定された行為を履行すべく規範が発せられた後のつぎの機会がその規範が適用される唯一の場面であるならば，無条件である。規範はまた，規範によって規定された行為を履行するあらゆる機会がその規範が適用される場面であるならば，やはり無条件である[50]。

行為記述の方法における柔軟性が大きいという利点から，私は規範によって規定された行為をつねに著しく包括的なものとみなす慣行を採用することにする。個別化的な特色は，主体または履行条件の記述の一部とみなされるであろう。

法規定と規範の構造に関するベンサムとケルゼンの考え方の基本的類似性に関しては，多くのことを述べることができる。しかし，ここで類似性は終わり

---

[48] *GT*, p. 36.
[49] Cf. von Wright, *NA*, pp. 70 ff.
[50] ケルゼンのいくらか異なった立場に関しては，*PTL*, pp. 100-1 を見よ。

になる。一つには，ケルゼンはベンサムのいう複合的な法のようなものを認めない。あらゆる規範はいわばちょうど一つの法規定から構成されている。もっとずっと重要なことは，ケルゼンの理論によれば，すべての法は自由を授与する規範，つまり，ある行為をすることまたはしないことの許可である。この驚くべき説に対する彼の理由づけは，後に第IV章第2節で説明されるであろう。

3 規範の存在

「規範は，(a)それが属する法秩序によって規定された仕方で創造され，かつ，(b)その法秩序によって規定された仕方もしくはその規範の不使用により，またはその法秩序が全体として有効性を失ったことによって無効とされていなければ，有効な法規範である」[51]。これは規範の存在に関する，もっと正確にいえば，派生的規範の存在に関するケルゼンの指標である。それは以下のようにいい換えることにより，完全な存在指標に組み入れることができる。

規範は，それが属する法体系が存在することを条件にして，その創設に適合する一連の派生的条件が成立する時点から，その消滅に適合する一連の派生的条件が成立する時点までの間，あるいはその創設に適合する一連の原初的条件が成立する時点から，その消滅に適合する一連の原初的条件が成立する時点までの間，存在する。

法規範は，その創造および消滅の態様により，原初的と派生的の二種類に区別される[52]。存在指標は創造条件および消滅条件に言及するが，両者はともに規範の存在条件をなすものである。以下では，これらのことが手短に説明されるであろう。本章の残りの部分では，理論が立脚する諸原理を明らかにすることだけが目的とされるので，詳しいことや特別に複雑な事態はできるかぎり避けることになろう。

---

51 *GT*, p. 120.
52 大まかにいえば，原初的規範とは，その創造条件として他の規範の存在を必要としない規範である。原初的規範でない規範はすべて派生的規範である。

A　派生的な創造条件

派生的規範は，少なくともその創造に適合する一まとまりの条件が満たされた時点で生じる。一まとまりの派生的な創造条件はどれも，二種類の条件を含んでいる。それらは，(a)一定の規範（「規範を創造する規範」と呼ばれる）の存在，および(b)一定の事件（規範を創造する事件）の発生である。

規範を創造する規範は，一定の事件が起こるならば一定の種類の規範が生じるであろうという一つの取決めである。ある事件は，それを他の規範の創造条件とする規範が存在するならば，規範を創造する事件である。

以下の四重の条件を満たす事件のみが，規範を創造する事件となりうる。それは，(1)人間の行為であり，(2)自発的であり，(3)特定の意図をもって行われ，(4)その意図が，行為それ自体の中に慣行に従った仕方で表現されているものでなければならない。(1)は，規範は一定の人間的行為の客観的意味であるというケルゼンの学説の根本が意味するものである。(2)は，規範を創造する行為は意思の行為であるという学説によって表現されている。最後の二つ，(3)と(4)は，規範を創造する行為は何かを「すべきである」ことに関して主観的重要性をもつという，ケルゼンの学説によって表現されている。「主観的重要性」の語によって明確に表明された意図をケルゼンが意味していることは，例えば以下のことから明らかである。「おそらく，行為をする者，しかも合理的な仕方で行動する者は，その行為に対し，何らかの仕方で表示または表現され，他人によって理解される一定の意味を結びつける。これは，われわれが行為の『主観的意味』と呼ぶであろうものである」[53]。ケルゼンが「すべきである」こと〔当為〕の主観的意味と呼ぶ意図というものの性質は，以下のように説明されている。「『当為』は，その意図において他人にある行動をさせようと企図する者の意思に基づくすべての行為の主観的意味である」[54]。つまり，意図というのは他の人々の行動を左右することである。

規範の内容を決定するのは表明された意図である，ということを理解するこ

53　*TP*, p. 3.
54　*TP*, p. 10.

とが重要である。ある人 x に一定の方法 a で行動するようにさせる意図をもって行為が行われるならば、その規範は、x は a をすべきである、というものである。

この学説は、ベンサムとオースティンのそれを強く連想させるものであり、ケルゼン自身が『一般理論』の中でオースティンの学説に対して行った、まさにその批判[55]に晒されている。ケルゼンによって指摘された最も重要な点の一つは、立法者はしばしば法の内容を知らずに、したがって規範の主体が規定された仕方で行動すべきであると意図することなしに、それに署名したり賛成票を投じたりすることである。ケルゼンは『法の純粋理論』の中でつぎのように述べることにより、この点を言い当てている。「議員がその内容を知らない法案の採択に賛成票を投じるときには、彼の意思の内容は一種の授権である。この投票者はその法が、彼が賛成票を投じる法案を含むものになることを欲している」[56]。こうして、誰かの行動を左右しようという意図は、規範を創造しようという意図によって置き換えられる。ケルゼンはこの置き換えが含意することを意識していないようであるが、それはオースティンの考え方と袂を分かつ主要な点をなすものである。というのも、この置き換えは、規範と慣行化された行為の存在を前提としており、それらの究極的な説明としては役立ちえないからである[57]。立法者についてのオースティンの学説は、主として独立的な立法、つまり、規範の存在を前提とせず、必ずしも規範の体系の枠内で行われない立法を説明するために定式化されている。これに対し、ケルゼンの学説は、規範的体系の枠内における立法にのみ適用される。

---

[55] *GT*, pp. 33-5.
[56] *TP*, p. 10 n.
[57] ケルゼンの修正されたアプローチは、Strawson, 'Intention and Convention in Speech Acts', *Philosophical Review* (1964), pp. 456-7 によって詳述された、言語行為の一般理論の一部と類似している。その中でストローソンは、「問題の慣行の進展を助長または左右しようという」意図について述べている。

B 派生的な消滅条件

規範は，それを明示的または黙示的に廃止する趣旨の規範が制定される場合に存在しなくなる。廃止規範は，一定の事実の発生や一定の期間の経過を規範消滅の条件とすることもしばしばある。これらは規範の存在を終結させる通常の方法である。それらのほかにケルゼンは，（法体系全体の全面的崩壊とは別に）否定的慣習（つまり，規範を廃止する慣習）という特別の方法を付け加えている。

否定的慣習はつねにかつ必然的に法が消滅させられる仕方であると主張することによってケルゼンは，ある法の実効性（efficacy）はそれが法体系全体の実効性を左右するかぎりにおいてのみ，その法の有効性（validity）にとっても重要である，とするオースティンの立場を放棄する。オースティンのアプローチの方が優れていることは，後の章で明らかにされるであろう。以下の指摘はたんに，たとえケルゼンの立場が受け容れられたとしても，否定的慣習は積極的慣習が規範を創造するのと同じ意味において規範を創造するものとはみなされえない，ということを明らかにしようとするものである。さらに，否定的慣習は，積極的慣習が慣習であるという意味からすれば慣習ですらない。

ケルゼンの学説は以下のような序論をもって始まる。

> 一般的な法規範は，それによって規制される人間の行動が，少なくともある程度は，現実にその法規範に合致している場合にのみ，有効（valid）とみなされる。誰によっても，どこでも遵守されていない規範，換言すれば少しも実効的（effective）でない規範は，有効な法規範とはみなされない。最小限の実効性（effectiveness）ということが，有効性（validity）の条件である[58]。

これが規範の消滅条件であって創造条件でないことは，規範は必ずしもその創造の瞬間から実効的であるとは限らないというケルゼンの指摘から明らかである。したがって，実効性がないために規範が消滅する仕方には二つの場合がある。すなわち，一度も実効的にならなかったことによってか，あるいはある時点では実効的であったが，後にそうではなくなったことによってである。両者ともケルゼンによれば否定的慣習を形成する[59]。

---

58 *PTL*, p. 11.
59 *PTL*, p. 213.

否定的慣習が廃止規範を創造する場合，これらの規範は原初的または派生的である。しかしケルゼンによれば，それらは原初的ではない。なぜなら，根本規範（the basic norm）だけが唯一の原初的規範だからである。ところが，それらは派生的規範でもないことになる。なぜなら，これらは規範を創造する規範を前提とするからである。そして，ケルゼンの学説の全体的な要点は，否定的慣習は，たとえその体系においてその慣習を規範創造過程として承認する規範が存在しないとしても，法を消滅させる，というものである[60]。この点で，否定的慣習は積極的慣習とは異なる。後者は，根本規範またはその他の規範がそれを規範創造過程とする場合にのみ，規範を創造する[61]。積極的慣習があらゆる法体系において規範創造過程として認められるべきであることに論理的必然性はないことをケルゼンは示唆する。それゆえに消極的慣習は，規範を廃止することなしに規範の存在を消滅させるか，あるいはケルゼンが説明し落とした仕方で規範を創造するかである[62]。

　消極的慣習はそもそも慣習であろうか。慣習が形成されるためには，行動の規則性というものが「規範的プレッシャー」——つまり，その規則性に従うことの奨励，それから逸脱することへの批判，およびそれに従うことの正当化——によって達成されなければならない。ケルゼンの説明は，実効性の欠如による規範の消滅の場合にも，そうした規範的プレッシャーが必要であるとは示唆していない。一般的印象としては，そうした場合には規範は不履行によって端的に失効し，それに従わないことへの積極的なプレッシャーは必要でないように思われる。さらに，慣習からの逸脱は違法行為であるが，否定的慣習によって廃棄された規範を適用する裁判所の判決は，違法行為であろうか。このことは，否定的慣習はそもそも慣習ではないことを示唆している。

60　*PTL*, p. 213.
61　*PTL*, pp. 225-6.
62　いずれにしても，規範は，廃止規範によってではなく，廃止行為によって廃止されると論じることには十分な根拠がある。私はこの命題を支持する議論をここで展開しようとは思わないが，この研究の中で論じられた大抵の哲学者たちのように，私も廃止規範を法体系の内容の体系的表現の中には含めないものとする。

規範が消滅させられうるもう一つの方法が指摘されるべきである。すなわち，規範はそれが適用される機会がもはや生じえない場合には，存在しなくなる。こうして，ジョンは年に一度レックスを訪問すべきであるという趣旨の規範は，レックスの死を契機に自動的に消滅する。今年の夏は一定地域への立ち入りを禁止するとの規範は，夏が過ぎた後は存在しない。規範が存在する間に行われた犯罪が後に処罰されうるのはもちろんである。規範の消滅は，規範が効力をもっていた時点で行われた犯罪を合法化するものではない。

C　原初的な存在条件

ケルゼンによれば，根本規範は唯一の原初的規範である。続く二つの章ではこれに関して多くのことが述べられるであろう。しかしながら，いくつかの点はここで明らかにしておくことが適切である。

根本規範が存在することは，すなわちそれが有効なことである。「根本規範は**有効な**規範であることが前提とされている」[63]。それは法体系の一部である。なぜならば，それは「法的に重大な機能をもつ」からである[64]。しかしながら，それは法体系の中では独自の地位を占める。なぜなら，それだけが「実定法の規範ではない，つまり，法的機関の意思の現実的行為によって創造された規範ではない」[65]からである。

時折ケルゼンは，根本規範は前提されることによって創造されるものであるという印象を生み出したことに対し，自ら責任を負うような表現の仕方をしている。例えば，根本規範は「法的意識の中に存在する」とか，「根本規範は，それが法的行為によって一定の仕方で創造されたがゆえに有効……なのではなく，有効であると前提されているがゆえに有効なのである」[66]と彼はいう。しかし，この印象は誤っている。ケルゼンは根本規範が前提されることによって

63　'Prof. Stone and the Pure Theory of Law', 17 *Stanford Law Review* (1965), p. 1143.
64　Ibid., p. 1141.
65　Ibid., p. 1141.
66　*GT*, p. 116.

創造されるということをとくに否定している⁶⁷。ここではつぎの二点が手短に指摘されるべきである。第一に，ある法体系の根本規範の存在が前提とされることは，その体系の存在条件ではない。それはたんにその体系を法体系として承認し，理解するための条件にすぎない。理論的には，法体系は誰かがその根本規範の存在を前提としなくとも存在しうる。しかし，法体系は根本規範そのものなしには存在しえない。というのは，それがなければ法体系は統一性 (unity) と有効性の双方を欠き，したがってその存在を欠くからである。第二に，たとえ個々人がある規範を規範として承認することが，ケルゼンによれば，何らかの根本規範の存在を前提とすることを含意するとしても，この事実だけでは前提とされた根本規範の内容を決定するには十分ではない。それを知るには，ケルゼンによれば，個々人によって承認された他のすべての規範をも知らなければならない。その個々人が前提とする根本規範は，ほかならぬこれらすべての規範を権威づけるものだからである⁶⁸。これら二つの説明に基づくならば，根本規範の存在を前提とすることは，それを創造するものではないのみならず，その内容を決定するものですらない。根本規範は，あらゆる法体系において必然的に一つの，しかも一つだけの根本規範が存在するという意味で，必然的規範であるとみるのが最善である。したがって，根本規範は創造されることがなくとも存在する。ある特定の法秩序における根本規範の内容は，「ある秩序が創造され，適用されるに至る事実によって決定される」⁶⁹。その内容は体系によって様々である。「何らかの実定的法秩序の根本規範は，全体として実効的な秩序が創造され，適用される原因となる事実に対してのみ，法的権威を付与す

---

67 *PTL*, p. 204, とりわけその脚注を見よ。ケルゼンはまた，根本規範がその体系の他の規範を創造する行為か，他の規範を適用し遵守する行為のいずれかによって創造されるとの指摘 (*TP*, p. 271)，あるいは根本規範は住民が法に従う義務を認めることによって創造されるとの指摘 (*PTL*, p. 218 n) をも拒絶する。

68 それゆえに，ある特定の法体系の根本規範は，それを別の意味で前提とするその体系に関する科学によってのみ「前提とされている」という場合がほとんどである。この驚くべき結論は，本書では解説されないが，規範の衝突に関するケルゼンの学説の帰結である。この点に関しては，後述第Ⅵ章第2節を参照せよ。

69 *GT*, p. 120.

る」[70]。根本規範は，「様々な法規範の創造に際して一定の事件を最初の事件とみなす。それは規範を創造する過程の出発点である」[71]。こうして根本規範は，規範を創造する規範である。それは唯一の規範創造規範であり，その存在条件として他の規範創造規範の存在を必要としない。かくして根本規範は，ケルゼンの規範創造論が循環論または無限回帰に巻き込まれるのを回避することを意図するものである。

　根本規範は「大抵は無意識のうちに」法律家によって想定されているということは，真にいわんとすることの例示にすぎず，本当にいいたいのは，「根本規範に含まれているこのような仮定によってのみ，法的認識が法素材の有意味な解釈を供給することが認められる」[72]ということである。法を理解するために必要であるがゆえに根本規範は存在する。その正確な機能と内容については，後に論じられるであろう。

　規範の創造に関するケルゼンのアイディアは，ベンサムとオースティンのそれに立脚しつつ，大きな進歩を遂げている。私が「原初的」規範と「派生的」規範と呼ぶものに関する彼の区別，規範の大多数は派生的であるとの仮定，および派生的規範の創造は規範創造規範によって「権威づけられた」事件の発生に依存しているとの仮定は，規範の創造に関するあらゆる適切な説明の基盤となっているに違いない。彼が誤りに陥ったのは，原初的規範の性質の解釈および規範創造規範の構造に関する説明においてである。これらの問題点は次章で論じられるであろう。彼はまた，規範創造行為となりうる一まとまりの行為を限定することにおいても誤っていた。

　ケルゼンは立法行為（つまり，規範を創造しようという意図をもって行われる行為）を唯一の規範創造事件とみなしている。彼は慣習さえをも立法過程として説明しようとしている。すなわち，――

70　*GT*, p. 120.
71　*GT*, p. 114.
72　*GT*, p. 406.

慣習を構成する諸行為の主観的意味は，最初は当為ではない。しかしその後，これらの行為が一定期間ずっと存在したときには，個々の構成員の中に，彼は他の構成員が慣習的に行動する仕方で行動すべきであるとの観念が生じ，また同時に，他の構成員も同様に行動すべきであるとの意思が生じる。そのグループの一構成員が，他の構成員が慣習的に行動する仕方で行動しないならば，彼の行動は他の構成員により，彼らの意思に反するものとして非難されるであろう。こうして慣習は集団的意思の表現となり，その主観的意味は当為である[73]。

おそらくケルゼンは，行動の規則性を形づくる諸行為は，この規則性に従わない人々を批判する諸行為とともに，慣習法の創造に関係するものであると考えた。前者の諸行為は，人々が一定の仕方で行動しているときには，何らの種類の規範を創造する意図でも行われてはいない。そしてまた，〔規則性に従わない人々を〕批判する諸行為でさえ，新しい規範を創造する意図で行われるものではない。それはむしろ，一定の規範が，必ずしも法規範ではなくとも，すでに存在することの承認を表明している。たとえこの異議が放棄され，これらの行為が新しい規範を創造する意図で行われているとみなされるとしても，この規範は，たしかに批判された者は一定の仕方で行動すべきであるという規範ではあるが，一定の集団に属する者は誰でもそのような仕方で行動すべきであるという一般的規範の域を出るものではない。多くの人々が他の多くの人々をそうした方法で批判するという事実は，せいぜい多くの個別的規範がこのような仕方で創造されていることを意味するにすぎない。

規範創造事件たりうる事件の種類に関する見解のゆえに，ケルゼンは慣習による法の創造を説明することに失敗し，また彼は裁判による立法を説明することにも成功していない。私は先例によって創造される一般的規範のことを指しているのであり，各々の事件につき裁判所で個別的紛争を解決する個別的規範のことをいっているのではない。裁判官が先例によって規範を創造するのは彼らがそのようにする意図をもっていた場合だけである，と想定することには理由がない。彼らは，たとえ自らは既存の範囲の内容を宣言しているにすぎない

---

[73] *PTL*, p. 9; また，*PTL*, pp. 225-6 も見よ。

と考えているとしても，規範を創造していると意識することなしに，規範を創造しうる。

　規範創造事件となるための諸条件に関するケルゼンの見解が拒絶されるとすれば，それらが別の諸条件によって代替されるべきか，という問題が生じる。この問題は二つの部分に分けられるべきであると思われる。一つは，何らの規範的体系の一部ともなっていない規範に関するものであり，もう一つは，規範的体系に属する規範に関するものである。孤立した規範の創造の問題は，既存の規範的体系に属する規範の創造の問題とは根本的に異なるからである[74]。孤立した規範の創造について語ることは止めて，その代わりにその存在条件について語る方がずっとよいであろう。というのは，法と異なり，クラブのルールなどの孤立した規範は特定の時点で創造されるのではなく，少数の容易に識別可能な諸行為の帰結である。たしかに，それらの孤立した規範も，法体系のように，比較的長い期間にわたって多くの人々によって追求された複雑な行動パターンの帰結として生じる。（しかし，明白な理由により，いったん確立された法体系の存在は特定の時点に遡る。こうしたことは孤立した規範の場合にはまれにしか必要でない。）さらに，孤立した規範の存在も，法体系の存在のように，他のいかなる規範の存在をも前提としない。孤立した規範は原初的規範である。しかし，ほとんどの法規範は，規範的体系に属するほとんどの規範のように，派生的規範である[75]。

　孤立した規範の存在の問題は，ある意味では，規範的体系の存在の問題とそのような体系に属する規範の問題との組合せである。もちろんその問題は，この両者の問題の各々とは異なっている。一定の種類の行為のみが，孤立した規範の存在条件の一部となりうる。そのような行為についての最良の説明は，慣習的ルールに関するハートの理論である[76]。

---

　[74] われわれがここで関わっているのは，制度化された規範的体系についてだけである。法体系が制度化されているということの意味は，第VIII章で検討されるであろう。
　[75] いくつかの法規範は原初的規範であるが，それらは原則というよりは例外であることが，後述第VIII章で考察されるであろう。
　[76] Cf. *The Concept of Law*, pp. 54 ff.

規範的体系に属する規範を創造する資格をもちうる事件の種類に対しては，こうした制限はない。行為のみが規範創造事件としての資格をもつが，規範創造規範によって権能を与えられるならば，あらゆる行為が規範を創造しうる[77]。規範創造行為は，それによって創造される規範の内容の少なくとも一部を決定しなければならないのはもちろんである。しかし，あらゆる行為が，模倣されるべき一例として提示されるだけで，こうした環境の下ではこのような行為をすることを要求するものとして，規範の内容を決定することができる。ある行為に対して規範創造行為の性質を付与する規範は，その行為によってどのような規範が創造されるかを解釈するための正確な方法を指示するであろう。「彼を模倣せよ」というのは，おそらく最も原始的な形態の規範創造規範である。

　これらの指摘は，派生的規範に関する規範創造行為の資格をもつ行為の種類に対しては一般的な制限がない，ということを明らかにすることを意図している。法が現実につくられる様々な仕方に関しては，これ以上の探究，分類および分析の余地があることは疑いない。しかしながら，そうした探究は，本書の研究の範囲外である。

　77　原初的法規範の創造は，特別の問題を提起する。

IV 法の個別化について

　法の個別化の問題は，法の分析と法体系の分析との接点であり，その意味で法哲学にとって計り知れない重要性をもつ。ここでは，従来の法哲学者たちが，ベンサムを例外として，この問題の重要性を過小評価してきたことが強調されるであろう。彼らはみな，何らかの個別化の諸原理を論じたとしても，もっぱら規範の説明によってそれらが決定されるものとみなし，それらが法体系論に対してもつ重要性を看過したということが論じられるであろう。さらに，法体系の構造に関する適切な説明は，個別化の問題への適切なアプローチに依存していることが論証されるであろう。しかしながら，これらのテーマはもう一つ別の章まで待たなければならない。本章は，法の個別化の問題に関して予備的議論をするものにすぎない。

1　個別化の問題

　〔前章〕前節の説明は，読者を誤った方向に導くおそれがある。それは，規範の創造が議会による制定法の立法や政府の省庁による規制の作成などと同類のものであるとの印象を残しかねない。ある意味でこの印象は正しい。というのも，制定法の立法，規制の作成，判決の付与などにより，規範が創造されるからである。しかし，規範の創造は（とりわけ，規範に関するベンサムおよびケルゼンの説明によれば），制定法，地方自治体の条例，規制などとは，つぎの二点において根本的に異なる。
　(1)　制定法の立法，規制の作成などによって権能をもつ者が創造するのは，

ある規範のほんの一部にすぎず，その他の部分は他の機会に，おそらく何百年も前から，しばしば別の機関によって創造されてきたものである，ということすらありうる。ベンサムとケルゼンによれば，同じ規範の一部が省庁の命令によってつくられる一方で，他の一部は地方自治体によってつくられ，さらにまた別の部分が裁判官，その他によってつくられてきた，ということがありうる。例えば，ある駐車規制に対する違反行為に罰金を科す地方自治体の条例と，そのような事件を取り仕切る裁判所および手続を創設する議会制定法とは，ともに同一規範の一部である。

(2) 憲法の制定，制定法や規制の作成などにより，立法者は一つの規範の一部のみならず，多くの規範の一部，大抵は非常に多数の規範の一部を創造する。このようにして，例えばケルゼンは，憲法というものがそれを基礎にして創造されたあらゆる規範の一部であると考えている。

本節ではこれら二つの特徴の性質と重要性を探究する。

ケルゼンがこれら二つの特徴の存在を指摘したにもかかわらず，それらの重要性と含意を十分に理解しなかったことは，何やら彼に特徴的なことである。ケルゼンは「ある規範の中の異なる構成諸要素が，法創造過程から生じるまったく別異の産物の中に含まれることがありうる」[1]ことを知っていた。しかしこの知識は，これと同一事実に関する理解がベンサムに影響を与えたような仕方では，ケルゼンの思考に影響を与えなかった。

一つの法は一つの制定法や制定法の一箇条などと一致するものではなく，民法ならびに刑法を含め，法の全領域からの多くの制定法が，各々の法の内容に寄与しているという発見は，法哲学に関するベンサムの思考における最も重要な転換点であった[2]。この発見とそれが提起した諸問題は，一つの中心問題に結

---

[1] *GT*, p. 45.
[2] ここはベンサムの思想の発展に関してコメントする場所ではないので，この発見が彼の『諸原理』を未完のままに終わらせることになったことを述べるだけで十分である（同書の序論における第32節参照）。それは彼を『法一般について』を執筆することへと動かし，同書の諸問題とアプローチを決定づけた。

晶した。それは,「法の同一性と完全性はどこに存在するのであろうか」[3]という疑問である。さらに繰り返せば,「法とは何か。何が法の部分か。考察されるべきこれらの問題の実体は,**論理的,理念的,知的**な全体であり,**物理的**なそれではない。つまり,それは**法**なのであって,**制定法**ではない」[4]。

　法体系をいくつかの法へと法理学的に区分することが,それを通常の仕方で制定法,条,項,規制,条例などへと区分することとは異なるとしても,少しも驚くには当たらない。後者はそれらを発令する権威,それらが発令される機会,それらの対象事項,および様々な文体上の考慮に応じて区別されている。法律家でさえ,また一般公衆も,特定の問題点に関して法を知ろうとするときは,大抵は書物を調べるが(例えば,ホールズベリの『イギリス法』〔Halsbury's Laws of England〕,『チティの契約法』〔Chitty on Contracts〕),それらはまた別の法区分を採用しており,それらを制定した権威やその制定時期に関わりなく,一定の事項に関するすべての法的素材を集成している。法理学的な法区分は立法者による法区分よりは法律家による区分に一層類似するであろう,ということがせいぜい予期されるにすぎない。

　決定的に重要な問題は,法理学的な法区分の基礎にある諸原理が厳密にどのようなものか,ということである。これを私は個別化(individuation)の問題と呼ぶことにしよう。それは以後の諸章でいくらか詳細に論じられるであろう。ここでは序論的に,この問題に関するベンサムとケルゼンの見解,および個別化の問題を提示するにすぎないたんなる事実が法体系論にもたらす帰結に関して議論が行われる。

　最初に,法の個別化の諸原理を決定するのは法哲学者である。法的素材をその最初の形態とはまったく異なる形で表現するためにこれらの諸原理を用いることによってのみ,明確に区別された諸法からなるものとしてその法的素材を表現することができる。したがって,法体系を構成する諸法の同一性を知ることなしに,法体系の内容を知ることは可能である。このことは,ケルゼンがつ

3　*Principles*, p. 122.
4　*Principtes*, p. 429.

ぎのように述べるときに前提とされている。「ある共同体の法，つまり，法的権能をもつ者によって法作成手続において生み出された法的素材を」，一定の構造をもつ「言明の形態で表現することが，法学の任務である」[5]。このような法的素材をどのようにして個々の法に区分すべきかを知ることなしに，その同一性を識別し，理解することは可能である。

　法哲学者は二重の任務を負っている。第一に，ケルゼンが語ったような権威的な法的素材の同一性を決定する指標を定式化しなければならない。第二に，一つの法をつくり上げるのに体系全体の中に含まれている事項のどれだけ多くのものが用いられるかを決定するために，法の個別化の諸原理を定式化しなければならない。

　したがって，〔前章〕前節では法的素材の創造条件が説明されたものといいたい気にさせられる。その条件が満たされるときには，いくらかの権威的な法的素材が——必ずしもちょうど一つの完全な規範を構成するものではないとしても——創造される。しかしながら，法的素材は，この用語に関するケルゼンの意味においては，法の創造が言語行動を含む場合にのみ，そしておそらくは法の内容（または法の内容への言及）が法創造の一部として文書で表現されている場合にのみ，生み出されるということが想起されるべきである。したがって，慣習法が生まれるときには法的素材は創造されない。それゆえに，〔前章〕前節はせいぜい諸法または**諸法の一部**の創造を説明するものとみなされる。

　これまでの数頁では，前述第Ⅲ章第1節末尾で定式化された法体系論のいくつかの任務を説明する奇妙な仕方が提示された。そこでは，何らかの所与の一連の直接的な規範的言明が，仮に真であるとして，法体系の完全な記述であるかどうかを確定する方法を同一性の指標が提供するということ，および法の構造と個別化ならびに法体系の構造に関する諸学説が，法体系の様々な記述の中でどれが適切な記述であるか，つまり，各々の言明がちょうど一つの完全な法を記述するような記述の仕方を決定する方法を提供するということが述べられ

---

[5] *GT*, p. 45.

た。

　この定式化は，法体系が存在するか否かを知ることなしに，法体系を識別することが可能であることを前提にしている。体系はその記述が真である場合にのみ存在するが，その記述が何であるかはそれが真であるか否かを知ることなしに決定することが可能である。1967年に何がスミス〔ローデシア共和国初代首相 Ian Douglas Smith, 1919-2007〕によるローデシアの法体系であったか，何が大英帝国によるローデシアの法体系であったかは，それらのいずれがローデシアに存在した法体系であったかについて疑いを抱いていたとしても，知ることができたはずである。

　法体系論の任務をこのように定式化することは，さらに，どの記述が適切な記述であるかを知ることなしに，何が法体系の完全な記述であるかを知ることが可能である，ということを前提にしている。ある体系に属する個々の法を識別することなしに，その体系を識別することが可能である。しかし，すでに本節の最初の方で述べたように，ある法体系に属するいかなる法の同一性をも知ることなしに，その法体系の内容を知ることが可能である，と述べる方がより正確ないい方である。

　法の構造の問題は，個別化の問題の一部であるとみることができる。もっとも，両者は同一の問題ではないことを理解するのが重要である。以下の言明がすべて真であると仮定しよう。

　(1)　すべての成人男性は，彼らの住所に関するいかなる変更についても，その変更があってから二週間以内に内務省に届け出るべきである。

　(2)　すべての成人女性は，彼女らの住所に関するいかなる変更についても，その変更があってから二週間以内に内務省に届け出るべきである。

　(3)　どの法人も，その主たる事務所の所在地に関するあらゆる変更について，その変更から二週間以内に内務省に届け出るべきである。

　(4)　いかなる者も，本法成立後二週間以内にその住所を内務省に届け出るべきである。また，それ以後はその変更から二週間以内に内務省に届け出るべきである。

これら四つの言明は同一の構造をもち，それは完全な法を記述する言明の構造である。しかし，この構造自体は，各々の言明が一つの完全な規範を記述することを意味するものではない。(1)および(2)は，そしておそらく(3)さえも，一規範の内容の一部であるかも知れない。この規範は，(4)によって完全に記述されているかも知れないし，ひょっとするとこれら四つの言明のいずれによっても記述されていないかも知れない。それはどのようにして決定すべきであろうか。これらの言明が立脚する法的素材が創造された時期や機会が，この決定に関係するであろうか。その定式化が重要な関連性をもつのであろうか。あるいは，すべてはこれらの言明間の論理的関係に依存するであろうか。一つ明らかなことは，これらの疑問のどれもが，法の構造に関する学説を基礎にするだけでは答えることができないということである[6]。

　おそらくベンサムは，法の構造に関する学説のほかに個別化の諸原理が必要かつ重要であることを理解した唯一の法哲学者である。だからこそ，彼は法の構造に関する彼の見解を詳述した後に，これとは別の個別化の諸原理に関する体系的な探究を始めたのである[7]。

　この問題に関するベンサムの見解の詳細に立ち入ることなしに，彼の諸原理のいくつかについて少しばかりの論評をすることができる。

　彼はほとんどもっぱら権威的な法的素材の配列に関心があり，実際に彼の見解は立法による素材の表現にのみに関連している。彼の見解は裁判所による立法にはあまり多くの注意を向けていない。彼にとって「法の個別性を確定する

　6　ある体系に関する一つ以上の適切な記述があるならば，その適切な記述はすべて，諸法を個別化し，それらの構造を表現するものとみなされることについて同等の資格をもつということが，最初から仮定されている。このことはもちろん，法はいくつかの選択的な構造をもつものとみなされうることを意味している（というのは，前にも指摘したように，一つの，しかも一つだけの完全な法を記述する純粋な規範的言明は，その法の完全な構造を表現するからである）。何らかの理由で，法がたった一つの構造をもつとみなすことが望ましいとするならば，個別化の諸原理を超越する，法の構造についてのもっと厳格な学説を用いることが必要となるであろう。［ある法体系に属する諸法の個別化に関する］これらの諸原理は，どの完全な記述が適切な記述であるかだけを決定するのに対し，構造についての学説は，いくつかの適切な記述のうちでどれが法の構造を表現するかを決定するであろう。

　7　とりわけ，*Limits*, pp. 247-9; 256-61; *OLG*, pp. 156-8; 165-71 を見よ。

ことは，……一方では，一つの法全体よりも少ないものしか含まないことがないようにするために，他方では，一つの法全体よりも多くのものを含むことがないようにするために，**立法的事項**がどの程度の割合にならなければならないかを確認することである」[8]。ベンサムは裁判所による法の創造を「一種の立法」[9]とみなしてはいたが，司法的法形成に関する合理的理論を発展させることにはけっして成功しなかった。個別化の問題への彼のアプローチは，五つの根本原理に立脚するものとみることができる。

(1) 法はすべて，一定の環境の下で一定の行動を義務的なものとして規定する規範である。というのは，法はすべて，一定の行為が，一定の人々により，一定の周辺事情の下で行われるべきであるという立法者の意思の表現だからである。ベンサム自身は一点についてだけ述べている。「法がどのような任務に精通していようと，それは一種類の活動，つまり義務を創造することに縮減されうる」[10]。

これまでは「法規範」(a legal norm) と「法」(a law) の語があたかも同じ意味をもつかのように用いられてきた。今後それらは区別されるであろう。「法」は法体系がそこまで分割されうる基本単位を示すために用いられ，「法規範」は義務を賦課することにより，または権能を付与することにより，人間の行動を命じる法に対して用いられる[11]。あらゆる法が規範であること，さらにいえば，それはここで規定 (a prescription) と呼ばれるタイプの規範，つまり義務賦課規範であることは，個別化に関するベンサムの最も重要な原理である。この原理は，法の構造に関する彼の学説の中で，あらゆる法は命令または禁止である一つの条項 (one provision) を含むという事実によって明示されている。それは，法体系におけるその他のすべての条項や条文が，これらの主要条項の周囲に配

---

8 *Limits*, p. 247; *OLG*, p. 156.
9 *Limits*, pp. 90 f; *OLG*, pp.3 f. における彼の分析を参照せよ。
10 *Limits*, p. 55; *OLG*, p. 249. ここでは，他の箇所でもしばしばそうであるように，ベンサムは「立法による誘因」，つまり，報酬によって裏打ちされた法の可能性を無視している（*Limits*, pp. 224-7; *OLG*, pp. 133-6 参照）。
11 このほか規範に関しては，第Ⅵ章で述べられる。

列され，その解説，資格付与，警告などとして，主要条項と関係づけられていることを意味する。

(2) 立法者の意思の表明，つまり，一定の仕方で行動せよとの人々に対する規定は，義務の賦課に当たるものである。それは，激励的または満足的(satisfactive)な条項の方法によるにせよ，規定に対する違反に対してサンクションを定める処罰法によるにせよ，サンクションによって裏打ちされている**場合にのみ**，法の創造に至る[12]。

(3) 第二原理に従い，立法者によって命じられまたは禁止された各々の行為状況は，個々の法の核になるものである。殺人者を処罰するよう裁判官に命じる法が，殺人の禁止をも含意するという事実は，(裁判官に向けられた) たった一つの法しかないという帰結を伴うものではない。一方が他方を含意するにしても，二つの法が存在する[13]。

(4) 法の抵触は，適切な形で法を表現することを待って解決される。法体系を適切に記述すれば，何ら法の抵触を記述することはないし，そのような抵触を解決する手段を規定することもない。二法間の抵触を解決するルールは，とりわけ，それらのうちで立法者にはどちらが相対的に重要か，およびそれらがつくられた日付を指示するものである。――これらは，ベンサムの理論によれば，体系に関する適切な記述によっては表現されない事実である。

(5) 法の個別化は，立法者がたまたまその法的素材をどのように定式化したか，その仕方に部分的には依存する。例えば，つぎのような趣旨の制定法がある時期につくられたとする。すなわち，(i)「すべての男性は」条件Cの下ではAをするものとする。数年後に，別の制定法がつくられ，(ii)「すべての女性は」条件Cの下ではAをするものとする，と述べたとする。この場合，ベンサムによれば，法体系は二つの別個の法を含んでいる。一つは(i)に対応する

---

[12] サンクションがつねに法的サンクションである必要はない。法は，その違反に対する唯一のサンクションがたとえ道徳的または宗教的サンクションであっても，義務を課すことができる。*Limits*, p. 151; *OLG*, pp. 68-70, 248 参照。

[13] *Limits*, pp. 234-5; *OLG*, pp. 143-4; 'A General View of a Complete Code of Laws', Bowring (ed.), *The Works of J. Bentham*, vol. 3, p. 159 参照。

ものであり，もう一つは(ii)に対応するものである。もしも第二の制定法が，(ii')「すべての者は」条件Cの下ではAをするものとする，と定式化されていたとすれば，ベンサムによれば，法体系は(i)と(ii')の双方に対応するただ一つの法を含んでいる。

　上記の分析では，義務免除法（de-obligative laws）が考慮の外に置かれてきた。法はすべて規範であるということが，ベンサムにとっては何よりも根本的な原理である。しかるに義務免除法は規範ではないが，ベンサムは彼の見解における矛盾に気付いていなかったようにみえる。私は前述第Ⅲ章第2節で説明した理由から，すべての法は規範であるとの見解を引き続き彼独自のものと認め，義務免除法の可能性を度外視することにしたい。とはいえ，義務免除法の可能性を受け容れることは，個別化に関するベンサムの諸原理についての前記の説明において，さらにいくつかの修正をもたらすことが，注目に値する。それは，諸法間のすべての抵触がそれらの法の適切な形での表現に先立って解決されるのではない，ということである。義務免除法とそれが資格付与する義務賦課法との抵触は，未解決のまま残されるであろう。すべての法がサンクションによって裏打ちされているのでないことは明らかであり，一般的義務の免除が制定された機会により，その免除が義務を課す義務賦課法の一部なのか，それとも独立した義務免除法なのかが決定されるように思われる。このことは，立法に際しての現実の環境が個別化の問題に対してもつ重要性を増大させるであろう。

2　法の個別化へのケルゼンのアプローチ

　規範の性質と構造に関するケルゼンの考え方はベンサムのそれと類似しており，その類似性は個別化の諸原理に関してケルゼンの理論をベンサムのそれと同様の問題点と困難さに直面させるに十分であった。残念ながらケルゼンは，この問題に関するベンサムの思考を特徴づける困難さの性質について明確に理解していなかった。ケルゼンは個別化の諸原理を定式化する必要性を理解しな

かったことから，彼の理論はこの問題に対する完全な解決策を提供していない。にもかかわらず彼の理論は，この問題に対する彼の暗黙のアプローチがもついくつかの側面に少なからぬ光を当てるのに十分な材料を含んでいる。

察するところ，ケルゼンもベンサムのように，法創造の機会や立法の権威の違いは法の個別化にとって重要性をもたないとみなしているようである。ケルゼンは，一つの法が異なる機会に，異なる権威によって立法された諸部分を含むとみることに何らの困難も見出していない。例えば，憲法は他のあらゆる法の一部であると彼は考えている[14]。さらに，再びベンサムと同様に，法学が法を表現する際に推奨される方法によれば，法の抵触を表現する余地はないと考えられている。ケルゼンによれば，法の適切な記述は法の抵触を記述しない。これは以下の文章から暗示される。「……法の観念には無矛盾の原理が据えられなければならない。なぜならば，それなくしては合法性の観念が破壊されるであろうからである。根本規範に含まれているこの前提だけが，法的素材の有意味な解釈をもたらす法的認識を可能にする」[15]。

ベンサムにとって最も重要な個別化の第一原理，すなわち，あらゆる法は規範であり規定であるという原理は，ケルゼンによって拒絶され，これとは異なる原理が支持されている。それは，あらゆる法は規範であり許容である，すなわち，あらゆる法は許可を与える，というものである。しかし，個別化に関するケルゼンの諸原理のうち，この原理の吟味に先立ってもう一つ別の原理に関する議論が行われなければならない。

先に言及されたベンサムの他の諸原理は，ケルゼンにおいては，それらとは相容れない別の原理に置き換えられている。すなわち，「法秩序のすべての規範は強制的規範である。すなわち，サンクションを規定する規範である」[16]。この原理を説明するためには，ケルゼンのサンクション概念に関する少しばかりの論評から始めなければならない。

14　*GT*, p. 143.
15　*GT*, p. 406. この問題は，*PTL*, pp. 205 ff. に詳しく論じられている。
16　*GT*, p. 29.

サンクションは行為によって実現される。サンクションを実現する行為は，「サンクションを与える行為」（sanction-applying acts）と呼ばれるが，それはしばしばたんに「サンクション」と呼ばれる。ある行為は，それがある者に何らかの利益または不利益をもたらす場合にのみ，サンクションを与える行為と呼ばれる[17]。ケルゼンは，報酬に立脚した法については実際には何ら詳しく論じていない。不利益とは「所有物——生命，健康，自由または財産——の剥奪にある」[18]。ケルゼンは，不利益または害悪が法の違反者に対して**与えられる**と述べている。これは，サンクションが違反者に対し，彼自身とは異なる誰かによって行われる行為であることを示す一節である。しかし，けっしていつもそうであるとは限らない。例えば，財産の剥奪は，違反者からその財産を取り上げるよう他の者に命じることによってだけでなく，違反者にその財産を放棄するよう命じることによっても達成されうる。

　サンクションは「強制の手段という性質をもつ。このことは，サンクションを遂行するに際しては必ず物理的な実力が加えられることを意味するものではない。物理的な実力は，サンクションを与える際に抵抗に出遭った場合にのみ必要となる」[19]。実力の行使だけでなく，サンクションとして行為すること自体がここでは強制的と呼ばれていることに注意すべきである。また，この引用文が引き出された箇所が含意することとは反対に，あらゆる法的サンクションが実力によって強制されうるとは限らない。財産の剥奪はしばしば物理的妨害に晒されることなしに，一定の権利の無効化や撤回によって実現されうる[20]。他方，いくつかのサンクションはまさにその性質上必ず実力によって行われる。例えば，鞭打ちや処刑である。もちろん自らを鞭打つことや自殺を命じることもできるが，それらはまた別のサンクションである。

---

[17] *GT*, p. 15.
[18] *GT*, p. 18. 評判も，その他の感情を傷つけること（例えば，ある者の近親者を殺したり，傷害したりすることによる）と並んで，このリストに加えられるべきである。こうして，*GT*, p. 55 におけるケルゼンの難点のいくつかが解決されうる。
[19] *GT*, p. 18.
[20] 「他の権利の剥奪は刑罰としても規定されうる」（*PTL*, p. 109）を参照せよ。

これまでの論評に照らせば，〔サンクションが与えられる〕手順は以下のようになろう。法的サンクションは以下のような仕方で結びつけられた二つの行為とみることができよう。第一は，サンクションを与える行為が，法に対する違反者により，先に説明したような意味で自らの不利益に行われるものである[21]。第二の行為は，違反者が第一の行為を行わなかったときに，誰か他人によって行われるものであり，それは違反者に対し，第一の行為と同じかあるいはそれと異なる不利益をもたらすことを意図するものである。法に対する違反者自身によって適用されえないサンクションは，第二種の行為のみから構成される。

サンクションは，それが実力の行使を考慮に入れている場合には，強制的サンクションである。ケルゼンの意見とは反対に，すべての法的サンクションが強制的なのではない。

行為は，それがある規範によってある者の一定の行為の帰結として規定されているのでなければ，たとえその者にとって不利益であるとしても，サンクションを与える行為ではない[22]。「すべての文明国においては」，とケルゼンはつぎのように説明する。

> 行政機関は……崩壊する恐れのある家屋の住人を強制的に避難させ，延焼を食い止めるために建物を取り壊し，一定の病気に罹った牛を屠殺し，身体的または精神的状態がその仲間の市民の健康や生命にとって危険である者を強制収容する権能を与えられている。……これらの強制的行為——それらに対しては行政機関，とりわけ警察機関が権能を与えられている——はサンクションとは異なる。……というのは，それらの行為はサンクションとしての強制的行為が向けられる一定の人間の行為を条件としていないからである[23]。

これらの類の強制的行為はサンクションではない。それは，それらの行為が影響するすべての人々の利益になっているからではなく（というのも，ケルゼンはそれらの行為がある人々に損害を与えるものであると想定している）[24]，それら

---

21 第一の種類の行為は，一般にこの種の人々の不利益になっている。しかし，行為があらゆる場合に違反者の不利益になっていることは，その必要条件ではない。
22 *PTL*, p. 34.
23 *GT*, pp. 278-9.
24 ケルゼンは「法的パターナリズム」に特有の問題，つまり，ある者自身の利益のために強制

の行為の実行に権能を与える法が，それらの行為をまさに被らんとしている人々の行動にこれらの実行を何ら依存させてはいないからである。

　ケルゼンのサンクション概念は，人の不利益になる行為および法に対する違反行為（もし法違反の行為がサンクションの条件となっていれば，それは違法行為と呼ばれる[25]）という観念を基礎にしている。それはまた，責任の概念とも緊密に結びついている。人は自分自身の違法行為に対して責任がある（responsible）とすれば，サンクションに服すべき（liable）である。人はまたしばしば，ケルゼンも認めるように[26]，他人の行為に対しても責任ありと判断される。ある者に損害を与える行為が，この者に対するサンクションとなるのは，この者が責任を負わされる他人の違法行為が，法によってサンクション実行の条件とされている場合である。しかしながら，ケルゼンは責任の性質については説明しておらず[27]，ここはまた，この複雑な問題に立ち入るべき場所でもない。

　法的サンクションに関するこのような説明は，主として『法と国家の一般理論』に基づいている。『法の純粋理論』では不利益と強制に関する彼の説明が，行政的強制とサンクションとの区別とともに繰り返されている[28]。しかし同書では，法の個別化との関係で，法的サンクションは重要性を失った。ある箇所でケルゼンはつぎのように述べている。「法は強制的命令として，その他の社会的命令とは区別される。決定的指標は実力の要素である。――これが意味するのは，その命令が社会的に有害な事実の帰結として予め規定した行為は，個人の意思に反しても実行されるべきであり，彼が抵抗する場合には，物理的実

することについて論じていない。彼はこの種の行為を強制された者の不利益になる行為とみなしている。このような見解は，ある行為が行われうる大抵の場合に，それが何人かの人間の不利益になるとすれば，その行為はある者に対して不利益なものであるとケルゼンが考えている，という事実からの帰結である。法によってとくに規定された機会に行為を行うことが，一般的に，法の対象者の不利益になるかどうかだけを考える方が，より合理的であったであろう。

[25]　*GT*, p. 54
[26]　*GT*, p. 55.
[27]　ケルゼンは，違法行為を犯した者と責任ありと判断された者との間には何らかの関係がある，としか述べていない。
[28]　*PTL*, pp. 33-4, 108.

力によって実行されるべきである，ということである」[29]。

法 (le droit) の際立った特徴は，強制的サンクションではなく，ここで明らかにされたような強制的行為である。これは個別化の原理における最も重大な変更を生み出している。というのも，ケルゼンはたえず暗黙のうちに，法一般に特有の性質は各々の法規範に特有の性質でもあると認めていたからである。したがって，法とそれ以外の社会的命令との区別に関する見解の変更は，法の個別化に関する諸原理の変更をもたらす。

> 法が強制の秩序として，つまり強制的諸行為を定める秩序として理解されるならば，規範を記述する法命題は，特定の，つまり法秩序によって定められた諸条件が与えられるならば，同様に法秩序によって規定された一定の強制的行為が実行されなければならない，といった用語法による主張として現れる[30]。

法の一般的形態は，ケルゼンによれば，条件 C が与えられたときに A が行われるべきである，ということになる。個別化に関する彼独自の原理は，A がサンクションというものを与える一つの行為（または先に説明されたような諸行為の複合）でなければならないことを意味する。ある体系の法的素材の中で，サンクションを定めていない部分はすべて，サンクションを適用するための諸条件を詳しく規定する部分であるか，あるいはまったく法の一部ではない（制定法や憲法などの前文は，何らかの不完全な法とともに，そうした運命にある）かのいずれかである[31]。サンクションを与えるのではない強制的行為，つまり，行政的強制はつねに，サンクションを与えるための諸条件の部類に入る。しばしばそれらの強制的行為は行政側に課された義務であり，それらの遂行を怠ることは，それについて責任ある公務員をサンクションに服させることになる。また，それらはつねに，実力行使を禁止する規範の例外である。

『法の純粋理論』の中で提示された新しい原理が意味するのは，行政上の強制的行為は，（先に述べたように）サンクションを与えるための諸条件の一部か，

---

[29] *PTL*, p. 34.
[30] *TP*, p. 149.
[31] *PTL*, pp. 52 ff. 参照。

サンクションを規定する規範の一部である場合を別とすれば，サンクションを定めていない別個の規範によって特別に許可されている，ということである。

この学説変更の理由はすでに概説したとおりである。それは第一に，法一般に特徴的な諸属性は各々の個別法の中に現れているというケルゼンの見解に立脚する。第二に，法は強制的行為を規定する唯一の規範体系であることにより，他のすべての社会的規範体系から区別される，という信念に基づいている。

第一段階の誤謬は，後に暴露されるであろう。第二の信念に関しては，それが真実であると想定する理由がない。私刑や敵討ちは，法秩序へと転換されることなしに，一定の実定的な道徳体系によって規定されることがありうる。同様に，法的でない社会秩序は，子供に対する両親による体罰や，子弟に対する教師の体罰などを規定することもある。強制はまた，共同体やその一部が危険に晒されている場合には，法的でない社会秩序によって権威づけられ，さらには規定されることすらありうる。

しかしなお一層重要な点は，『法の純粋理論』で示された強制的秩序としてのケルゼンによる法の定義が，彼自身が採用した規範的社会秩序の定義を支える指導的原理と矛盾するという事実である。「各々の社会秩序の機能こそが」，と彼はつぎのように説明する。

> ……人間の一定の相互行動を生じさせる。……社会的に要望された行動が生じさせられる仕方に応じて，様々なタイプの社会秩序が区別されうる。これらのタイプは，……要望された行動へと諸個人を誘導すべく社会秩序が訴える特殊な動機づけによって特徴づけられる。……[あるタイプにおいては]確立された秩序に合致する行動は，その秩序自体の中に定められたサンクションによって達成される[32]。

こうした社会秩序の分類原理に従ってケルゼンは，遵守への標準的動機として強制的サンクションに訴えるという事実により，法をその他の社会秩序から区別した。『法の純粋理論』〔仏訳版〕では，ほとんど同じ言葉で，規範的秩序に関する同様の分類原理が繰り返されている。

32　*GT*, p. 15.

……すべての社会秩序の機能は，人間が従わされる一定の行動を誘発することである。……この動機づけの機能は，人間の一定の行為を命令しまたは禁止する諸規範の表現によって遂行される。それらが命じまたは禁じる際に用いる様々な方法は，いくつものタイプの社会秩序を区別することを許容する。……一定の社会秩序は，その命令に対する服従や不服従にいかなる帰結をも結びつけることなしに，人間の一定の行為を命じる。他の社会秩序は，一定の行為を命令すると同時に利益や褒賞の授与を行い，あるいはまたそれに反する行為に不利益や罰——この言葉の最も広い意味において——を結びつける[33]。

　この分類原理が採用されるならば，法は，遵守への標準的動機づけとして社会的に組織された強制的サンクションを用いる唯一の社会秩序として定義される。この定義から引き出される個別化原理は，各々の法は一つのサンクションを定める一つの規範である，というものであることが明らかである。

　こうした法の定義の欠陥がどのようなものであれ，それはケルゼンによる法の新しい定義よりも一層重要な諸事実（それらが事実であると仮定して）に立脚していることが認められなければならない。すなわち，その定義は実のところ，他の社会秩序は強制的手段を規定していないという仮定——それは法の仕組みまたは「社会的技術」にそれほど多くの光を当てていない——に基づいているにすぎない。

　これらの理由から，ケルゼンの法に関するかつての定義の方が好ましいことから，私はケルゼンの独自の論理に従い，個別化原理についても彼の旧原理を選択しなければならない。以下，議論の残りの部分はこの原理，つまり，各々の法は一つのサンクションを規定する一つの規範であるという原理に基づいている[34]。

　しかしながら，ここで選択された個別化の原理はさらに詳しい審査を必要としている。もっとも，この審査は法体系の構造に関するケルゼンの理論に関係

---

[33] *TP*, p. 34.
[34] ケルゼンの新しい個別化原理は，行政上の強制を規定する規範の分析には立脚しておらず，それについては非常に僅かしか述べられていない。議論は依然として，サンクションを定める規範を中心に行われている。さらに，1966 年に公刊された論文「法の純粋理論について」('On the Pure Theory of Law') の中では，ケルゼンは法の定義と個別化原理に関して彼の旧理論に戻っている。これらの事実は，彼の新原理は消化未了の考え直しにすぎないことを示唆している。

しているので，この問題が次章で取り上げられるまで延期されるであろう。

　われわれが論じてきた個別化に関するケルゼンの原理は，各々の法が定める行為の種類を説明している。法の一般的形態は，ある行為が，一定の人々により，一定の条件の下で行われるべきである，という趣旨のものである。すでに明らかにされたように，その行為はつねにサンクションを与える行為であり，それは，サンクションの実行条件にはそれを与えられようとしている者の何らかの行為が含まれることを含意している[35]。この定式化の中で「すべきである」ということの意味は何であろうか。また，各々の法はサンクションを**定める**(*stipulate*) または**規定する** (*provide for*)，と述べることが何を意味するのであろうか。

　それが意味するのは，法は特定の諸条件が満たされたときにサンクションが与えられるべきであること，およびそのような状況下でサンクションを与えないことは法の違反に当たることを**要求**するということである，と考えるのが合理的である。ある者が一つの法によって定められたサンクションを与えるのを怠ることは，必ずしもその者に向けて第二の法によって定められた別のサンクションを与えるための条件ではない，ということは真実である。このことが意味するのは，ケルゼンによれば，最初の法の規範的対象者はそのサンクションを与える義務を負わない，ということである。というのは，ある行為をする義務を負っているということは，その行為をしないことがサンクションを与える条件であることを意味するからである[36]。しかし，「サンクションに服すべきである」という概念に言及することなしに，「一定の仕方で行動することを要求されている」という概念に意味をもたせることは不可能ではない。そのような意味で，裁判官やその他の公務員は，法を適用したり，サンクションを執行したりすることなどを怠ったときに，たとえサンクションに服させられないとしても，彼らはそうした法の適用やサンクションの執行などをすべきである，と

---

[35] これは個別化に関する完全な原理ではない。ケルゼンによれば，法の個別化はサンクションの個別化に依存するが，この問題について彼は何も述べていない。

[36] *GT*, p. 59; *PTL*, p. 115 を見よ。

いうのが通例である。これらの事実にケルゼンも注意を向けた。彼はそれらのうちのいくつかについて部分的な説明すらしている。立法者が，ある者は一定の仕方で行動すべきである，という彼の意図を表明する法を制定したときには，たとえこの規定を裏打ちするためにサンクションが定められていなくとも，その者はそうした仕方で行動すべきである，または行動することを要求されている，と人々はいう。しかし，ケルゼンの考えによれば，そのような意図は「法的には重要でないものとみなされるに違いない」[37]。こうして，「法的に要求されている」ということと「法的義務である」ということとを区別する試みは，いずれも拒絶されている。

　ケルゼンは「すべきである」という言葉を，何かをすることを「要求されている」，「許可されている」，および「権能をもっている」ということを表すために用いている[38]。彼は，規範の適切な記述の中で用いられた「すべきである」という語は，環境に応じ，これらのうちどれか一つの意味をもつと考えているようにみえる[39]。彼は，人はサンクションを与える権能をもつ，とすぐにでもいわんとしているかにみえる。ある箇所において彼は，「サンクションとしての強制的行為を規定する法秩序の場合には，個人はその法秩序によって定められた諸条件の下で，これらの行為を実行する権能を与えられている」[40]と述べている。私は，サンクションを定める規範はどれも許可を与えるものであるとみなすことにする。第VI章では，さらにそれらのうち，権能をも付与するのはどれであるかが論じられるであろう。

　ケルゼンは，法がサンクションを規定するのは，そのサンクションの執行を怠ることを他のサンクションの条件とするもう一つの法が存在する場合であると考えているように思われる。しかし，その場合には，サンクションを与えることは，サンクションを与えることの懈怠を違法行為とする規範によって規定

37　*PTL*, p. 52.
38　*PTL*, p. 5.
39　*PTL*, pp. 118-19.
40　*PTL*, pp. 15-16.

されているのであり，サンクションを定める規範によって規定されているのではない[41]。結局，サンクションを定める規範はどれも，つまり，法はどれも，サンクションを与えることの許可である。

3 ケルゼン対ベンサム――比較

われわれが先の二つの節でベンサムおよびケルゼンの個別化に関する原理について述べたことは，法の個別化に関する彼らの完全な学説を示してはいないとしても，それはそこに含まれている問題の性質に関するいくつかの洞察を提供する。それはまた，この問題に関する彼らの見解の部分的な比較の基礎としても役立ち，そのこと自体，法の個別化の問題を解決するのにいかなる考慮が重要であるか，われわれが理解するのを助けてくれる。後にみるように，この比較は，個別化の問題と法体系の理論との強い結びつきを明らかにすることの助けにもなる。

「法のルールはどれも，人間に対し，一定の周辺事情の下において一定の行動を遵守するよう義務づけている」[42]。許可であれば，規範は黙示的にのみ義務づけることができる。この意味において，それはやはり義務づける。すなわち，ある者が一定の条件下で，一定の仕方で行動することをある規範が許可しているという事実は，他の者が一定の行為をする，またはそれを差し控える義務を負うことをも含意する。

人は「違法行為をしないことを法的に義務づけられている。……個人は，彼に向けられたサンクションの条件とは反対の行動をすることを法的に義務づけられている」[43]。法はすべてサンクションを与えることの許可であるから，法はすべて義務を伴う。しかしながら，法は明示的に許可する一方で，黙示的に義務づけていることが思い起こされなければならない。厳密にいえば，それは端

---

[41] この点に関しては，次節を見よ。
[42] *GT*, p. 3.
[43] *GT*, p. 59.

的に許可である。つまり，y が B をし，かつその他の諸条件が成り立つときは，x は A〔サンクションを与えること〕をすることができる，というものである。しかるに，x に対する A をすることの許可は，法の記述の中で指示された他の者，つまり y に対し，同様に法の記述の中で指示された他の行為，つまり B をすることを回避するよう課された義務を伴う。

　ケルゼン型の一つの法はベンサム型の二つの法に匹敵する，ということができる。すなわち，ベンサムの主要法——一定の仕方，例えば A によって行動すべき義務を x に課す——，および彼の処罰法——x が A をすべき義務の履行を怠るならば，x に対し B を行うことによってサンクションを与えるべき義務を他人，例えば y に課す——は，ケルゼンの理論における一つの法——x が A をしないならば，B を行うことを y に対して許可する——になる。この点が，個別化に関する彼ら各々の原理の間に存在する最も重要な相違である。ケルゼンによれば一つの法をつくり上げるために用いられる同一の法素材が，ベンサムによれば二つの法を確立するものとみなされているのである。

　サンクションを与えることについて，ケルゼンはそのようにすることが許可されているものとみるのに対し，ベンサムはそれが義務的であるとみているという事実は[44]，法的素材の量の相違には反映していない。この事実は，同一の法的素材が異なって解釈されることの証拠となるものである[45]。ベンサムは，あるサンクションが加えられるべきであるとの意図を立法者が表明したという事実は，それに対する不服従が他の何らかのサンクションによって処罰されるのであれば，最初のサンクションを与えることを義務とするものとみている。これ以外のサンクションは，最初のサンクションを与える義務の存在にとって

　44　ベンサムによれば，サンクションを与えることは，サンクションの存在が激励的条項，すなわち政策宣言的条項の中で宣言されているだけでは，義務的ではない。
　45　それにもかかわらず，この二人の哲学者によって一つの法の存在を確立するものとして受け容れられた法素材には，二つの違いがある。(1)ケルゼンは政策の宣言は重要ではないとみるのに対し，ベンサムはそれを重要な法素材の一部と考えている。(2)ケルゼンは，ある行為が実行されない場合に備えてのサンクションを与えることの許可は，その行為の実行を義務とするのに十分であると考えている。ベンサムは，サンクションを与えることは義務的であるか，あるいは宣言された政策であるに違いないと考えているようにみえる。

の必要条件にすぎず，十分条件ではない。他方，ケルゼンは，最初のサンクションを与えること，またはその他の何らかの行為をすることの懈怠に対するサンクションは，義務である行為の十分条件および必要条件の双方であるものとし，立法者の意図は関係ないものとみている。

いずれにしても，これは以下のような論評の帰結であると思われる。「『ある者が一定の仕方で行動すべく法的に義務づけられている』という言明は，『法規範はある者の一定の行動を命じている』という言明と同一である。そして，法秩序はそれに反する行動にサンクションを与えることにより，一定の行動を命じるものである」[46]。

法秩序は，ある行為を実行することの懈怠をサンクションを与えることの条件とすることにより，その行為をすべく義務づけている，と述べることにより，ケルゼンは自らを以下のような批判に晒している。

> もしもわれわれが「A であるならば B であるべきである」という標準型によって表現される法の内容に注意を限定するならば，罰金をもって行動を処罰する刑法と，一定の活動に課税する歳入法とを区別することは不可能である。個人が課税される場合と，彼が罰金を科される場合とは，ケルゼン式の標準型にはめ込まれるならば，どちらも同じである。それゆえに，われわれがこの標準型の網から逃れる何かを手がかりにしてそれらを区別するのでなければ，両者はともに違法行為の事例である。その手がかりとは，罰金は公的に非難される活動に対する処罰であるが，税金はそうではない，ということである。税金は，いくつかのサンクションがやはりそうするように，強制的な金銭支払からなっているにもかかわらず，「サンクション」ではない，という異論が提起されるかも知れない。……しかし，これは困難を実質的に回避するのではなく，たんに延期するにすぎない。というのも，われわれは強制的な金銭支払がいつサンクションであり，いつそうでないかを決定するために，法学上の定義の境界から外に踏み出さなければならないことになっているからである[47]。

引用文中の最後の批評は，ケルゼンの立場に一定の曖昧さがあることを示唆している。つまり，ある者の不利益になる行為で，その実行が法によってその者の行動に依存するものとされている行為はすべてサンクションであるのか，

---

[46] *PTL*, p. 115.
[47] Hart, 'Kelsen Visited', 10 *U. C. L. A. Law Review*, pp. 720-1.

あるいはそれ以外の何らかの条件が満たされなければならないのかが、明確ではない。ハートは、もしもそれ以外の条件があるとすれば、ケルゼンはそれが何であるかを明らかにすることを怠った、と指摘する。

実際のところケルゼンは、そうした追加的条件はないかのように書いている。これは驚くべき帰結である。というのは、それが意味するのは、ケルゼンが立法者はいやしくも権威的な法的素材を創造するために他の人々の行動を規定する意図を表明しなければならないと主張する一方で、こうして創造された法的素材の解釈にとってこの同じ意図はまったく重要でないと考えている、ということだからである。にもかかわらず、そのような帰結から逃れることはできない。それは「サンクション」および「義務」についてのケルゼンの定義[48]に基づいており、また部分的には、彼の「違法行為」の定義にも立脚している。

ケルゼンは最も強硬である。すなわち、「行動が、作為にせよ不作為にせよ、不法な行為または違法行為という性質を獲得するのは、もっぱら法秩序がそうした行動をその法秩序によって予告された強制的行為の条件とするという事実のみによってである」[49]。しかし、ケルゼンも知っているように、――

> 違法行為、つまり、当事者の一方が契約を履行しなかったという事実は、それが「サンクションの一つの条件」であると述べるだけでは、十分に特徴づけられていない。契約を作成することおよび他方当事者の提訴もまた、サンクションの条件である。それでは、「違法行為」と呼ばれる条件がもつ際立った特徴は何であろうか。立法者が「違法行為」として特徴づけられるものと反対の行動を意欲しているという仮定的事実以外には指標が見出されえないとすれば、違法行為の概念は法学上の定義が不能なものとなるであろう。……そのような説明はたんに、違法行為は法の目的に反するものであるというに等しい。しかし、それは違法行為に関する法的概念にとっては重要でない[50]。

ケルゼンは、「立法者の意図」、「公的意図」または「法の目的」といったものを手がかりにすることに代えて、違法行為を端的に「自らの行動の帰結とし

---

48 前者については *PTL*, pp. 34-5, 111, 後者については前頁を見よ。
49 *TP*, p. 152.
50 *GT*, p. 53.

てサンクションが命じられる者の行動」と定義する[51]。この定義は，例えば，拘束力のある約束をすることとそれを破ることとを区別することに失敗する。それはこの両者の行為を違法行為の一部にしてしまう。ある者に対してサンクションを与えるための条件である彼のあらゆる行為が，違法行為の一部となる。

　違法行為がサンクションの条件であるという事実のほかはあらゆることを無視することにより，ケルゼンは個別化に関する彼独自の学説を台無しにしている。彼の個別化原理は，ある者がサンクションを与えることを許されているということから，他の者が一定の仕方で行動することを義務づけられていることを演繹しうる可能性に依存している。しかし，ある行為をすることが，法により，ある者を何らかの不快な帰結に服させるべきものとするという言明は，彼がその行為を回避する法的義務を負うということを含意するものではない。このことは，先に引用したハートによる批判の別の一面にすぎない。ある者が金儲けをすることが彼を所得税の支払いに服させることになる，という事実は，彼が金儲けをすることを避けるべき義務をもつ，ということを含意しない。

　個別化に関するケルゼン説へのこうした批判を度外視するとしても（彼の学説はこの批判に応えるべく修正されうる），それを受け容れることの理由がまず問われなければならない。例えば，なぜそれはベンサムの学説よりも好ましいものとされるのであろうか。

　第一に，法秩序に特徴的な諸属性，つまり，法秩序をその他のタイプの規範的秩序から区別する諸特色は，各々の法規範を各々の法的でない社会規範から区別するような諸属性である，という暗黙の信念がケルゼンには存在した。この信念だけが，『法の純粋理論』での個別化に関するケルゼン説の変更を説明することができるように思われる[52]。この信念は，法体系の説明ではなくて法の定義を法理学の主要問題とみなすような広く行き渡った傾向を論証する。それはまた，ケルゼンが――彼自身もっとよく知るべきであったが――この傾向

51　*GT*, p. 54. *PTL*, p. 114 も見よ。ケルゼンは，この議論にとっては重要でない一定の例外の余地も認めている。
52　前述第Ⅳ章第 1 節参照。

から免れていないことをも示している。というのも，各々の法規範を他の各々の規範から区別するのは，後者ではなくて前者だけが強制的サンクションを定めるという事実である，という信念は，「われわれが単一の孤立したルールに注意を限定するとすれば，法の性質を把握することは不可能である」[53]というケルゼンの他の信念と相容れないからである。

　ある意味で，本書の残りの部分はほとんどすべて，この引用文の主張の正しさを読者に確信させることを企図している。法は，個々の法には分けもたれていない法体系の特徴により，実定的な道徳性などと区別されるべきである。このような〔考察の〕手続が採用される場合にのみ，強制的サンクションが法の中に占める特別の地位を説明することが可能になる。法だけが強制的サンクションを定めるというのは真実ではないし，法はすべて強制的サンクションを定めると述べることにも（すべての法的サンクションが強制的であるというわけではないことを根拠にするだけでも）何ら理由がない。これに対し，法の一つの特徴は，それが強制的サンクションを体系的に使用する点にあること，および強制的サンクションは，特別の「社会的技術」としての法の性質を理解するうえで非常に大きな重要性をもつということは，真実である。この点はまた別の章で取り上げられるであろう。

　ケルゼンの個別化原理を支持すべきもう一つの理由は，『法と国家の一般理論』の中に暗黙裡に存在する。人々が法に従う動機が何であれ，法自体は，すでに第Ⅲ章第5節で説明したように，サンクションを定めることによって服従への標準的動機を規定している。法はその特別の「社会的技術」により，つまり，「違反行動に対して与えられるべき強制という威嚇手段を通じて，人々の望ましい社会的行動を生じさせることを本質とする社会的技術」により，特徴づけられる[54]。法がこのような標準的動機に「頼る」仕方，つまり，サンクションに服させられることが，法によって要求される行為と関係づけられ，それによってそうした義務を履行する標準的動機となる仕方は，ケルゼンの原理に

53　*GT*, p. 3.
54　*GT*, p. 19.

従って法が個別化されるとすれば，明確になる。

　義務とサンクションとの関係を明確にするのが望ましいということには疑いがない。問題は，ケルゼンがそうするための最善の方法を選択したかどうかである。ベンサムが二つの法の関係として提示したような関係が，なぜそうではなくてむしろ一つの法における二つの部分の関係として提示されるべきなのであろうか[55]。ベンサムのいう法は，法体系の合理的な区分の基礎としてはあまりに複雑であることが，後に論じられるであろう。そうした議論は，ケルゼンがいう法にはなお一層強い意味で当てはまる。ケルゼンの原理は義務とサンクションとの関係を正確に提示していない，と論じることも可能である。それはサンクションと違法行為に焦点を当てており，義務の存在は推論されうるものにすぎない。しかし，法の主要な内容は，サンクションではなくて義務である。サンクションは義務の履行を確実にするために存在する。ケルゼンのいい方によれば，義務はサンクションの副産物であるかのような印象が生み出される。

　さらに，ケルゼンのいう法は許可である一方で，彼独自の理論によれば，法に関する最も重要な事実は，法は行動を規定するのであってそれを許可するのではないということである。義務の重要性は，それとサンクションとの関係とともに，ケルゼンよりもベンサムによる法記述の方法により，一層明確に表現されている。

　ケルゼンはその最後の著作である『法の純粋理論』の中で，義務を規定する規範について，それに対する違反者にサンクションを定める別の規範が存在する場合にのみ，その義務を規定する規範が有効であるという可能性を認めている[56]。しかしなお彼は，法は「違反行動に不利益を結びつけることにより，一定の行動を正確に命じるという事実によって特徴づけられる」と説明することにより，法において二つのもの〔義務を命じる規範とサンクションを定める規範〕は一つの規範であるとの主張を維持している[57]。この指摘は，どのような行為

---

[55] 私は，満足的および激励的条項の場合を度外視している。
[56] *PTL*, p. 28.
[57] *TP*, p. 35.

が義務であるかという問題にとって，立法者の意図および法の目的は重要でない，というケルゼンの見解を指し示している。このような学説はすでに批判された。そして，たとえそれが真実であるとしても，なぜそのことが個別化の原理に何らかの仕方で影響を与えるのか，理由がない。

　他方，引用されたケルゼンの指摘は，制定法の言葉遣いのことを指しているのかも知れない。ベンサムが指摘するように，「仮に法が『裁判官には，殺人を犯した者すべてに死刑を言い渡させる』と規定したとしても，それによって与えられた禁止は，『何ぴとにも違反すれば死刑に処するとして，殺人を犯させないようにせよ』と規定した場合に比べて，少しも分かりにくくはなっていない」[58]。ケルゼンの指摘は，立法者は大抵の場合は禁止行為を犯した人々を処罰するよう裁判所に命じることによって禁止を定式化するという根拠に基づいて，彼の個別化原理を正当化しようと意図したものであろうか。もしもこれがケルゼンの指摘の意味であるとすれば，それは疑いなく誤りである。同じ事実からベンサムによって引き出された結論の方が正しい。すなわち，——

> 言葉の多彩性には際限がなく，その多様性は無尽蔵である。それゆえに，たんに言葉のみを信用することはできない。何らかの問題を理解するためには，そして，とくに法についての問題を理解するためにはなお一層そうであるが，それに属する諸観念について明確な認識を得るためには，われわれはそうした諸観念から虚偽の外皮を剥ぎ取り，それら自体によって判断しなければならない[59]。

しかし，『法と国家の一般理論』では，ケルゼンの個別化原理を支持すべきもう一つ議論が進められている。すなわち，「窃盗を禁止するという規範は，ある規範が窃盗者に何らかのサンクションを加える場合にのみ有効である……ということが仮定されるならば，第一の規範は法の正確な表現のうちでは明らかに余分なものである。仮に存在するとしても，第一の規範は第二の規範の中に含まれており，後者が唯一の純粋な法規範である」[60]。

58　*Limits*, p. 234; *OLG*, p. 143.
59　*Limits*, pp. 234-5; *OLG*, pp. 143-4.
60　*GT*, p. 61.

義務賦課法といわれるものが，それが課すものとする義務が履行されなかったことに対するサンクションを規定する法に含意されているとした場合，そのような事実は義務賦課法が存在しないと考える十分な理由であろうか。また，そのような法を記述するものとする言明は，サンクションを定める規範の存在のたんなる帰結を記述するものにすぎないのであろうか。ベンサムは，少なくとも自分自身はそうではないと考えている。

> ある行為を犯罪へと転化させる法，およびそのような犯罪に対する処罰を命じる法は，適切にいえば，同一の法ではないし，同一の法の部分同士でもない。……これらの法はまったく別個のものであるから，それらは異なる行為を指示する。――それらは異なる人々に向けられている。前者は後者を含んでいないが，後者は黙示的に前者を包含する。例えば，裁判官に対して「あなた方は窃盗を処罰するものとする」というとき，盗取の禁止が暗示されているのは明らかである。この観点からは，すべての目的のためには刑法典で十分であろう[61]。

法の表示における論理的過剰は，法の適切な記述という観点からは避けられるべきことであるが，どうしてもそうしなければならないというものでもない。ベンサムはもう一つの，最優先の考慮要因を示唆している。すなわち，法によって要求されるあらゆる行為状況は，それ自体が別の法の対象たる別の行為状況の一例または一種類でないかぎり，それを規定する別個の法に服する。

---

61 *A General View*, p. 160.

V　ケルゼンの法体系論

　オースティンの主観概念は，先に第Ⅱ章でみたように，彼の法体系論に対する批判の主要な標的であった。主権概念はオースティンの法体系論の礎石であるが，ケルゼンはオースティンのそれと同様の主権概念を何ら用いないことにより，オースティンの理論における多くの欠点を回避している。しかし，興味深いことに，これはケルゼンがオースティンと同様の法体系論を採用することを妨げなかった。すなわち，両者の法体系論は，存在の問題を解決するための基礎として実効性の原理に基づいている。また，両者ともに同一性の問題に対するそれぞれの解決方法の基礎を起源の原理に置いている。そして最後に，法体系の構造の問題に対する彼らの解決方法は，独立性の原理に立脚している。

　本章では，ケルゼンの法体系論について，オースティンの理論との類似性と相違の双方を強調しながら説明することが意図されている。さらには，ケルゼンの理論が不適切であり，その欠点はケルゼンの理論が起源の原理と独立性の原理に基づいているという事実に起因することが論じられる。実効性の原理に対する批判は別の章に譲る。実効性の原理，起源の原理および独立性の原理に立脚する理論はどれも，オースティンとケルゼンの理論に対して本書の中で提起された異論と同様の批判を免れないことが示されるであろう。

1　法体系の存在

　法体系の存在に関するケルゼンの指標は，以下のように定式化されうる。すなわち，法体系は，それが一定の最小限度の実効性を達成する場合にのみ存在

する。

　一つの法体系の実効性はそれに属する諸法の実効性の関数であるが，ケルゼンは両者の関係の性質や実効性の程度がどのようにして決定されるべきかについては，何も述べていない。ある規範の実効性はつぎの二つの仕方で表現されうる。すなわち，(a)その規範によって義務を課された者たちの服従，および(b)その規範によって許可されたサンクションの適用によってである。

> 　法規範——それは一定の行動にサンクションを結びつけ，それによってサンクションの条件となる行動を違法なもの，つまり「違法行為」とみなす——の実効性ということによって，つぎの二つの事実が理解されうる。(1)まず，この規範が法的機関（とりわけ裁判所）によって適用されているという事実である。それは，具体的な場合についてサンクションが命じられ，執行されていることを意味する。(2)つぎに，この規範がその法秩序に服する諸個人によって遵守されているという事実である。それは，彼らがサンクションを回避する方法で行動していることを意味する[1]。

　ケルゼンは，この規範が実効的であると解される場合に，これら二つのタイプの実効性の表現がどのような関係にあるのかについて，何も示唆していない。規範の実効性がどのようにして測定され，あるいは決定されるのかも明らかでない[2]。

　オースティンによれば，法体系が存在するのは，(a)その最高立法者が習慣的に服従を受けており，(b)その最高立法者が何ぴとにも服従せず，(c)その最高立法が各々の法に関する法主体に対して優越している場合のみである，ということが想起されるであろう[3]。最後の要件をケルゼンは省略している。その〔最後の要件の〕目的が，実際にその法に威力があることを確保することだとすれば，そのことは法体系の一般的な実効性ということに通常は含意されており，そし

　1　*PTL*, p. 11.
　2　これらの問題に関しては，後述第IX章を見よ。規範の実効性を測定するに際し，ケルゼンが義務違反とサンクションの不適用とに同等のウェイトを置いているようにみえる点は，注目に値する。このことは，サンクションの適用は法によってたんに許可されているだけでなく，要求されていることを示唆する。
　3　前述第I章第2節を見よ。

てこのことはサンクションが現実に適用されていることを通常は意味している。

　すでにみたように，最高立法者への服従は彼の法への服従を含意するのに対し，法への服従はその立法者への服従を含意しない。ある体系の存在をその立法者への服従に依存させること，および最高立法者に適用される法の存在を否定することにより，オースティンは最高立法者の変更はすべて法体系の変更を意味するものと仮定することを余儀なくされた[4]。もっとも，オースティンは彼の理論のこうした帰結について，明示的に述べていないのはもちろんである。ケルゼンは主権者なしで済ませているが，おそらく彼によれば，法への服従が行われている個々の事例が，法体系の存在にとって重要である。このようにして，最高立法者の変更それ自体は，法体系の連続的な存在を左右するものではない。最高立法者の変更が違憲である場合にのみ，新たな体系が創造される。

　オースティンによる第二の要件──最高立法者の独立性──は，〔ケルゼンにおいては〕主権者の概念それ自体とともに消滅し，それゆえにそれが生み出した諸問題[5]は回避されている。こうして，主権者への人的服従を法への服従とサンクションの適用に置き換えることにより，ケルゼンは法体系の存在に関するオースティンの指標をより良いものにすることができた。しかし，彼らの指標は，ともに法体系の実効性をその存在の指標にしているという点で，共通である。

2　同一性の指標

　オースティンは，法体系とは一人の主権者によって直接的または間接的に制定された一連のすべての法である，と考えた。ケルゼンはオースティンのいう主権者を根本規範と置き換えるほかは，その他の定義を変更しないまま残している。すなわち，法体系とは，一つの根本規範によって直接的または間接的に付与された権能の行使をとおして制定された一連のすべての法である。彼自身

　4　前述第Ⅱ章第 2 節参照。
　5　前述第Ⅱ章第 5 節参照。

の言葉によれば,「有効性の根拠を同一の根本規範に遡ることのできるすべての規範は, 一つの規範体系または一つの規範秩序を形成する」[6]ということになる。

ある法がある体系に所属する資格をもつか否かに関するオースティンの指標は, つぎのようなものである。ある法がある体系に属するのは, その法がその体系に属する他のすべての法を制定した主権者によって制定された場合だけである。ケルゼンの指標はつぎのようなものである。ある法がある体系に属するのは, その法が, その体系に属する他のすべての法を制定する権能を付与した根本規範によって与えられた権能の行使をとおして制定された場合だけである。彼自身の言葉によれば,「ある規範がある一定の規範体系に属するということは, ……秩序の基礎を形づくっている根本規範からその規範の有効性が引き出されていることを確認することによってのみ検証されうる」[7]。

ケルゼンは起源の原理には依然として忠実である。つまり, 法体系の同一性は, ある法のある体系への所属資格とともに, もっぱらその創造の事実によってのみ, つまりその起源によってのみ決定される。しかし, 統一性の源泉はもはや一つの立法的団体ではなく, 一つの権能付与規範である。根本規範が主権者に取って代わったほかは, 何も変わっていない。

この段階で, 根本規範の内容についていくらか述べておかなければならない。ケルゼンは, どの根本規範の内容にも彼の規範理論の全帰結が含まれているようにするという誘惑に屈服しがちである。彼にとって根本規範は必要不可欠の規範であり, 法を理解するための条件であることを考慮に入れれば, そうした誘惑も当然である[8]。規範理論の全帰結は必然的なものであり, それらすべてが法を理解するための条件である。ある規範の内容に関する言明と, 法についての一般的真理との区別は, そうした一般的真理が規範の内容によって根拠づけられ, その中に反映されているがゆえに, 曇らされている。イスラエルの最高

---

6 *GT*, p. 111. なお, *PTL*, p. 195 参照。
7 Ibid.
8 前述第Ⅲ章第 3 節参照。

裁判所が立法権をもつということは，何らイスラエル法の内容に関する言明ではない。しかし，そのことは，下級裁判所が最高裁判所の判決に拘束されるとの理論を採用するイスラエルのある制定法の一箇条から引き出される一つの帰結である。ある体系に属する特定の規範から同様の方法で導出された有効な諸規範の間に，何ら矛盾が存在しないということは，一般的真理であろうか。そうでないことは明らかである。法についての一般的真理は，いくつかの規範からなる諸関係の中に同様に反映されており，それら諸関係のうちのどれか一つと特別の関係をもつものではない。

ケルゼンはこれとは別の考え方をする。例えば彼は，あらゆる法体系の内容的一貫性を保障するのは，各々の体系の根本規範であると考える。無矛盾の原理が「根本規範の中に包含されている」[9]，と彼は述べる。同様の理由から彼は，あらゆる根本規範は，各々の規範が一つのサンクションを規定する旨を定めているものとみなしている[10]。彼は一般的に，あらゆる根本規範は，法と同一ではないにもかかわらず，法の定義を包含すると主張する[11]。

しかしながら，ケルゼンによって行われたもう一つの指摘に従い，今からのわれわれの議論は，「根本規範の内容はある命令が創造され，適用されるに至る一連の事実によって決定される」[12]という仮定に基づいて展開される。したがって，法の定義および無矛盾の原理が根本規範に「包含されている」ものとはみなされない。

ケルゼンは，根本規範は以下のように定式化されると述べている。「強制的な諸行為は，歴史的に最初の憲法およびそれに従って創造された諸規範が規定するような諸条件と方法に則って履行されるべきである。端的にいえば，ある者は憲法が規定するように行動すべきである，ということである」[13]。これが，可能なかぎり最良の定式化であるのかどうか疑う者もあろう。しかし，その長

9　*GT*, p. 406. なお，*GT*, pp. 401 ff.; *PTL*, p. 207 を参照せよ。
10　例えば，*GT*, p. 406; *PTL*, p. 50。
11　*PTL*, p. 50.
12　*GT*, p. 120.
13　*PTL*, p. 201.

所は以下のように説明されるであろう。現在議論されているのは，根本規範というものが意図する法的効果である。すなわち，「実証主義の究極の仮定は，歴史的に最初の立法者に権能を付与する規範である。このような根本規範の全機能は，その最初の立法者による行為およびこの最初の行為に基づくその他のすべての行為に法創造の権能を付与することである」[14]。

根本規範の概念は，同一性に関するケルゼンの指標が立脚する二つの概念の一つである。他の一つは有効性の連鎖という概念であり，それは以下の文章によって説明される。

> なぜこの個別的規範がある特定の法秩序の一部として有効であるのか，という疑問に対する解答は，つぎのようになる。すなわち，その規範が刑事的な制定法に合致する形で創造されたからである。この制定法は，最終的に，その有効性を憲法から受け取る。なぜなら，その制定法は権能のある機関により，憲法が規定する方法で確定されたからである。なぜその憲法が有効であるのかと問うならば，おそらくわれわれはさらに古い憲法に出くわす。最終的にわれわれは，歴史的に最初の，そして権力の簒奪者たる個人か，あるいは何らかの種類の集会によって定められた何らかの憲法に到達する。……誰かが最初の憲法を定めた一個人または諸個人として振る舞うべきであることが要請されている。これが今考察の最中である法秩序の根本規範である[15]。

有効性の連鎖とは，つぎのような一まとまりの規範全部のことである。すなわち，(1)その一まとまりの諸規範の中では，どの規範も他の規範のうち，ただ一つの規範の創造を権威づける。その例外はせいぜい，何らの規範の創造をも権威づけない規範である。そして，(2)どの規範の創造も，その一まとまりの諸規範中にあるただ一つの規範によって権威づけられる。その例外は，その連鎖中にあるどの規範によっても創造が権威づけられない一つの規範である[16]。有

14　*GT*, p. 116.
15　*GT*, p. 115.
16　有効性の連鎖の概念が，法体系の同一性に関するケルゼンの指標の中で用いられていることは，注目に値する。したがって，ある一つの体系に属する諸規範だけが一つの有効性の連鎖に属することができる，ということは，有効性の連鎖に関する定義の一部ではありえない。このことは，有効性の連鎖に関する定義およびそれが同一性の指標の中で用いられていることからの帰結である。それは有効性の連鎖に関する定義の一部ではない。というのは，有効性の連鎖の定義は，同一性に関する独立した指標を前提とするであろうからである。

効性の連鎖は，**図1**のように図示されうる。それぞれの線は，すぐ上の線によって表現された，規範の創造を権威づける規範を表す。円は立法権能を示している[17]。一人の者がいくつかの規範から導出される複数の立法権能をもちうる。

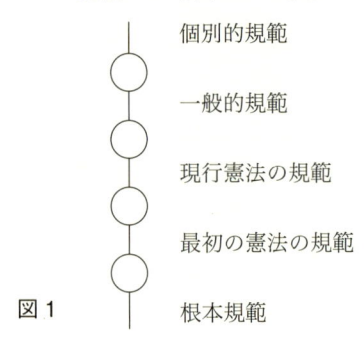

```
         ○ 個別的規範
         │
         ○ 一般的規範
         │
         ○ 現行憲法の規範
         │
         ○ 最初の憲法の規範
         │
  図1     │ 根本規範
```

二つの有効性の連鎖は，一つの規範を除いて，すべての規範を共有しうる。そうした二つの連鎖は，一つの図で表現されうる。すなわち，——

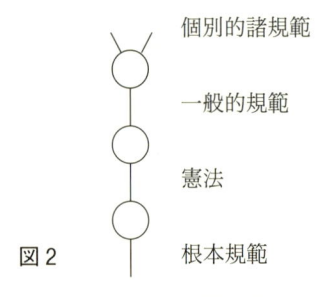

```
        ○   ○ 個別的諸規範
         \ /
          ○ 一般的規範
          │
          ○ 憲法
          │
  図2      │ 根本規範
```

その他の有効性の連鎖は，一つ以上の規範を異にしうる。しかしながら，ケルゼンはつぎのように主張する。(1)同一の法体系に属するどの二つの有効性の連鎖に対しても，少なくとも一つの共通の規範が存在する。(2)さらに，一つの体系における有効性の全連鎖の一部である一つの規範が存在する。(3)どの法体系においても，有効性の全連鎖——あるいはそれらはすべての「有効性連鎖」とも呼ばれるであろう——に属する規範が根本規範であり，それは各々の有効性の連鎖における最終規範である（それは一番下の線で表現されるものである）。

これらの要点に基づいて，一つの体系におけるすべての有効性連鎖は，つま

---

17 線と円，つまり規範と立法権能は，ちょうど連鎖における「結合」と呼ばれるであろう。

り完全な法体系は，一つの図で表現されうる。すなわち，——

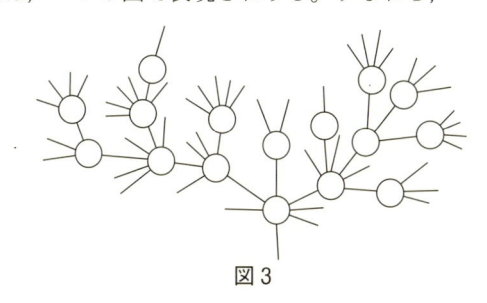

図3

　もちろん，一つの法体系についてのこうした樹系図[18]ですら，かなり簡略化されている。法体系はもっとずっと多数の法および立法権能を包含している。この樹系図は，ケルゼンが起源の原理の範囲内で同一性の問題と所属資格の問題とを解決するために，二つのアイディア——有効性連鎖および根本規範——をどのように結びつけているかを示している。

　有効性連鎖の概念は，ケルゼンによってこの目的のためにはじめて体系的に用いられたものの，彼の理論に特有のものではない。それは，例えば，オースティンの理論にも適用されうる。このことはブライスにより，その修正されたオースティン理論の中ではじめて行われた。彼はつぎのように書いている。

　　ある世帯主がある地方自治体で道路の舗装料を支払うよう求められている。彼がなぜそれを支払うべきなのかを問うと，それを課した市参事会の決議を指示される。ついで彼が，参事会が料金を徴収するためにいかなる権能をもつかを問うと，参事会がその諸権能を引き出している国会法の条項を指示される。もしも彼がさらに好奇心を発揮し，国会がこれらの権能を付与するいかなる権利をもつかを問うならば，料金の徴収者は，イギリスでは国会が法をつくり，法によって他の権能は国会の意思に優越しえず，またいかなる方法によっても国会の意思を妨げることはできない，ということを誰でも知っているとしか答えることができない。国会は他のすべての権能を超越して最高であり，換言す

　18　ケルゼンの理論を評釈する者のいく人かは，法体系のモデルとしてピラミッドを用いる。私は樹系図の方を好む。というのは，それはピラミッド・モデルを用いることにおけるケルゼンの主要目標である法の階級的組織を明らかにする一方で，同モデルを使用することによるいくつかの望ましからぬ含意を回避するからである。樹系図は，一つの規範が一般的規範と個別的規範の双方の創造を権威づけることはできないとか，一つの権能が憲法的規範と個別的規範の双方を立法することはできない，といった含意を免れている。ピラミッド・モデルを用いることの最も重大な望ましからぬ含意はおそらく，どの法体系のピラミッドにおいても同一の数の階層が存在するというものであろう。

れば，国会は主権者である[19]。

このような手順をオースティン理論のオリジナルに当てはめることにより，オースティンの法体系像を樹系図によって表現することができるようになる。

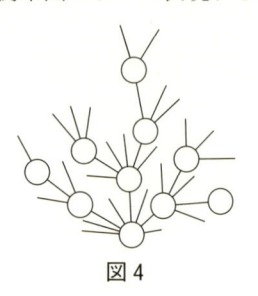

図4

このように表現することにより，同一性の問題に対するオースティンの解決方法は，二つの概念の組合せに立脚しているものとみられる。すなわち，有効性連鎖と主権である。ケルゼンは前者を受容し，それによって起源の原理も承認するが，後者についてはこれを拒絶し，彼独自の根本規範の概念に置き換えている。焦点，つまり結び目は，一人の立法者ではなくて一つの法にある。

同一性の問題を解決しようとするオースティンの試みは，主権者の概念の不適切さゆえに失敗した。次節では，ケルゼンによる代用物，つまり根本規範の概念が，ケルゼンによる同一性の指標の中でそれに割り当てられた役割にとって適当なものであるかどうかという問題が提起される。その後に第4節では，同一性の問題の解決に対する有効性連鎖の概念の寄与が詳細な吟味に付される。

3　同一性の指標——根本規範の役割

根本規範には二重の役割が割り当てられており，それは二つの別々の問題に対する解答を提供する。すなわち，「多数の規範の中から一つの体系をつくり上げるものは何であろうか。ある規範はどのような場合にある一定の規範体系に属するのであろうか……。この問題は規範の有効性の根拠に関する問題と密

---

[19] *Studies in Jurisprudence*, vol. ii, p. 52.

接に結びついている」[20]。こうした役割のうち第二のもの，つまり他の法規範が有効性をもつための最終的根拠としての根本規範については，先に第Ⅲ章で触れられた。それはさらに次章でも論じられるであろう。本節は，同一性および所属資格の問題の解決における根本規範の機能にのみ関係する。

　ケルゼンは，根本規範の唯一の機能は最初の憲法の創造を権威づけることであると，繰り返し主張する。それゆえに，根本規範はもちろん最初の憲法も，一つの法体系における各規範の有効性の各連鎖における一部であるに違いない，と考えられるかも知れない。これは，たとえ根本規範が存在しなくとも，法体系の同一性を確定することは困難ではない，ということを意味するであろう。法体系は，根本規範とそこから有効性を導出するすべての規範として定義される代わりに，最初の憲法とそこから有効性を導出するすべての規範であると定義されるであろう。

　この議論における誤信は，最初の憲法は必ずしも一つの規範ではない，ということである。最初の憲法は，一つの立法権の行使により，例えば一つの立法行為により，効力をもつに至った一連の規範でありうるし，またしばしばそうである。最初の憲法は，各々が異なる立法権能を異なる団体に付与するいくつかの規範を含みうる。例えば，最初の憲法における一つの規範が連邦議会の立法権能を決定する一方で，この憲法における別の規範が州議会の権能を決定する，ということがありうる。さらに，最初の憲法は通常の規範，すなわち立法権能を付与するのではなく，義務を課し，それを裏付けるためにサンクションを定める規範をも含みうる。

　ケルゼンによる同一性の指標は，一つの法体系において，あらゆる規範の有効性の連鎖に属する一つの規範が存在することを前提とする。最初の憲法は，ある規範は一定の有効性の連鎖に属し，他の規範は別の連鎖に属するといったような，いくつかの規範を含みうる。根本規範はあらゆる有効性の連鎖に属する唯一の規範であり，それゆえにケルゼンによる同一性の指標の成功にとって

20　*GT*, p. 110. なお，*PTL*, p. 193. を参照せよ。

本質的に重要である[21]。

　同一性および所属資格の指標は，ある規範が一定の法体系に属するか否かを確認することが可能となるような方法を提供すべく企図されたものであるが，この指標は体系全体の所属資格，つまりその体系自体の同一性を確定するためにも用いることができる。ケルゼンによれば，一定の規範 N_1 が一定の体系に属するかどうかの問題は，その体系が規範 N_1 の創造を権威づける規範を含むかどうかを確認することによって解決される。もし含むとすれば，N_1 はその体系に属するし，含まなければそうではない。

　どの派生的規範も N_1 の創造を権威づけないことが確定されたと仮定しよう。そうだとすると，N_1 は根本規範によって権威づけられるか，あるいはその体系には属しないかのいずれかであることになる。根本規範は内容はどのようにして発見されうるであろうか。すでに指摘したように，ケルゼンの解答はつぎのとおりである。「……根本規範の内容は，ある秩序が創造され，適用されるに至る事実によって決定される」[22]。それが意味することは要するに，どのような規範がその法秩序に属するかをある者が知ったときに，そしてそのときにのみ，彼はどの行為によってそれらの規範が創造されたのかを知りうる立場にあり，それによってその体系の根本規範の内容を発見することができる，ということである。この過程を逆様にして，根本規範を参照することによってどの規範がその体系に属するのかを発見しようとすることは，不可能である。

　同じ問題点は，もう一つの議論によっても検証されうる。N_1 が一定の法体系に属するならば，それはその体系に属する他の全規範の創造を権威づける――つまり，その体系における最初の憲法の全体である――か，あるいはそれは最初の憲法を創造したのと同一の立法権の行使によって創造され，その場合それは最初の憲法の一部分であるかのいずれかである。というのは，N_1 がその体系

21　もちろんそれは，ケルゼンが望むように，その体系におけるあらゆる規範をあらゆる有効性の連鎖に属させることによって体系を統一化するような，一つの規範の上に同一性の指標を根拠づけることを望む場合にのみ，本質的に重要である。

22　*GT*, p. 120.

における他の規範の創造を権威づけるならば、それを権威づける根本規範はその体系における他の規範を権威づけることになる。同様にして、N_1 が、最初の憲法を創造した権能の行使によって創造されたとすれば、これらの権能を付与する根本規範は、N_1 と最初の憲法とを（その憲法によって権威づけられる全規範とともに）一つの法体系へと結合する（それによって N_1 は最初の憲法の一部となる）。反対に、これらの条件のどの一つも満たされないとすれば、一つの根本規範が N_1 とその体系における他の規範の双方を権威づけることはできない。ケルゼンの理論からは、ある法体系における N_1 の所属資格についてこれ以上学ぶことはできないが、たとえ N_1 がその体系に属さないとしても、これらの条件のどれかが満たされることがありうるというのは明らかである。

例Ⅰ A 国が、これまでは他の B 国によって支配されていたが、その独立を獲得したと仮定しよう。さらに、その独立は、重要人物たちの集会によって採択された宣言と新憲法によって達成されたものとされ、その憲法に基づいて選挙が実施され、その他の法が制定されたとする。A 国においては、素人および専門家の双方の見解として、諸規範の中でも新憲法の規範が最初に制定されるべきものであった法体系の下に彼らが生活していることについて、一般的同意が存在する。N_2 という法が、その最初の憲法 N_1 に基づいて、A 国の独立に先立って承認され、それが A 国の民衆に関するすべての事柄についての無制限の立法権能を先に言及した重要人物たちの集会に与えていたという事実は、A 国にとっては非常に大きな政治的重要性をもつものであるが、B 国においては法的重要性をもつものではないとみなされる。A 国においては、問題が裁判所に提起されてはこなかったにもかかわらず、N_1 と N_2 は A 国の法体系の一部ではないということが、広く承認されている。この見解は、たとえ N_1 が A 国の法体系におけるすべての規範を権威づけるものではないとしても、完全に正当化されるものであり、そのようにしてケルゼンの理論から演繹される上記二つの選択的条件のうち、第一の条件を満たしている。

例Ⅱ 他方において、B 国の政府から A 国内における独立した国家への平和的な権能の委譲が存在せず、A 国内における解放運動に対する長い闘争の後に、

B国が最終的にA国に対する支配を放棄したと仮定しよう。解放運動の中央委員会によって出された法とは別に，革命的解放運動と呼ばれる分裂グループの指導者が絶対的権能を掌握しようと試みて，いくつかの法と称するものを出し，それらの中ではN_2だけが中央委員会によって制定された法と矛盾しないものであるときには，少しばかりの混乱が帰結として生じる。二日後に事態が解決され，革命的解放運動の指導者が自発的に亡命して，権能を掌握しようという試みを放棄したとする。彼の出した法と称するものの地位は裁判所によって判断されなかったが，それらの法と称するもの，およびそれらの中におけるN_2は，A国の法体系の一部ではない。にもかかわらず，多くの根本規範と称されるものが，N_2および「合法的権威」によって制定されたすべての法の双方を権威づけるものとして，示唆されうる。例えば，「すべての者は，解放運動の指導部によって規定された仕方で行動すべきである」といったようなものである。したがって，N_2は，所属資格に関するケルゼンの指標から上記のように引き出される所属資格の選択的諸条件のうち，第二の条件を満たしている。

　これら二つの例は，根本規範は所属資格および同一性に関するケルゼンの指標によってそれに割り当てられた役割を果たすことができず，それゆえに彼のそうした指標はそれぞれの機能を満たし損ねている，ということを証明する。根本規範の概念は，個々の有効性の連鎖がどこで終わり，その範囲がどこまでであるかを決定すべきであるが，同概念はそれに失敗している。実際，根本規範の概念は同一性および所属資格の指標に何ら寄与していない。

　そうだとすれば，根本規範は法秩序の統一性の基礎であるという趣旨のケルゼンの言葉は，何を意味するのであろうか。それは本節を始める際に引用した最初の部分を思い起こさせるかも知れない。その中でケルゼンは二つの疑問を提起した。すなわち，「数多くの規範の中から一つの体系をつくり出すものは何であろうか。ある規範はいつ一定の規範体系に属するのであろうか」。第二の疑問は，所属資格と同一性の問題である。それは，この法体系あるいは他の法体系を構成する規範が何であるかを決定する指標に関する疑問である。最初の疑問はこれとまったく異なったものである。それは法体系を秩序づける原理

の問題である。それは同一性の問題が解決され、その体系の構成要素が知られていることを前提とする。それはさらに進んで、つぎのように問う。これらのものが規範の体系であるとして、それらはどのようにして一つの体系的な全体へと秩序づけられうるのであろうか。これは、実際には、体系の構造の問題と非常に近い問題である（唯一の相違は、ケルゼンがその疑問を体系の内部構造に限定していないことである）。

　上記の議論は、根本規範が同一性の問題とは無関係であることを示している。根本規範が同一性の問題と関連性をもつであろうとのケルゼンの誤信はおそらく、少なくとも部分的には、彼がある体系に属する規範の発見の問題とそうした規範の配列の問題とを区別し損なったことによるものであろう。

　実際問題として、根本規範は、ケルゼンの最も確固とした信念とは反対に、ある法体系に属する規範の配列にとっては現実的な重要性をもたない。というのも、法体系の配列と構造は、ケルゼンによれば、樹系図によって表現されるからである。樹系図の秩序づけの原理であり、法体系の構造にとっての鍵は、有効性の連鎖という概念である。樹系図は、たとえ根本規範がそこから省かれたとしても存在しうる。その場合には、それはオースティン流の樹系図となり、根本規範の代わりに「根本（立法）権能」を伴ったものとなるであろう。法体系の構造と配列、その統一性は、根本規範の削除によっても実質的に影響を受けないままである。

4　同一性の指標——有効性の連鎖

　前節では、根本規範が同一性の指標（および構造の原理）と少しも関連性をもたないことが論じられた。ケルゼンはもちろん、根本規範は法体系の同一性や構造とは関係のない、規範に関する彼の一般理論から引き出された理由ゆえに、重要であると主張する。彼の議論は次節で批判的に検討されるであろう。しかし、本節の以下の部分では、根本規範は完全に度外視され、同一性の指標——ケルゼンのそれに類似してはいるが、もっぱら有効性の連鎖の概念に基づ

くもの——の成功について検討されるであろう。

ケルゼンの樹系図から根本規範を削除するとすれば，それはオースティン型の樹系図へと変形する。この樹木は，根本規範に依拠する代わりに，根本（立法）権能に依拠するようになる。この根本権能は最初の憲法を権威づけている。同一性の指標は以下のようになる。すなわち，法体系というものは，最初の憲法，およびこの最初の憲法によって付与された権能の行使により，直接的または間接的に創造されたすべての法から構成される。法というものは，それが最初の憲法の一部であるか，あるいはそれによって直接的または間接的に付与された権能の行使によって制定された場合にのみ，ある体系に属する。

最初の憲法は以下のように定義される。すなわち，ある一つの法は，その創造が他のいかなる法によっても権威づけられない場合にのみ，その最初の憲法に属する。複数の法は，その各々が最初の憲法に属し，かつそれらすべてが同一の立法権能の行使によって創造された場合にのみ，同一の最初の憲法に属する。

同一性の問題に関するこの解決方法は，それが法によって付与されたのではない立法権能をもつ立法者の存在を認めている点で，オースティンの解決方法と類似する。オースティンのいう主権のように，根本権威は，その行使によって創造された法の有効性が何らかの規範創造規範を指し示すことによってではなく，それらの法の実効性によって決定されるという意味で，制限不可能であるということができる。根本権威は，実効的な法体系の基礎となるであろう，あらゆる法を制定する法的権能である。

オースティンの指標とケルゼンの指標のこうした修正版との相違は，オースティンのいう主権と根本権能との基本的相違からの帰結である。オースティンの理論の最も憂慮すべき特徴は，主権者の**継続的**存在に関する彼の主張である。法体系は，法によって付与されたのではない無制限の立法権能をもつ権威が存在するかぎりにおいてのみ存在する。これに対し，ケルゼンのいう根本権能はつねに存在している必要はない。法体系は，根本権能の保持者または保持者たちが存在しなくなった（例えば，最初の絶対主義的君主が死亡し，あるいは憲法議

会が解放されたなど）後にも存続する。

　ケルゼンは折に触れて，あたかも最初の憲法がつねに一つの立法行為によって創造されるかのように，つまり，それがある時点でただちに成立するかのように，自ら表現している。前節で進められた考察によれば，つねにそうではないことが論証された。憲法議会は最初の憲法を部分に分けていくつかの機会に公布し，各部分が公布の時点で効力をもつようにすることができる。根本権能がただ一つの団体の手中に委ねられている必要もない。同時にまたは継承的に活動する二つの憲法議会が存在しうる（もちろん，それらの活動から生じる可能性のある法の衝突を処理すべき確定的な方法が存在する，と仮定してのことである）。しかし，たとえいかなる法からも引き出されない権能をもつ立法者の継続的な存在が可能であるとしても，ケルゼンの学説の修正版によれば，それは必要ではない。

　オースティンの樹系図は定時点的法体系についてのそれである。一つの体系に属するすべての定時点的体系の全樹系図はその基礎において同一の主権者をもつという事実は，主権者はその体系が存在するかぎりにおいて存在するということを意味する。修正されたケルゼン流の樹系図は，（規範ではなくて）権能をその基礎とする点においてオースティンの樹系図に類似するにもかかわらず，それとは異なる意味をもつ。それは定時点的体系ではなくて継続的法体系（その体系の確立から，ある特定された時点に至るまで）を表現する。その中に表現された根本権能は，存在したには違いないが，それ以上存在する必要はない。ケルゼンの理論における立法権能のヒエラルヒーは，オースティンのヒエラルヒーのように垂直的な定時点的ヒエラルヒーではなく，一定期間にわたって広がる水平的なヒエラルヒーである。

　主権と根本権能[23]との相違は，オースティンの同一性指標に対するケルゼンによる主要な改善点である。しかし，それは非常に高い代償と引き換えに手に

　23　根本権能の概念は私の発案ではない。それはケルゼンの理論によって示唆されており，彼は根本権能としてではないが，それを根本規範の概念——同一性および所属資格に関するケルゼンの指標において主要な役割を果たすもの——に帰している。

入れられたものである。この改善は，法体系の存在の条件として，主権者に対する服従の代わりに，法に対する服従を設定することによって可能となる。この変更はその他の理由からも望ましいものではあるが，不運な副産物も伴っている。それは同一性の指標にとって有効性の連鎖がもつ重要性を増大させる。

　オースティンの理論によれば，有効性の連鎖における共通の絆は，二つの法が一つの体系に属するための必要条件ではあるものの，十分条件ではない。N_1 と N_2 が共通の絆をもつことは，それらが同一の体系に属することの十分な証明ではない。さらなる必要条件は，一方の法の基礎にはあるが，他方の法の基礎にはないような主権者の権能が，有効性の連鎖における絆とはなっていない，ということである。換言すれば，二つの法は，それらが同一の主権者によって直接的または間接的に制定された場合にのみ，同一の体系に属する。

　この条件がもつ価値は，前節で考察した二つの例のうちの最初の方，つまり，権能の平和的移転の例を考慮に入れることによって明らかになる。新しい法体系 A に属する規範 N_3 と，法体系 B に属し，重要人物たちの集会に権能を付与する規範（N_2 と呼ぶ）とは，それらの有効性の連鎖における共通の絆をもつ。これら二つの連鎖は，図5の樹系図によって表現される。

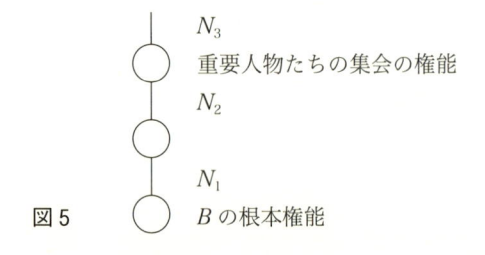

N_3 　重要人物たちの集会の権能
N_2
N_1 　B の根本権能
図5

　オースティンによれば，これらの連鎖は同一の体系には属しない。なぜなら，A の主権（重要人物たちの集会）は N_2 ではなく N_3 を制定したからである。

　同一性に関するケルゼンの指標の修正版によれば，根本権能は習慣的に遵守されることによってではなく，いかなる法によっても創造されたのではないということによって承認されている。しかし，重要人物たちの集会に対し，それがもつすべての権能を付与する法，つまり N_2 が存在する。したがって，ケル

ゼンによれば，その集会の立法権能は根本権能ではなく，その結果，N_1, N_2および N_3 は，同一性に関するケルゼンの指標の修正版によれば，同一の体系に属するものとみられる。

　この結論は，起源の原理を捨て去り，N_3 をそれが根本権能の行使によって制定されたがゆえにではなく，裁判所によってそのようなものとして承認されているがゆえに最初の憲法とみなすことによってのみ回避されうる。こうした類の考え方は別の章で考察されるであろう。ケルゼンは起源の原理を承認しており，したがって，オースティンの理論の欠点を回避するために，ケルゼンは，有効性の連鎖における共通の絆をもつことが二つの法が同一の体系の所属資格をもつことの必要かつ十分条件であるとみなさざるをえないであろう。しかし，それによってケルゼンの理論は上述したような批判に晒されることになる。

　この批判は，同一性に関するケルゼンの元々の指標に対し，前節で問題とされた最初の点と実質的に同一である。根本規範の代わりに根本権能を同一性の指標の基礎に据えても，この指標の弱点を回避することの助けにはならない。なぜなら，その弱点は起源の原理それ自体に内在するものだからである。

　前節において第二の例，つまり二つの解放運動の例を用いて行われた批判の第二点目は，ケルゼン説の修正版にも同じように当てはまる[24]。さらに，第三の批判点があり，それは同一性に関するケルゼンの元来の指標とその修正版の双方に当てはまるが，これまで指摘されてはこなかった。

　ケルゼンによれば，法体系の存続は最初の主権者の継続的存在に依存する。そして，最初の主権者の継続的存在は，その法体系に属するあらゆる法の有効性の根拠を最初の憲法にまで遡ることができる可能性に依存する。この見解は間違っている。先例が法を生み出すということのない法体系が，次第に先例が法を生み出す体系へと変化することがありうる。その際には，最初の憲法またはその他の法により，立法権能が裁判所に付与されたと想定する必要性はない。

---

[24] 同一性に関するオースティンの指標も，それが主権者の権能の個別化に関する適切な概念に立脚していたならば，この問題から無傷で立ち現れたであろう。

たしかに，裁判所自身は，ずっと以前にこの権能を獲得して以来それを保持しているにすぎないと考えているかも知れない。そのような場合には，一つの法体系が存在しなくなり，新しい体系が創造されたと想定する理由はない。また，何が「新しい体系」の根本規範または根本権能とみなされるかは，まったく不明確である。同様に，議会が憲法によって制約されている国家において，議会が憲法違反の法律を制定し，それが公衆によっても政府によっても同じように法として受け容れられ，すべての裁判所によって執行される，ということも起こりうる。そのようにして制定された法が，憲法上さして重要でない場合（例えば，それがマッチの製造業を規制する場合）に，それがまったく法ではないと考える理由もなければ，それを立法することによって古い法体系が存在しなくなり，新しい法体系が創造されたと考える理由もない。結論をいえば，ある法体系の存続の条件を，起源の原理だけを基礎にして説明することは不可能であり，その他の考慮を取り入れる必要がある，ということである。

5　法体系の構造

ケルゼンの理論に関してこれまで行われてきた説明は，二つの相容れない見解をいずれも彼に帰している。一つは，あらゆる規範がサンクションの適用を許可することによって義務を課す，というものであり，もう一つは，いくつかの規範は義務を課さずに立法権能を付与する，というものである。ケルゼンはここに難点があることを認めている。すなわち，——

> オースティンによって代表される分析法学は，法の創造過程を考慮することなしに，法を完全で適用の準備ができている諸ルールの体系とみなしている。これは法の静態的理論である。法の純粋理論は，法の静態の研究はその動態，つまり法の創造過程の研究によって補完されなければならないことを認めるものである。この必要性は，法が……それ自体の創造を規制するものであるがゆえに存在する[25]。

25　*WJ*, pp. 278-9.

ケルゼンのいう「法の静態の研究」は，規範はすべてサンクションを定めることによって義務を課すものであることを肯定する。しかしながら，彼はこの見解を補足する必要性を意識し，この見解と，立法権能を付与する規範が存在する余地を認めるもう一つの見解とを調停する。

ケルゼンは以下の一節の中でこの調停を成立させようと試みている。

> 裁判所およびその他の法適用機関によって適用されるべき一般的規範の創造を規制する憲法の規範は，したがって**非独立的で不完全な**規範である。それは，裁判所およびその他の機関が適用しなければならないすべての法的規範の**本来的な部分**である。この理由により，憲法は何らサンクションを定めていない法的規範の例としては引用されえない。実質的な憲法の規範は，それに基づいて創造された規範によって定められたサンクションとの**組織的な結合においてのみ法である**。**動態的な観点からみてより高次の規範**，つまり憲法によって決定された一般的規範の創造に当たるものは，法の**静態的な表現においては**，一般的規範における帰結としてサンクションが与えられる諸条件の一つに**なる**（それは動態的な観点からは，憲法に対してより低次の規範である）。**法の静態的表現においては，より高次の憲法規範は，より低次の規範の中にいわばその部分として投影されている**[26]。

この文章は，サンクションを規定することなしに立法権能を付与する規範に関しての，ケルゼンによる一般的説明とみなされるに違いない。それは三段階に分けて説明され，各段階がそれ以前の段階に付け加わり，それを修正するであろう。

A 個別化に関する二つの選択的原理

ケルゼンは，その動態的および静態的観点の概念を何箇所かで説明してはいるが[27]，彼の説明は上記に引用された一節で述べられていることにほとんど何も付け加えていない。法体系，つまりそれに属する法的素材の全体は，二つの観点から説明されうるとケルゼンは述べているように思われる。これらの観点は，それらが法的素材を配列し，分割する仕方によって相互に異なっている。

---

[26] *GT*, pp. 143-4. 強調は著者による。
[27] 例えば，*PTL*, p. 70.

つまり，二つの観点は二つの異なる個別化の原理である。静態的な個別化原理は，前述第Ⅳ章第2節で説明されたものである。動態的な個別化原理は，それほど明確ではない。唯一確かなことは，それが義務を課し，サンクションを定める規範はもちろん，立法権能を付与する規範をも考慮に入れている，ということである。

静態的な個別化原理が強制的サンクションの概念に立脚しているように，動態的な個別化原理は立法権能の概念に立脚している。残念ながら，立法権能に関するケルゼンの唯一の説明は，静態的な個別化原理に基づいて行われており，それと異なる独立した原理の基礎としては役立ちえない。立法権能に関する独立した定義が欠けているので，ケルゼンの動態的観点はけっして動態的な個別化原理のプログラム以上のものではない。しかしながら，プログラムそれ自体は極めて明確であり，ケルゼン自身もそれが「法」というものの新しい指標を含むことを理解している。すなわち，「法秩序を動態的な観点から眺めるならば，……法の概念をわれわれがこの理論の中で定義しようと試みてきたやり方とはまったく異なった仕方で定義することが可能であるように思われる。とりわけ，法の概念を定義するに際して，強制の要素を無視することが可能であるように思われる」[28]。

B　一方の分類を他方の分類に投影することの可能性

動態的および静態的な個別化原理は，同一の法体系を配列し，分割する二つの方法であることから，一方の分割方法を他方のそれに投影し，または後者を前者に照らして作図することが可能であるに違いない。なぜなら，ある分割方法における全要素と他の分割方法におけるいくつかの要素との間には，一対多の関係が存在するはずだからである。ケルゼンがいうように，「法の静態的表現においては，より高次の憲法規範は，より低次の規範の中にいわばその部分として投影されている」[29]。これは，以下のようなことを意味する。すなわち，

28　*GT*, p. 122.
29　*GT*, p. 144.

「憲法が刑法を立法する権能を議会に与え，議会が窃盗に対するサンクションを定めるならば，ある者が窃盗を犯したときには，彼は罰せられるべきである」といったような静態的規範は，二つの動態的規範に投影される。つまり，「議会は刑法を立法する権能を与えられている」および「官吏は窃盗にサンクションを適用する権能を与えられている」という規範である。したがって，あらゆる静態的な法は，このようにしていくつかの動態的な法に投影されうる。この過程を逆にして，動態的な配列を静態的なそれに投影しようとすることも，もちろん可能である。一つの動態的規範はいくつかの静態的規範に投影されるであろう。例えば，「議会は刑法に制定する権能を与えられている」という動態的な法は，放火に対する刑法に投影されるのと同様に，先に言及された窃盗に対する静態的な法にも投影される。すなわち，「議会が刑法を立法する権能を与えられており，かつ議会が放火罪を犯した者に対するサンクションの適用を定めるならば，ある者が放火罪を犯したときには，彼に対してサンクションが適用されるべきである」。

　立法権能は，法の静態的な表現によって表されるとすれば，権能または能力，つまりサンクションの条件である[30]。しかし，ケルゼンは立法する権能と，不法行為でも請求権でもない他のタイプの権能とを区別する指標を与えていない。それゆえに彼は，立法権能についての「静態的」な定義すら与え損なっている。

C　静態的原理の優越性

　上記の説明は，静態的規範を動態的規範に投影する技術およびそれと逆の技術を明らかにしている。しかし，そうした投影がつねに行われうるとはされていない。実際，動態的規範に対応する静態的規範の部分を見出すことがつねに可能であるとは限らない。ある規範が立法権能を与えたが，その権能が用いられなかったとき，つまり，その権能を行使することによって規範を創造するこ

30　*GT*, p. 90. *PTL*, p. 146. では，ケルゼンは彼の定義を修正し，権能としてのサンクションの適用を立法機能に含めている。

とが行われなかったときは，その規範は法の静態的表現における対応物をもたない。立法権能は，静態的な個別化原理によれば，その権能を用いて定められたサンクションの適用条件となる。サンクションが定められなかったときは，静態的原理に関するかぎりにおいては，立法権能は存在しないことになる。

これが意味するのは，動態的および静態的な個別化原理はそれぞれ異なった法的素材に適用される，ということである。静態的原理は，立法権能を付与する制定法を，少なくとも一つのサンクションがその権能を用いて定められた後にはじめて，法的素材の一部とみなす。ケルゼンは，動態的規範と称されるものは法の静態的な表現に投影されうる場合にのみ法規範である，と定式化することにより，この二原理間の矛盾を解決する。「実質的憲法の規範は，それに基づいて創造されたサンクションを定める規範との組織的な結合においてのみ法である」[31]。

この定式化は，静態的な個別化原理の優越性を示唆している。規範に関するケルゼンの一般理論は，さらにずっと極端な立場を彼に強いている。つまり，あらゆる法が規範であるということが，法の個別化に関する彼の理論のまさに基盤である。規範に関する彼の一般理論によれば，すべての規範は一つの鋳型からつくられる——それらはすべてサンクションに裏打ちされた義務を課すことにより，人間の行動を命じている。それらの中でも法規範は，強制的サンクションを定めている点で，さらに区別される。それゆえに，「この手続に従って創造されたものがみな法規範という意味での法である」とは限らない。「それらは……サンクションとしての強制的行為を規定することにより，人間の行動を規制すると表明する場合にのみ法規範である」[32]。

したがって，動態的規範はまったく規範ではない。動態的観点は，結局のところ，法の個別化に関する選択的原理を提供するものではなく，補助的な原理すら提供しない，という結論を避けることはできない。動態的観点は，静態的

---

[31] *GT*, p. 144.
[32] *GT*, p. 123.

規範を規範でも法でもない諸部分へと分解することに関する研究である[33]。

　樹系図は動態的観点から法体系を表現するものである。樹系図における線の多くがサンクションを規定しない規範を意味している。それゆえに，ここで説明したようなケルゼンの学説によれば，それらの線は規範ではなく，規範の一部にすぎない。樹系図は，主として規範の切片（segments）についての図である。樹系図における線と線との関係は，規範と規範との関係ではなく，規範の切片と切片との関係である。したがって，各々の有効性の連鎖はただ一つの規範を表現することになる。有効性の連鎖を表現するいくつかの線は，有効性の連鎖全体として表現される規範の一部に対応することになる。樹系図は二種類の関係を表現する。一つは，同一の有効性の連鎖に属する線と線との間の関係によって表現される，発生的関係である。もう一つは，異なった有効性の連鎖の間における部分的同一性の関係である。

　法体系の構造についてケルゼンが抱く画像は，発生的関係によって関係づけられたいくつかの線のネットワークという像である。しかし，発生的関係は一つの有効性の連鎖における諸部分間，つまり，同一の法における切片と切片との間にのみ存在する。ケルゼンは，法体系の構造に関する理論を，単一の規範の構造に関する理論によって置き換えている。法の切片と切片との関係が，法と法との関係のために予定された場所を占めている。

　規範はすべて自足的かつ独立的実体であり，他の規範とは何ら必然的な関係に立たない。それゆえに，ケルゼンにとっては法の独立性の原理が承認され，それは法体系に対して必然的な内部構造の不存在を説くものである。

　33　ケルゼンは『法の純粋理論』の中で，依存的規範という概念を広範に用いている（pp. 51, 54 ff. を参照せよ）。この概念は，ある法体系についての完全な記述の一部である規範的言明によって記述された何らかの実体を指しているように思われる。しかし，その規範的言明は，その法体系についての適切な記述の一部ではない，つまり，完全な規範を記述するものではない。動態的規範は一種の依存的規範である。ケルゼンは動態的規範が静態的規範の一部であると明示的には述べていないが，この帰結を不可避とするようなあらゆる議論を繰り返している。新しい種類の実体——依存的規範を導入する必要はない。例えば，x は立法権能をもつ，といったような規範的言明は，真である可能性があり，法体系についての完全な記述の一部でありうる。しかし，ケルゼンの理論によれば，そうした規範的言明は一つの完全な法を記述するものではなく，多くの法がもつ内容の一部を記述するものである。

根本規範は、この概念が受容されうるかぎりにおいて、動態的規範である。それはサンクションを定めておらず[34]、それゆえに静態的規範の一部とみなされなければならない。「何々が最初の憲法をつくる権能をもつ」という根本規範は、「（根本規範によって）何々が最初の憲法を作る権能をもつならば、……サンクションが適用されるべきである」という規範になる。

このような根本的切片は、一つの体系における全規範の内容の一部である。こうして、根本規範が承認されるならば、規範と規範との間には一つの共通の関係が存在する——一つの体系における全規模は部分的に同一であり、それらは一つの切片を共有する。

6 独立的規範について

動態的観点の地位に関する議論は、ベンサムとケルゼンの個別化原理の比較と同様に[35]、個別化の原理と法体系の構造との相互依存を例証している。ケルゼンは、動態的な個別化原理よりも静態的な個別化原理を選好することにより、発生的関係に立脚した内部構造の可能性を排除する。彼はまた、ベンサムの原理を拒絶することにより、処罰的な内部的関係[36]の可能性を排除する。

内部的関係の可能性を排除する原理よりも、非常に多様な内部的関係に帰着する個別化の原理を選好する最も決定的な理由は、後者の原理のみが有効に作動しうる、ということである。本節の大部分はまさに、なぜケルゼンの個別化原理およびこれと類似する他の原理が有効に働かず、また働きえないか、なぜそれらの原理が法についての完全かつ正確な記述の基礎たりえないかを証明することに関するものである。しかしまた、ケルゼンの個別化原理およびこれと類似した個別化原理は、その他の理由からも拒絶されなければならない。

第一に、ケルゼンの原理は、法についての通常のイメージとは非常に異なっ

---

34 「根本規範」についてのこれと異なる解釈の可能性に関しては、次節を見よ。
35 前述第Ⅳ章第 3 節を見よ。
36 つまり、法とそれに対応する処罰法との関係である。前述第Ⅰ章第 4 節参照。

た法を一つのものと数えている。法はすべて許可であり，法はすべて公務員に向けられており，法はすべて憲法，手続法および実体法の結合である[37]。そのような法概念は，一般の素人および専門家の双方によって用いられている法概念とはほとんど関係をもたない。

　法を説明することと法についての「常識的」概念を説明することとはまったく異なる，と主張することはできるかも知れない。しかし，この両者が完全に区別されうるかどうかは，私には疑わしく思われる。法についての適切な説明は，法についての常識的概念を説明するための最良の出発点である。常識的な捉え方は，それが理論的な概念からどのように乖離しているかを説明することによって明らかにされる。このアプローチは，法についての理論的な概念が常識的概念に近づくことこそ，理論的概念にとって望ましいとするものである。

　第二に，個別化の原理について決定する際には，二つの相競合する目的に留意し，それらの間の適切なバランスが図られるべきである。第一の目的は，小規模で処理しやすい法の単位を定義することである。その単位は，小規模で容易に識別可能な法的素材の部分を参照することによって発見されうるであろう。もう一つの目的は，比較的自足的で自明的な単位を定義し，それによって各々の単位が法の重要な部分を含むようにすることである。当然のことながら，より多くのものが一つの法に「入れられる」ほど，その法はより自足的で自明的なものとなる。と同時にその法は，より複雑で，発見がより困難になる。

　ケルゼンの個別化原理は，相対的な簡明さの必要性に注意を払っていない。彼の原理は最大限の自足性を保障するものである。法の存在と適用に関係するすべてのものがその中に含まれている（義務が獲得されるための諸条件の完全な詳細規定，その義務が執行される手続の完全な詳細規定，およびそれ以外の規定を制定する権能を与える法は，一つの規範の全部分である）。これはもちろん，複雑

---

[37] さらに，財産に対する犯罪または民事上の権利侵害を創造する法はすべて，物権法，会社法などの多くの部分を包含する。ケルゼンのアプローチは多くの繰返しを生じさせる。つまり，多くの法が同一の憲法規定，物権法および手続法の同一の部分をその一部として含んでいる。この繰返しは，ケルゼンの個別化原理を拒絶する付加的な理由である。後述第VI章を参照せよ。

な規範の方向へと進むものである。ある一つの規範の内容を明らかにするためには，法的素材の全体が吟味されなければならない。そのような規範は，完全な規範を参照する機会がないというそれ以上の奇妙さももつ。ある者が法を参照する目的が何であれ，彼はほとんどつねにケルゼンのいう規範よりもいささか大きなまたは小さな部分に興味をもっているのであり，規範全体に興味をもつことは非常にまれなことにすぎない。これはケルゼン的な規範の複雑さが有用な目的のためには役立たないこと，少なくとも法の区分や個別化を決定すべき目的のいずれにも役立たないことを明確に示唆している。

　これらの量的な考慮要因は，個別化の原理を決定する際の唯一の考慮要因でないことは明らかである。個別化原理は，法体系の合理的な分類および区分を提供しなければならない。しかし，量的な考慮要因は，なぜケルゼン的な法が法についての常識的見解と異なっているか，そしてなぜその常識的見解の方がずっと推奨されるべきかを大いに説明するものである。

　ケルゼンのように法を規範と同一視するのではなく，法は規範の一部分であるとみることにより，これらの異論を克服するチャンスが十分にあると考えられるかも知れない。しかし，そのような手段の利点を十分に評価することは困難である。なぜなら，ケルゼンは規範の諸部分やそれらの関係については比較的わずかなことしか語っておらず，とりわけ何が規範の「一つの部分」として数えられるべきかについての明確な指摘がないからである。しかしながら，この手段が最終的に失敗するに違いないことは明らかである。というのは，その成功は，ケルゼンの個別化原理が法体系についての——適切ではないにしても——完全な記述を考慮に入れている，という仮定に依存しているからである。三つの別々の考察が，この仮定が誤りであることを証明する。

　すでに指摘したように，ケルゼンによれば，法が付与する以前から用いられていた立法権能を付与する法というものは存在しない[38]。これはこの種の現象の一つにすぎず，多くの類似した現象が存在する。それらすべてが，ケルゼン

38　前述第Ⅴ章第 5 節を参照せよ。

は立法権能の概念を適切に説明していないことを証明している。同じ理由から，立法権能を付与する法は，その法に基づいてその時点までに創造されたすべての法が存在しなくなれば，たとえ立法権能をもつ権威者が新しい法をつくる権能をまだ維持しているとしても，存在しなくなる。

　ケルゼンが完全に無視することを余儀なくされたもう一種類の法は，立法権能を付与する法を廃止する法からなっている。これらの廃止法は，その他の廃止法と同様に，定時点的な法体系の内容の体系的な開示において表現されるのではなく，それらは廃止された法を有効な法のリストから削除することによってその効果をもつ。ケルゼンの理論においてはそうではない。特別委員会が，市の参事会の条例によって付与された権能を行使して，市営住宅の賃借人に対し，居住者の名前と住居番号を付した居住者名簿を建物の玄関ホールに備え付けるよう命じ，そうすることを怠った者には5ポンドの罰金を科すと定めたとしよう。さらに，同委員会の命令を権威づける条例が廃止されたが，その命令は依然として有効であるとする。ケルゼンによれば，条例は罰金を科すための諸条件の一つであった。そのような一つの条件が存在しなくなったのであろうか。罰金のための諸条件から条例を取り除くには，条例の創造を権威づける議会の行為をも取り除くことを必要とする。そして，それに伴い，議会の行為を権威づける憲法規定も消滅し，それによってこれらの憲法規定もまた廃止されたかのような印象を生み出す。他方において，廃止された条例が依然として罰金の条件であるとみなされているとすれば（というのも，たしかにそうでなければならない。ケルゼンの定式はたんに，「……もしも参事会が……ということを決定したとすれば，……」，そして，決定した，と述べているだけである。後の廃止は何ものをも変えていない），廃止法は目に見える効果をもたない。ケルゼンは法を表現する際に，廃止法を端的に無視している。

　こうした変則形態のすべては，ケルゼンが立法権能を付与する法を正当に扱わなかったことに由来する。そのような法をそれに基づいて制定されたサンクションの条件として表現することにより，ケルゼンはそうした法の効果はたんに既存の法の有効性を確定することにすぎないものと想定する。彼はそのよう

な法がまだ使い尽くされていない立法権能を付与し，それを基礎にして新しい法がさらに創造されうるという事実を見過ごしている。しかるに，これらの法がもつこうした先見的視点は，それらの法がもつ現実的な法的意味である。すなわち，立法権能を付与する法が廃止されることによっても，その法に基づいてすでに創造された法は影響を受けない。唯一の変化は，その〔廃止された〕法が新しい法を創造するためには用いられえないということである。

　ケルゼンは，各々の規範がそれ自体の創造を規制するものであると表現することを試みている。これはさらに逆説的な帰結へと通じることを余儀なくされる。「議会が窃盗犯は処罰を受けるものとすることを決定し，権能のある裁判所がある特定の個人が盗みをしたことを確認したとすれば，その場合には……」[39]。これは，憲法規定が規範に組み込まれる仕方についてケルゼンが示す例である。しかしながら，引用された文章は，憲法規定のみを，あるいはその一部だけを記述するものにすぎない。議会が刑法をつくる権能をもつということが法であるならば，議会が窃盗犯は処罰されるものと決定し，権能ある裁判所がある特定の個人が盗みをしたことを確認したとすれば，その場合には……，ということは，ちょうど議会が窃盗罪を犯したことのない50歳以上の者は処罰されるものとすると決定するならば，その場合には……というのと同じことである。根本規範がどの規範にも付加されるとすれば，あらゆる規範が「何々が……という趣旨の最初の憲法をつくったとすれば，……」という条項をもって始まるようにつくられる。そのような法のいずれにも論理的に根本規範が伴うが，それに何物をも付け加えない。憲法を通常の規範に組み込む代わりに，ケルゼンは不注意にも根本規範の一部，または最初の憲法の一部が存在すると主張する法の記述のみを展開し，それ以外の法をすべて見過ごしている。窃盗に対する刑法の存在を主張するためには，「議会が盗人は処罰されるものとする……と決定した」と述べるだけでは十分でないという事実を，ケルゼンは見逃した。議会がたしかに盗人は処罰されるものとする……と決定した，と述べ

---

[39] *GT*, p. 143.

ることは必要である。しかし，このように定式化された場合には，ケルゼン的な規範は現実にそれが存在するところのもの——一つの規範ではなく，一群の明白な規範——であると見られる。すなわち，何々が（最初の）憲法をつくる権能をもつ，彼らが議会は刑法を制定する権能をもつとの法をつくった，盗人は処罰されるべきである（という法を議会がつくった）などの規範である。法を記述するケルゼンの方法は，その独自の目的を完全に無にしている。

　最後に，ケルゼンは彼自身の原理に最も厳格な解釈を与えていない，ということに注意すべきである。規範はすべてサンクションを定めている，というケルゼンの説は，規範はすべてサンクションの適用を許可している，ということを意味するものとして，上記の説明の中では解釈されてきた。この解釈によれば，規範の例は以下のようになる。すなわち，議会が盗人は処罰されるものとすると決定し，Aが窃盗について有罪であると認定され，そして，裁判所がAは5年を超えない期間監獄で刑に服すべきであると決定したならば，それについて責任のある警察官は彼をその期間投獄すべきである。

　しかしながら，ケルゼンは「サンクションを定める」ということについての緩やかな解釈を採用し，それは「サンクションの適用を許可する」，あるいは「サンクションの適用を許可することを許可する」という意味であると理解する。それゆえに彼はつぎのような規範を認める。つまり，議会が盗人は処罰されるものとすると決定し，Aが窃盗について有罪であると認定されたならば，裁判所は彼が5年を超えない期間監獄で刑に服すべきであるとの判決を下すべきである，という規範である。このような規範の中で裁判所に与えられた許可は，サンクションを適用すること自体についてではなく，警察官がサンクションを適用するための許可を出すことについての許可である。

　ケルゼンが，サンクションの適用から一段階間を置かれた規範（サンクションの適用を許可するための許可）を認めるならば，彼はなぜサンクションの適用から二段階または数段階間を置かれた規範（サンクションの適用を許可するための許可のための許可など）を認めないのであろうか，という疑問が浮かんでくるのは当然であろう。もしもケルゼンがそれを認めていれば，彼はサンクショ

ンの適用を許可する法をつくる権能を裁判所に与える法のみならず、立法権能を付与する法をすべて、独立した規範とみなすことができたであろう。刑法をつくる権能を議会に与える憲法規定は、警察官がサンクションを適用することを裁判所が許可することを議会が許可することの許可であるとみなすことができる。

　このような憲法規定の解釈は、根本規範にも適用されうる。たしかに、「強制的行為は、歴史的に最初の憲法が……規定する条件と方法に従って履行されるべきである」[40]とのケルゼンによる根本規範の定式化は、このアプローチを裏づけている。この定式は、最初の憲法の創造者はサンクションの適用を許可すること、サンクションの適用を許可することを許可すること、等々を許可されている、ということを意味するものと解釈されうる。

　しかしながら、ケルゼンの憲法理論は、「サンクションを定める」ということについて彼が緩やかな解釈に従っていることを自ら理解していなかったという、数多い形跡のまさに一つである。法の標準的形態は、「何々の諸条件が満たされるならば、その結果として何々のサンクションが生じるものとする」[41]というものであるとケルゼンは表明する。そして彼は、そのような規範はサンクションが執行された場合にのみ遵守（または適用）されたものとみなしている[42]。法の構造と内容、および法体系の存在に関する彼の議論は、完全にこの立場に基づいているが、その立場は「サンクションを定めること」についての厳格な解釈にのみ適合する。

　いうまでもなく、たとえケルゼンの理論が「サンクションを定めること」についての緩やかな解釈に適合するように書き換えられ、それによって諸法間の発生的関係の存在が認められたとしても、本節および前節で提示された異論のうちほんのわずかなものを回避するだけであろう。この改良された理論においてさえ、すべての法は依然として、(1)公務員に対してのみ向けられており、(2)

---

[40] *PTL*, p. 201.
[41] *GT*, p. 45.
[42] *GT*, p. 61.

許可を与え，間接的にのみ義務を課すものであり，(3)識別と取扱いがあまりに複雑であり，そして，(4)家族法，物権法，会社法などの大部分が，非常に多くの法（例えば，契約や不法行為に関するすべての法）の一部になっているという点で，繰返しの多いものである。

VI 諸規範の体系としての法体系

　これまで本書は、ほぼ二つの目的についてもっぱら取り扱ってきた。すなわち、法体系論の主要問題の明確化と説明、およびこれらの問題を解決するために従来の理論家たちによって行われてきたいくつかの重要な試みに関する批判的な解説である。法体系論の研究は、いまだ揺籃期にあるように思われる。なぜならば、そこに含まれている諸問題の性質が十分に理解されず、それらの重要性も明確に把握されてこなかったからである。このような理由から、われわれの研究はこれまでのところ大部分が〔従来の諸学説の〕解説と批判に向けられてきた。しかし、本章以降は、新しい、より見込みのあるアプローチを示唆することが、主たる関心事となるであろう。もっとも、これは力点の変更にすぎず、建設的な示唆は従来の諸理論への言及を含むことになる。そうした示唆の多くは、ケルゼンの著作に見出されうる規範に関する命令理論に基づき、それに対するいくつかの修正および（望むらくは）改良として提示される。これらの修正は、ベンサムおよびハートを含め、他の著作家に見出されるいくつかの考案を利用するものである。
　それゆえに、本章の第1節でわれわれは、ケルゼンの著作の中から規範に関する首尾一貫した命令理論を抽出し、第2節では、彼の理論の中でわれわれが不満足で、たしかに不必要であると考える諸要素、とりわけ非実定的な根本規範に関するケルゼンの学説から、この命令理論を解き放すことを試みることにする。第3節では、個別化に関する適切な一連の諸原理のいずれもが、二つの重要な法形態に関する説明の準備段階として満たしていなければならない一般的要件について、そして、第4節および第5節では、そうした二つの法形態の

説明，ならびにそれらの法形態が明瞭な形態の法規範として認められるために必要な，規範に関する命令理論のその他の修正について述べることにする。次章では，規範ではないいくつかの法形態が論じられるであろう。

われわれの議論においては，各々の法形態の性質は，各形態の法とその他の法との内部的関係を理解することによってのみ理解されうる，ということが明らかにされるであろう。したがって，本章および次章における一般的な関心事は，法体系の構造の問題である。第Ⅷ章は同一性の問題を取り扱い，第Ⅸ章では法体系の存在の指標に関していくらかの考察が行われる。

1　定言命令的規範

ケルゼンの規範概念に関する〔以下の〕議論においては，法規範が基本的に許可であるという彼の理論は無視することにする。したがって，法はその対象者に対し，法が定める行為，つまり法規範が定める規範的行為を履行する義務を直接的に課すものとみなされ，ケルゼンがそうしたように，直接的には許可を与え，間接的にのみ義務を課すものとはみなされない。

「規範というものの特別の意味は，『すべきである』という概念によって表現される。規範というものは，ある個人が一定の方法で行動すべきであることを含意する」[1]。しかし，「すべきである」という概念を十分に説明することは不可能である，とケルゼンは述べている[2]。このことは，規範概念が十分に説明されえないものであることを意味するようにもみえる。しかし，ケルゼンは実際には，彼の規範概念について十分な説明を提示している。もっとも，この説明は多くの別々の，しばしば矛盾する文章から寄せ集められなければならない[3]。ここで提示される解釈は，ケルゼンの考え方の基礎にある基本的な観念，および

---

[1] *WJ*, p. 210.
[2] 例えば，*PTL*, p. 5.
[3] 様々な言明間の矛盾のほとんどが，長年におけるケルゼンの見解の進歩の結果として説明することはできず，彼はある立場から別の立場へ，さらに再び元の立場へと揺れ動いているように，私には思われる。

彼が没頭していたいくつかの問題の性質についての，首尾一貫した理解に到達しようとする試みである。

規範の性質に関するケルゼンの観念は，二つのグループに分けられる。第一グループは，規範の性質を**指導的および正当化的行動**として説明するものである。第二グループは，行動の**正当化された標準**としての規範の性質に関係する。第一グループは，ケルゼンにとってすべての規範は定言命令（imperatives）である，という意味で規範の性質を説明するものであり，本節で論じられる。第二グループでは，根本規範の概念が中心概念であり，これは次節で論じられる。

四つの主要な観念が，定言命令（an imperative）としてのケルゼンの規範概念に貢献している。すなわち，規範は，(1)評価の標準であり，(2)人間行動を指導するものであり，(3)不遵守に続いて起こる何らかの害悪の予期という形での，遵守の標準的な理由によって支えられており，そして，(4)規範を創造することを意図した人間の行為によって創造される。すなわち，規範とは，行動の標準を設定し，行動を指導し，標準的な動機づけとしての，不遵守に続いて起こる何らかの害悪の予期によって支えられているものである。

第一に，規範は**評価の標準**である。すなわち，――

> この出来事を合法的または非合法的な行為へと転換するのは，その物理的な存在ではなく，その解釈の結果としてもたらされる客観的な意味である。この行為の特別に法的な意味は，この行為に言及する内容をもつ「規範」から引き出される。……規範は解釈の枠組みとして機能する[4]。

規範は，行動の規範的解釈または評価を可能にする。すなわち，――

> ある現実の行動が，客観的に有効な規範に従って行われるべき行動に合致するものであるとの判断は，一つの価値判断――積極的な価値判断――である。それは，その現実の行動が「善」であることを意味する。ある現実の行動が，規範に合致する行動とは正反対であるとの判断は，消極的な価値判断である。それはその現実の行動が「悪」または「害悪」であることを意味する[5]。

---

4 *PTL*, pp. 3-4.
5 *PTL*, p. 17. 価値についてのケルゼンの学説に関しては，*GT*, pp. 47 ff. のほか，*PTL*, pp. 17 ff., *TP*, p. 80 n., *TP*, p. 109 n., *WJ*, pp. 35 ff., *WJ*, pp. 139 ff. も参照せよ。そこでケルゼンは，価値の標準と

その規範が法規範であれば，その行動は合法的もしくは非合法的，または適法もしくは違法である，と判断される。

「ある規範（またはある法）の直接的な範囲」という語句は，つぎのように定義することができる。すなわち，個々の行為は，それが規範の対象者により，その規範の履行条件の一場合である状況下で行われ，かつその規範の定める行為たる包括的行為の一例またはその規範の定める行為の不作為の一例である場合にのみ，その規範の直接的な範囲内にあるといわれるであろう。規範というものは，その直接的な範囲内にある行為に対してのみ，その評価の直接的標準として役立つ[6]。ある規範の直接的な範囲に属する個々の行為は，それが義務的行為の一例であるならば，積極的な価値をもつ（すなわち，その行為は推奨すべきものであり，善であり，合法的であるなどである）。

法規範の設定する標準に従って行動を評価することは，裁判官およびその他の公務員のように，法に従って評価された行動に照らして人々を取り扱うことに専門的に関わる者が果たす機能の本質的部分である。それは，法に従って過去や計画された行動を判断するためだけであれば，通常の人々が時折従事することを期待されている活動とも同じようなものである。

第二に，規範は**行動を指導する原理**であり，ケルゼンによれば，特定の行為の仕方を規定することにより，行動を導くものである。「自然科学によって定式化された自然法則は，事実に合致**しなければならない**が，人間の行為とその抑制という事実は，法の科学によって記述された法規範に合致**すべきである**」[7]。規範NがCの下でAをする義務をxに課すということは，xがCの下でAをすることを要求されていること，またはCの下でAをすることがxに対して

いう概念を紹介している。もちろんケルゼンは，行為が規範との一致または不一致の結果としてのみ価値をもつと考えているという点では，誤解されている。

[6] ある規範の全般的な範囲を画定するには，様々な方法がある。例えば，その範囲は，直接的な範囲内の行為の履行に論理的に伴うすべての履行行為からなる，と定義することもできる。規範というものは，その全般的な範囲に属するすべての行為の評価に対して，間接的な標準として役立つ。しかしながら，評価の方法はより複雑であり，ここでは論じられない。

[7] *PTL*, p. 88.

規定されていることを意味する。

　行動への指導はいずれも評価の標準でもある。——個々の行為は，それが規定されたとおりの行動であるか否かによって評価される。しかし反対に，評価の標準のすべてが行動のための指針であるとは限らない。例えば，行為でも行為の帰結でもない事態を評価することも可能である。評価の標準が行動のための指針であるためには，(1)その標準が人間の行動に関わるものであること，および，(2)標準の存在，あるいは（同じことになるが）その標準を存在させるに至る事実が，実際にその標準によって評価される行動をする者にとって，他の行為ではなくてまさに一定の価値をもつその行為をすることを選択した理由である，ということが必要である。

　これは，何かを「すべきである」ということが，それを「することができる」ということとそれを「差し控えることができる」ということの双方を含意するという哲学的原理の究極的な理由であると，私には思われる。ケルゼンはこれに同意して，つぎのように述べている。すなわち，「……自然法則によれば，いつでも，どこでも必然的に起こるに違いないとすべての者が予め知っていることがなされるべきである，と規定するような規範は，自然法則によれば不可能であると予め知られていることがなされるべきである，と規定する規範と同じように無意味であろう」[8]。

　ケルゼンからのこれら両者の引用，および私が先に指摘したずっと厳格な必要条件は，多くの問題を未解決のまま残している。そのいくつかは，一般的な哲学的問題である。——行為能力や選択能力ということによって何が意味されているのか。規範の対象者はみな規範が適用されるあらゆる場合において，行為能力や選択能力を備えている必要があるか。いくつかの問題は，とくに法と関係する。すなわち，遡及的な法はどのように理解されるべきであるか。これらの問題に関する議論はいずれも長い回り道を含むことから，ここではそのい

8　*PTL*, p. 11.

ずれについても論じることができない[9]。

　第三に，規範は，ケルゼンが「すべきである」の主観的意味と名づけるものを伴った，意思の行為によって創造される。この原理の意味は，すでに前述第Ⅲ章第3節において十分に議論された。それは，xがCにおいてAをすべきであるという趣旨の規範Nの存在は，xがCにおいてAをすべきであるとの願望または（制度化されたコンテクストの中で扱われる場合には）規範Nが創造されるべきであるとの願望をある者が表明した，という事実を伴う。規範が創造される仕方についてのこうした記述は，先に批判された（前述第Ⅲ章第3節）。

　第四に，規範はサンクションによって「裏づけられて」いる。評価の標準が存在するためには，それが確証されなければならない。つまり，ある者がその標準を適用するための何らかの標準的理由[10]が存在しなければならない，と論じることができる。行動への指導は，それに従うことの標準的理由がどの程度にせよ随伴する場合にのみ存在することが明らかである。これはケルゼンによって明白に認められており，その定式化によれば，行動の指導は，他の選択肢ではなくて規定された行動の方を好むことの（必ずしもつねに十分ではなく，またつねに留意されてもいない）何らかの標準的理由によって確証される[11]。社会秩序の形態は，「その社会秩序が諸個人に対し，意欲されたとおりに行動するよう誘導するために訴えかける特定の動機によって特徴づけられる」[12]とケルゼンが述べるときには，それだけのことが前提にされている。

　ケルゼンによれば三つのタイプの標準的理由が存在する。すなわち，(1)問題の規範を遵守すればそれに続いて生じるものとして，当該規範または別の規範

　9　遡及的な法に関するケルゼンの見解については，*PTL*, pp. 13 f. を見よ。次章で明らかにされるように，私は，あらゆる法（law）が規範（norm）でなければならない，とは考えない。したがって，私は遡及的な法は規範ではない（あるいは完全な意味における規範ではない）ことを認めるものの，なおそれが法であると主張することはできる。しかしながら，後に言及される個別化の原理は，遡及的な法などを説明するために修正されなければならない。

　10　一定の状況下においてある行為をする標準的理由ということによって私が意味するのは，その状況が存在するときにはつねに現れるような行為をすることの理由，ということである。

　11　こうした遵守の標準的理由は，規範の対象者以外の人々が規範の対象者の行動を評価する際に，その規範を考慮に入れることの標準的理由である。

　12　*GT*, p. 15.

によって定められた利益，(2)問題の規範の規定に違反する行為に続いて生じるものとして，当該規範または別の規範によって定められた不利益，(3)その規範によって規定された行為の直接的な魅力である[13]。

　ケルゼンはこのうち第二の種類の理由こそが，法が援用する標準的理由であるとみなしている。彼はさらにつぎのように主張する。(1)規範は，それに対する違反に続いて生じる不利益が法規範によって定められている場合にのみ法規範である。また，(2)その不利益は，当該規範により，その規範を遵守することの標準的理由として定められている。

　忘れてならないのは，不利益が標準的理由であるといっても，それは規範の対象者たちがそのような理由から規範に従うことを規範の創設者が意図または意欲しているとか，規範の対象者たちが大抵はそのようにしているとか，あるいは彼らがそのようにする場合には正当化されるとかいったことを意味しない，ということである。それが意味することは，不利益は規範を遵守することの一つの理由である，ということにすぎない。

　法規範を遵守する標準的理由は二つのことの組合せにある，ということにも注意すべきである。つまり，(1)法規範によって定められたサンクションと，(2)法体系が全体として実効的であるという事実である[14]。これらの事実は，規範の対象者たちが法に違反すれば不利益を被るであろうという一定の蓋然性を与えるものであり，そして，この不利益の蓋然性が標準的理由である。たしかに，その他の事実を付け加えたり，より広い基礎に立脚した蓋然性を計算することにより，大抵の場合またはいくつかの特別の場合には，そのような標準的理由の意義は大幅に削減されうる。しかし，これは要点を外れている。考慮に入れられているのは，サンクションの定めとその存在にのみ立脚した〔不利益の〕

　13　*GT*, p. 15. を参照せよ。ケルゼンのものより広い価値論を前提にすれば，さらに，規範の対象者により，特定の状況下で行われるべきことを規定された行為のもつ価値を付け加えることができよう。その他の標準的理由も存在する。そのいくつかは——規範の創設者の個人的な権威のように——ケルゼンによって他の箇所で間接的に認められている。

　14　ケルゼンによれば，サンクションを定める規範は全般的に非実効的ではない，という事実も存在する。

蓋然性であり，したがって，法体系の一般的な実効性である。

　これらは，ケルゼンの規範概念の最初の部分について一般的に，またとりわけ法規範の概念について，相互に関連づけながら説明する四つの点である。最初の二つの点は，それ自体としては多くのことを説明するものではない。それらは便宜的に「規範的用語」という曖昧な語句によって知られているものの間の，一定のグループ間における一定の結合を指している。これは有用ではあるが，すでに与えられている説明の曖昧さは解説されるべき多くのことを残している。ところが，最後の二つの点は，最初の二点の部分的な説明として理解されるべきである。これは，ケルゼン自身がそれらをどのようにみなしているかを示すものである。例えば，「真実の規範や要求といった観念は，論理的に不条理であり，あらゆる倫理的絶対主義の中に含意された誤謬である」[15]というアルフ・ロスの指摘にあるような非難に直面して，ケルゼンはつぎのように述べている。

　　倫理学を経験的事実の科学として提示しようとする論理実証主義の試みは明らかに，形而上学的な思弁の領域から離脱しようという，それ自体としてはまったく正当な傾向の結果として生じたものである。しかし，倫理学の対象をなす規範が，現実世界における人間によって提示された経験的事実の意味であることが認められるならば，この傾向は満たされている[16]。

　ここで彼は実際に，非形而上学的意味を説明するために，規範は一定の意思の行為によって創造されるという第三の点に頼っている。非形而上学的には，規範は要求であり，評価の標準であるということができる。

　最後の二点は，事実に関するコンテクストの輪郭を描くものであり，それはケルゼンの理論によれば，規範，評価の標準および行動の指導について語ることを正当化する。既存の規範に関する言明が真であるならば成立しているに違いない種類の事実と，規範に関する言明ならびに規範的言語のその他の部分との関係を完全に説明することとが，規範概念の説明における最重要部分であ

15　ケルゼンの *What is Justice* に対する書評（*Cal. L. R.* 564, 568）。
16　*TP*, p. 80 n.

る[17]。

　規範の創造に関するケルゼンの定式は，すでに詳細に批判されたので（前述第Ⅲ章第3節），それ以上は論じられない。本節で指摘されたその他の点については，本章の後の部分でもう少し詳細に検討されるであろう。われわれは今や，非実定的な根本規範の観念を含む，規範の性質に関するケルゼンの観念の第二グループをめぐる議論へ移ろうとしているが，非実定的な根本規範の観念は，規範の適切な分析のためには必要とされるものではない。

2　根本規範と動態的正当化

　前節で説明されたような規範概念によれば，威嚇によって裏打ちされた命令が規範である。それは命令された人々の行動を指導し，行動を評価する標準であり，他の人々の行動を左右する意図をもって人間によってつくられ，そして，標準的理由，つまり，威嚇的に示されたサンクションの回避によって支えられている。

　命令は，その他の理由によっても法から区別されうるが，しかしそれは法と同じ意味において，すなわち，前節で詳しく説明された四つの点が規範についての満足のゆく説明を構成するならば，規範的である。法と命令との二つの違いをここで指摘することができよう。第一に，その創造の状況を照会することなしに，法の内容について述べるための十分な機会と理由が存在する。それゆえに，法律家は，契約に関する様々な法について述べ，それらの法の重要性と顧客が置かれた事態との関係を議論する理由をもち，そのような議論においては，それらの法が創造された状況は，しばしば（もちろんつねにではないが）まったく重要ではない。他方，命令の特徴は，大抵それが与えられた現実的なコ

　17　「法的権利」という用語は，「Xは権利をもつ」という形での言明の真理条件がいったん与えられるならば説明される，とのハートの指摘を参照せよ。そこでは，このような形の言明が，個々の事例において法的結論を出すために用いられる，とも述べられている。同様の説明が，問題となるその他の法的用語に対しても適用されうる，とハートは主張する（*Definition and Theory in Jurisprudence*, pp. 14-17）。

ンテクストを引き合いに出しつつ議論されるということである。人はみな，一定の状況下では一定の率の所得税を支払わなければならない，ということが知られている一方で，様々な目的のためにあらゆる情報が必要とされている。すなわち，ある者がスミスとその妻はブラウンに20ポンド与えるよう命令された，ということを知っていても，大抵それは不完全な情報の断片であり，その情報がそこに含まれる通常の目的のために重要かつ有用であれば，さらに誰がその命令を与えたか，いつ，どのような状況下でそれが与えられたか，ということも知らされる必要がある。

法については，それが創造された諸状況から抽象化して述べる非常に多くの機会と理由が存在する，という事実は，法を抽象的な存在とみなすことを正当化する理由である。命令については，これと同じような意味で命令を抽象的存在とみなすような，類似した一般的主張は存在しない[18]。

この議論に基づき，不必要な存在（entities）は認められるべきでない，との定式を設けることにより，前節で整理した四つの点が補完されるべきである。したがって，命令は規範ではないのに対し，法は規範である。

---

[18] 抽象的な存在としての命令概念については，少なくとも二つのものが区別されるべきである。そのうちの一つによれば，内容の同一性が命令の同一性にとって必要かつ十分であるのに対し，第二の命令概念によれば，内容の同一性は命令の同一性の必要条件ではあるが十分条件ではない。相互に他方から独立している a と b が，c に対し，C の下で A をするよう命令した場合，第一の命令概念によれば，両者ともに同じ命令を与えたことになるのに対し，第二の概念によれば，彼らは内容を同じくする二つの異なる命令を与えたことになる。第一の命令概念は，言語的存在としての命令を表現するものであるということができる。というのは，この意味における命令は，コンテクストから自由な，一定の定言命令的な文の意味によって識別されうるからである。私は，命令を言語的存在とみなす必要性を議論したいとは思わない。

法および規範一般は，第二の種類の存在である。つまり，その内容の同一性は二つの法の同一性を確定するために必要ではあるが十分ではない。イギリスと合衆国とは内容を同じくする二つの法をもつことができるが，それにもかかわらず，それらはまさに二つの異なる法体系に属するがゆえに，二つの別々の法である。同様に，イギリスの議会はかつてイギリスで有効であった法と同一内容の法を制定することができるが，それは同一の法の再制定ではなく，同じ内容の別個の法である。（このことは，創造の状況の相違がつねに同一性の相違を伴う，ということをいわんとするものではない。しかし，ある法の有効期間を議会がたんに延長したにすぎない場合には，何というべきであろうか。また，議会が何らかの意味で有効な法を再制定した場合は，どのように解釈されるべきであろうか。これらの問題は，ここでなしうる以上に深い規範の論理の精査を必要とする。）

上記で議論されているのは，抽象的存在としての命令概念のうち，この第二の，非言語的な命令概念の必要性である。

ここで触れられるべき命令と法との第二の区別が存在する。あらゆる法は一つの規範的体系に属する。というのは，あらゆる法は一つの法体系に属するからである。命令はあるときは規範的体系に属し，あるときは属さない[19]。これは，あらゆる法規範は一定の方法で相互に関連し合った法規範のグループに属するのに対し，命令は必ずしもつねにそのようなグループには属さない，ということを意味する。前章で説明したように，ケルゼンはその根本規範の概念をこうした法規範の体系的相互関係を説明するために用いようとしている。命令が必ずしも同じような仕方では相互に関連し合っていないという事実は，ケルゼンが根本規範（または根本命令）の概念を命令それ自体の分析のために必ずしも必要なものとは考えていない理由の一つである[20]。しかし，ケルゼンが規範の分析において根本規範の概念を採用し，命令の分析においてはそれを採用しなかったことには，また別の理由も存在したことが明らかである。

　ケルゼンの理論によれば，命令は相応しい立場（例えば，力のある者や個人的権威をもつ者の立場）にある人々の適切な行為によってつくられる。他方において，法規範は，人間の行為とその他の法規範との組合せの結果として生じる。ケルゼンにとっては，規範は人間の行為のみによっては創造されえない。あらゆる実定的規範の存在は，その創造を権威づける他の規範の存在を前提とする。ケルゼンは，無限の遡及は回避されており，それは各々の規範的命令において，けっして創造されるのではない根本規範の存在を仮定することにより，ようやく回避されうると考える。というのも，根本規範は必要的規範だからである。ある命令が出現する場合には，もう一つ別の命令の出現（またはもう一つ別の規範の存在）がその必要条件となるものではないことから，根本規範（または根本命令）の概念は，命令の分析においては役立たない。

　19　規範的体系に属する命令は規範とみなされ，規範的体系の一部として扱われる。例えば，法的命令は法理論の中で議論される。命令だけからなる規範的体系は存在しない，ということも多分主張可能であろう。

　20　規範的体系に属する法的命令およびその他の命令は，それらが属する体系の根本規範を指摘することによってのみ十分に分析される。

あらゆる規範の創造はもう一つ別の規範を前提とするというケルゼンの学説は、規範間における体系的な関係についてのたんなる表明にすぎない、と考えられるかも知れない。しかし実際には、ケルゼンはこの学説をその他の理由からも、つまり、彼の規範理論にとって最大の重要性をもつ根拠からも主張する。彼はこの学説を「何々であるという言明から、何々であるべきであるという言明が生じること、およびその反対のことを何ぴとも主張することはできない」[21]という根本原理の必然的帰結とみなしている。このことからケルゼンは、行為それ自体は規範を創造することができないと結論づける。すなわち、「……規範の客観的な有効性、これは人々が一定の仕方で行動すべきであるという意思の行為の主観的意味でもあるが、それは事実上の行為、つまり**である** (is) から生じるものではなく、この行為を権威づける規範、つまり**すべきである** (ought) からやはり生じるものである」[22]。

ケルゼンがこの議論を命令には適用していないという事実は、彼が命令というものを規範が規範的であるというのとは異なった意味で規範的であるとみなしていることを示唆する。前節で指摘された四つの点は規範にも命令にも同じように適用されることからすると、それは前節での指摘がケルゼンの規範概念を十分に説明していなかったことを意味する。ケルゼンは、命令をそれ自体としては「主観的当為」であるとみなし、規範は「客観的当為」であるとみなしている。ケルゼンにとって、命令を客観的「当為」であるとすることを妨げる何が命令概念には欠けているのであろうか。

この疑問に答えるためには、ケルゼンが主観的「当為」と客観的「当為」との区別に際して影響を受けたとみられる数多くの様々な考慮要因、および彼の根本規範の学説に関する数多くの様々な、時には相矛盾する解釈を検討する必

21　*PTL*, p. 6.
22　*PTL*, pp. 8-9. 脚注の中でケルゼンはこの原理を、「完全に非倫理的な前提から倫理的な結論を演繹することは不可能である」という以前の言明（*TP*, 12 n）と区別している。後者の原理は論拠薄弱である。せいぜい、（いくつかの）規範的結論は規範的仮定を前提にしている、ということが主張されうるにすぎない。この仮定は前提である必要はなく、それは導出のルールでもよい。この原理に関するこうした解釈によれば、規範が存在するという言明は、適切な導出のルールが与えられるならば、一定の行為が履行されたという言明から導出されうることになる。

要がある。

　こうして，威嚇によって裏打ちされた命令（ケルゼンが考える唯一の種類の命令）と規範とをわれわれに区別させようとする一つの要因を探し出すことは，容易である。両者はともに，不遵守にはサンクションが付き物であるという事実によって具体化されうる。その結果，命令も規範もともにそれらに合致した行動を正当化するために援用されうる。それらは，それらが規定する行動に理由を与え，それによってその行動を一定程度正当化したりもする。その行動は，その他の相矛盾する考慮要因のゆえに正当でないとされることもありうるが，少なくとも部分的には正当性をもつ。もちろんそれは規範や命令それ自体が正当化されることを意味するわけではない。規範と命令との相違の一つは，規範が正当化を必要とする要求であるのに対し，命令は，しばしば要求を正当化するだけでなく，正当化された要求でもあるものの，必ずしもそうである必要はない，という点にあると考えることもできよう。そのような相違は，ケルゼンの理論における規範と命令との規範性の相違を説明することができ，それが命令を「主観的当為」と呼び，規範を「客観的当為」と呼ぶことに反映されている。同様に，こうした相違は，なぜ規範がその他の規範からその有効性を「導出」するのに対し，命令の場合には，ケルゼンによれば，これと類似の定式化が必要でないのかを説明する。他の規範の創造に貢献する規範は，前者の正当化の一部である。

　この命題は以下のようになる。

　(1)　あらゆる規範は正当化された要求である，との命題は，その他の関連する諸命題から区別されるべきである。それらはすべて，この問題に関するケルゼンの言明から何らかの支持を得ている。すなわち，

　(2)　規範は必ずしも正当化されるものではないが，xはCにおいてAをすべきである，といった当為の言明は，そのような規範が存在し，かつそれが正当化されるものであることを意味している。

　(3)　そのような「当為」言明は，記述された規範が正当化されることを意味するのではなく，その規範が属する体系の根本規範が正当化されるならば，そ

の規範が正当化されることを意味する。

(4) そのような「当為」言明は，記述された規範が条件付きでまたは無条件に正当化されることを意味するのではなく，そのような言明を述べることは，それを語る者が，その記述された規範を含む体系が適用される共同体の大部分の者により，その規範が正当であるとみなされている，と考えていることを含意する。

(5) そのような「当為」言明は，記述された規範が条件付きでまたは無条件に正当化されることを意味するのではなく，そのような言明を述べることは，それを語る者が，その言明が正当であるとみなしていることを含意する。

ケルゼンはこれらの命題のうちどれかを，あるいはこれらの命題とは異なるものの，それらと関連づけて定式化されうる多くの命題のうちどれかを受け容れるであろうか。ここでケルゼンの諸著作における関連するすべての箇所を検討することは，不可能である。しかしながら，私はいくつかの鍵となる箇所に基づいて，解答を示唆することを試みることにしよう。その際には，ひとまず法規範のみが考慮に入れられるが，その他の規範も折に触れて言及されるであろう。

第一命題（p. 131〔154頁〕を見よ）：ケルゼンはこの命題を明示的に拒否している。「法的ルールはつぎのように述べる。すなわち，Aであるならば，Bであるべきである，と。そして，その関係の価値については，道徳的なものであれ，政治的なものであれ，何も述べられていない。『すべきである』は，経験的な法的素材の理解にとっては，純粋な，ア・プリオリなカテゴリーのままである。……このカテゴリーは純粋に形式的な性格をもつ。……それはカント哲学の意味における認識論的な先験的カテゴリーであり，……この点において，それは根本的に反イデオロギー的な傾向を保持している」[23]。この一節は，ケルゼンが法をいかなる意味においても必然的に善とか正当なものとかはみなしていないことを明らかにする他の多くの者により，より説得力のあるものとされ

---

23 *L.Q.R.* (1934), 485.

ている。

　法は絶対的な意味においては正当化されないものの，それが適用される共同体によって正当なものとして受け容れられている場合にのみ存在する，と考えられる傾向にある。こうした解釈は，つぎのような文章によって支持されている。「『すべきである』が行為の客観的な意味でもあるとすれば，その行為がそこへと方向づけられている行動は，その行為を履行した個人の観点からのみならず，その者の行為が向けられた〔他の〕個人の観点，および両者の関係に巻き込まれていない第三の個人の観点からみても，何かそうであるべきものとみなされている」[24]。しかしながら，ケルゼンはこの解釈を拒否する。「……根本規範の教義は，承認の教義ではない。……承認の教義によれば，実定的が有効であるのは，それに服従する諸個人によって承認された場合のみである。これが意味するのは，実定法の規範に従って行動すべきである，ということにこれら諸個人が合意する場合，ということである」[25]。こうしてケルゼンは，最初の命題をその両方の解釈において拒絶するのである。

　第二命題および第四命題（pp. 131-132〔154-155頁〕を見よ）：ケルゼンがこれら双方の命題を拒否していることは，疑いえない。実のところ私は，それらの関心が他の規範理論のコンテクストに限られていることから，それらにわずかに言及したにすぎない。ケルゼン自身は，（客観的な）「当為」言明はほかならぬ規範を記述する，と考える立場に立っている。それゆえに彼は第二命題を受け容れることができない。彼はまた，支配される人々によって善であるとも正当であるともみなされていないような法体系が存在することも承知している。にもかかわらず，これらの体系は「当為」言明によって記述されうる。したがって，「当為」言明はそれを語る者により，記述された規範は——いやしくもそれが受け容れられうるものであるならば——その規範の対象者たちによって

　24　*PTL*, p. 7.
　25　*PTL*, p. 218 n. この点においては，ケルゼンによれば，法規範は社会道徳とは異なるもののように思われる。後者は慣習によって創造され，それゆえに共同体の人々が，彼らが定められた仕方で行動すべきであると考える場合にのみ創造される。

正当なものとして受け容れられている，と信じられていることを含意すると述べる命題は，この含意が当てはまる，または当てはまらない特定のコンテクストを明らかにすることによって修正されなければならない。ケルゼンの著作中に，そのようなコンテクストの特定を見出すことはできない。言語学的問題に関する彼の議論からは，言明の行為によってその語り手は，行われた言明の意味の一部ではないことをも含意しうる，ということにケルゼンは気づいていないことが示されている。このような見方は第五命題にも同様に当てはまり，同命題もまた拒否されなければならない。

先に示された *Law Quarterly Review* からの引用〔前掲注23該当本文〕の中でケルゼンは，二つの「当為」観念を明白に区別しようとしている。――記述された規範が善または正当であるとの含意をもつ実質的な「当為」，およびそのような含意をもたない形式的な「当為」である。ケルゼンは，彼の考え方を表現するのに役立つ適切な言語理論をもたなかったので，この区別によって彼が正確に何を意味するのかを伝えることは困難である。にもかかわらず，ケルゼンによれば，法を記述する際には形式的な「当為」のみが用いられうる，ということが明らかである。すなわち，「権利（法）は，ここで展開された理論によれば，権力（might）による一定の命令（または組織）である」[26]。しかしながら，法は「たんなる事実上の動機の集合ではなく，有効な命令，つまり規範」とみなされる[27]。このことは根本規範によって可能になる。すなわち，「……根本規範は，ある意味では，権力（power）の法への変形を意味する」[28]。

組織化された力を規範の体系と解釈することにより，それが善であるとか正当であるとか想定する必要はない。組織されたギャングのグループにおける命令の体系に根本規範が存在しない唯一の理由は，「この命令には，それなくしては根本規範が前提されない持続的な実効性が欠けている」[29] ということである。

---

[26] *PTL*, p. 214.
[27] 51 *L.Q.R.*, 518.
[28] *GT*, p. 437.
[29] *PTL*, p. 47.

これらすべての箇所やその他の多くの文章は，前節で説明された法規範の概念を支持し，前節の最初に行われた指摘，つまりケルゼンによれば，一定の意思の行為によって創造された法と命令との唯一の相違は，比較的長期化された存在と諸法との体系的な相互連結であるとの指摘を擁護するのに役立つ。これらの観念はまた，根本規範は規範体系の同一性とそのような体系の一部である命令の有効性とを決定する共通の紐帯としてのみ考えられる場合に存在する，という言明をも正当化する。これらの見解の最終的な目的は，つぎのような主張を可能にすることにある。すなわち，「……実定法は，……その内容に従って合致しうるまたは合致しえない——したがって正当または不当となりうる——規範または規範的命令によってのみ正当化される」[30]。このことからは，根本規範は法の正当化とは関係がない，という帰結が生じる[31]。

しかしながら，ケルゼンは少なからずこの立場から逸脱する。彼はたえず「何が法の有効性の理由であるか」という問題を「なぜ法が遵守されるべきか」という問題と同一視する[32]。そして，これらの問題に対してケルゼンは，「根本規範である」，「根本規範のゆえにである」と解答する。

ケルゼンは，規範を正当化する特別な方法を認め，やや詳細に論じている。それは規範の「動態的」正当化と呼ばれ，以下の二つの特徴によって定義されうる。

(1) ある規範は他の規範に基づいて正当化される。

(2) 規範を正当化する規範は規範創造規範であり，その正当化とは，正当化される規範が正当化する規範によって定められた仕方で創造された，ということを示すことにある[33]。（さらに進んで，正当化する規範の正当化が問われうること

---

30 *PTL*, p. 214.
31 *PTL*, p. 217.
32 *WJ*, p. 257.
33 何らかの隠された理由により，ケルゼンは二つのタイプの規範的体系のみが存在する，という奇妙な見解を採用する。その一つは動態的体系であり，そのすべての（またはおそらくそのほとんどの）規範が，動態的正当化によって正当化される。もう一つは，静態的体系であり，そのすべての（またはおそらくそのほとんどの）規範が，それらを記述する言明が他の規範を記述する言明に随伴しているがゆえに正当化される。動態的体系の根本規範は，何らかの人または団体に立法権能を付与

は，いうまでもない。）

　ケルゼンは，他の法規範の創造条件の一部である法規範が，その規範の（動態的）正当化として言及**されうる**ことには気づいている。しかしながら，彼は規範の存在条件とそれをその規範の正当化として用いる可能性とを区別し損なっており，両者を同一視することによって彼は，既存の規範は必然的に正当化される，との結論に駆り立てられている。自己の見解内部での矛盾の兆しに気がついたケルゼンは，第三命題へとにじり寄ることにより，それを回避しようとする。

　第三命題（p. 131〔154-155頁〕を見よ）：「当為」言明は，ある規範が存在し，それが正当化されるのは，その規範が属する体系の根本規範の存在が前提とされる場合である，ということを意味する。ケルゼンは，例えば，「法実証主義は，なぜ法が有効であるかという問題に対し，それが受け容れられうるか，受け容れられえないかという仮説に頼ることによって——換言すれば，条件付きでのみ**法に従うことを正当化すること**によって——解答する」[34]と述べている。私には，法実証主義は法を正当化することはまったくしないが，法を正当化するために用いることが**できる**方法を記述し，かつ分析する，と述べる方が好ましく思われる。

　しかしながら，ケルゼンはそのようには考えず，「実定法の『当為』は仮説的なものにすぎない」[35]と結論づけている。これによって彼は第三命題に同意するように見える。しかし残念ながら，これで話は終わらない。というのも，ケルゼンは，規範の有効性を一方では規範の存在と同一視し，他方では規範の正当化と同一視するという罠にかかっている。法規範は条件付きでのみ正当化されるという言明は，彼にとって，法規範は条件付きでのみ有効であるという

するものであり，そのような根本規範の存在が前提とされている。静態的体系の根本規範は，規範創造規範ではなく，それらの存在は前提とはされていないが，自明なものとみなされている。この問題に関しては，*GT*, pp. 112 f., 399 f.; *PTL*, pp. 195 ff. を見よ。ケルゼンはさらに，いかなる規範も実際には自明ではないと主張する（*PTL*, p. 196）。この理論をここで論じる必要はない。

34　*WJ*, p. 263.
35　*GT*, p. 394.

言明，さらに，それはすなわち，法規範は条件的な存在を享受するにすぎないという言明と同義である。「規範の絶対的な有効性は自然法の観念に対応するものであるから，規範のたんに仮説的―相対的な有効性は実定法の観念に対応する」[36]。この結論は，（上記で検討された）法のイデオロギー的性質に関するケルゼン自身の見解と矛盾し，またそれ自体支持することができない。

このような混乱から抜け出す道は，規範の有効性と規範の正当化との同一視を拒絶し，第三命題を受け容れることである。あるいは，すでに指摘したように，さらに一歩前進して，大抵いくつかの法規範は他の法規範の存在条件に属するという事実を，これらの法規範を正当化するものとしてでなく，それらが正当化されうる可能な方法を提供するにすぎないものとして捉えることもできる。したがって，その場合には第三命題は拒否されうる。

これまでの議論からは，正当化された要求としての規範の問題に関するケルゼンの見解は，根本規範の概念の解釈に基礎を置いて問題を解決するものであったことが明らかである。根本規範は法規範を正当化するであろうか。もしそうだとしても，どのような意味において正当化するのであろうか。ケルゼンは根本規範を法体系の有効性および統一性の源泉とみている。法体系を統一化する際の根本規範の機能については，前章で検討された。われわれがここで取り扱うのは，法の有効性の源泉としての根本規範である。

この問題に関するケルゼンの議論は，混乱に苛まれている。根本規範は前提とされるものであるといわれている。ケルゼンはそれが二つの異なった仕方で前提とされていると述べている。それはまず法規範によって前提とされており，「実証主義の究極的な仮定」である。それはまた法を規範の体系とみなす者，つまり，法に言及する際に規範的用語を用いる者すべてによって前提とされている，ともいわれる。すなわち，「根本規範が現実に法意識の中に存在することは，実際の法的言明に関する単純な分析の帰結として導かれる」[37]。これら二つの言明は必ずしも衝突しないが，ケルゼンはしばしば通常人による根本規範

---

[36] *GT*, p. 394.
[37] *GT*, p. 116.

の仮定を，それが正当なものまたは善なるものとして受け容れられることと等置する傾向にある。ある文書の中で彼は，例えばアナーキストは根本規範というものを前提とせず，法を規範的体系としてではなく，たんなる力関係とみなしている，と述べる[38]。同様に，「たしかに共産主義者は，ギャングの組織と，情け容赦のない搾取の手段であると彼が考える資本主義的法秩序との間に，根本的相違があることを認めないかも知れない。というのも彼は——問題の強制的秩序を客観的に有効な規範的秩序として解釈する者たちがするようには——根本規範の存在を前提としないからである」[39]とも述べられている。法理論はこれと同じ意味において根本規範の存在を前提としない。法理論がすべきことは，法を正当化することではなく，法を説明することである。

　根本規範の存在を前提とすることが，それを正当なものとして受け容れることを意味するとすれば，根本規範の存在を前提としない人々に対しても適用される法体系が存在しうることになる。しかし，法体系の存在も，その根本規範の存在も（というのは，あらゆる法体系に根本規範が存在するから），根本規範が前提とされることに依存してはいない[40]。

　ケルゼンが対立的見解について指摘する際に行う一定の洞察にもかかわらず，アナーキストや共産主義者，あるいは根本規範の存在を前提としない者でも，なお規範的言明を用いて法を記述することができる，ということが理解されるべきである。規範的言明は，「記述された法規範の是認」[41]を含意するものではない。たしかに，ケルゼンがつぎのように述べることは正しい。すなわち，「たとえアナーキストであっても，彼が法学教授であれば，実定法を有効な規範の体系として記述することができ，その際にこの法を是認することは必要でない」[42]。しかし，このことは，彼がそれと同じ脚注の中でしているように，アナーキストが根本規範の存在を前提としていない旨の先の言明とこの言明の双

38　*GT*, pp. 413, 425.
39　*Stanford L.R.*(1965), 1144.
40　前述第Ⅲ章第 3 節を参照せよ。
41　*PTL*, p. 79.
42　*PTL*, p. 218 n.

方に彼が反対する理由にはならない。

　なぜ法理論は，他の規範についてそうするように根本規範を分析して記述するだけでなく，根本規範の存在を前提とする，といわれなければならないのであろうか。ケルゼンは，あらゆる規範が立法行為によって創造されるものと考えている。もちろんこれは根本規範に関しては真実ではない。それゆえに彼は，根本規範の制定が前提とされなければならないと述べる。つまり，根本規範が制定されたというフィクションが承認されているのである[43]。

　したがってまた，法理論は根本規範の存在を前提とするという考え方をせずに済ませても，大きな損失はないともいえる。われわれはすでに，規範は必ずしも正当化された要求ではないことを確認した。規範の概念は，前節で分析されたとおりのものである（もっとも，それは後の諸節で取り入れられる実質的な修正に服する）。法体系と命令との規範性の相違は，法体系はその大部分の規範について動態的正当化を行いうる可能性を本来的に備えている，という事実によって説明することができる。

　根本規範の運命はどうなるのであろうか。根本規範は法体系の統一性や同一性を確立する手助けにもならないし，法体系における規範を配列する際の手助けにもならない[44]。根本規範は法規範の有効性の源泉であるといわれるが，そのことによってこれらの法規範を正当化するものではない。根本規範はまた，規範的言明は何らかの規範的仮定に基づいて引き出される，という原理によって必要とされるものでもない。根本規範の存在を承認すべき何らかの理由が存在するのであろうか。ここには考慮されるべきもう一つの議論が存在する。

　最初の憲法を制定するに際しては，その創造者が法的権能を行使する。このことは，ケルゼンによれば，そうした権能を創造者に付与した規範が存在する

　43　'On the Pure Theory of Law', 1 *Isr.L.R.*, p. 6. ここでケルゼンは，このフィクションが法理論上のものではなく，法について考えるすべての者がもつものであるとみている。重要なのは，このことと「前提とする」というのとでは意味が異なる，ということである。法理論は根本規範の存在を前提とする，という見解に関するもう一つの可能な解釈は，法理論が根本規範の概念を法の説明に際して必要なものまたは有用なものとみている，ということである。
　44　前述第Ⅴ章第 3 節を参照せよ。

ことを意味する。そのような規範は制定されうるはずがない（たとえ制定されたとしても，その立法者の権能についてまた同じ議論が当てはまる）が，しかし存在しなければならない。この議論はどの法体系にも当てはまりうるものであり，したがって，そうした非制定規範，つまり根本規範はどの法体系にも存在しなければならない，とされる。

この議論は，ある者が立法権能をもちうるのはそれが法によって彼に付与された場合のみである，という誤った仮定に立脚している。立法権能とは，たんに法を創造したり廃止したりする能力にすぎない[45]。最初の憲法の創造者は，法によって付与されたのではないが，最初の憲法をつくる立法権能をもつ。この最初の憲法は，それが実効的な法体系に属する（それはこの憲法がはじめて発せられた後しばらく経つまで決定されえない事実である）がゆえに法である。

ケルゼンが主張するように，およそ立法権能というものは法によって付与されなければならないとしても，彼の議論は根本規範の可能性を確立するものにすぎず，その必要性を確立するものではない。というのは，最初の憲法を創造する者の権能は，その体系に属する通常の法によっても付与されうるからである。ケルゼンの議論は，あらゆる立法権能が法によって付与されなければならないとすれば，通常の法が最初の憲法の創造者に相応しい権能を与えないような体系においては，根本規範が存在しなければならない，ということを示すものにすぎない。私の議論は，法はそれ自身の創造を間接的に権威づけることができる，という仮定に立脚する。そのような法に対する異論は，不適切な考え方をしているように私には思われる。そのような法を承認することは，以下のような法の可能性を前提とする。すなわち，(1)遡及的効果を伴う立法権能を付与する法，および，(2)部分的に自己を言及する法である。これら二つの仮定は異論を差し挟む余地のないものである，と私はみている（第二の仮定に関しては，Hart, 'Self-Referring Laws' を参照せよ）。二組の法について検討してみよう。一つは法 A, B, C, D からなり，そのすべてが**図6**に示されるような有効性の連

---

45 前述第Ⅱ章第 1 節を参照せよ。

鎖に属する。もう一つは法 E, F, G, H からなり、そのすべてが**図7**に示されるような有効性の連鎖に属する。最初のグループの法はどれもそれ自身の創造を間接的に権威づけているが、第二のグループの法はどれもそれ自身の創造を権威づけるものではない。さらに、このことが規範 A と E, B と F, C と G, および D と H とをそれぞれ比較した場合における唯一の内容上の相違であると仮定しよう。(したがって、(1)として表現された権能は、(2)および(3)を合わせた権能と同一である。)

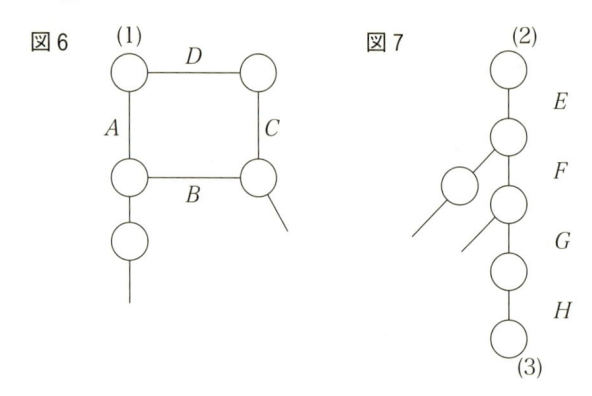

図6　　　　　　　　　図7

私の主張は以下のとおりである。(1) A, B, C, D が有効な法であると仮定することからは、いかなる矛盾も生じない。(2)これらの法の有効性はいずれも、最終的に他の一つの法の有効性が仮定されるものの証明されない場合にのみ、証明されうるが、このことは E, F, G, H についてもまた真である。(3) A, B, C, D の内容のうち、それら自身の創造を権威づける部分は、「この法は有効である」という純粋に自己言及的な法 A_1 は、それが存在しようとしまいといかなる相違も生じさせないがゆえに無意味である、という意味において余計なものかまったく無意味なものである、と論じることはできない。それゆえに、第一グループの法が第二グループの（自己言及的でない）法とその内容において同一であるということができる、と論じることもできない。

これら二つの法グループの間には、それらの内容上の相違から生じる少なくとも二つの相違がある。すなわち、(1)法 A, B, C, D のうちいずれか一つの不存在は、その他の法の不存在を含意する。というのは、それらの法のいずれ

もが，それ以外の法の存在を必要とするからである。(もちろんわれわれは，必要な立法行為が実行されたものと仮定している。) もう一方のグループに属するいずれかの法の不存在は，有効性の連鎖においてその法に先立つ法の不存在のみを含意する。その法に続く法は，もしそれがあるとすれば，存在しない法の存在を必要とすることなく，他の規範（**図7** における有効性の連鎖には表現されていない規範）を手がかりにすることによって前提とされ，またはその有効性を論証することが可能である。(2)その結果，ケルゼンがするように，規範の存在は〔他の〕規範を手がかりにすることによって証明されうること，または（理論的な便宜もしくは個人的な信念を理由にして）前提とされうること，および他のいかなる実定法もわれわれの出した例におけるいずれの法の創造をも権威づけないことが仮定されるとすれば，第二グループのすべての法が法によって権威づけられ，しかもそれらが一つの体系に属する法であるからには，E を権威づける非実定的な法の存在が前提とされなければならない。そのように法を権威づける法は根本規範である。すなわち，その存在が前提とされた非実定的な法である。他方において，第一グループに属する法のいずれか一つの存在が前提とされれば，その結果として，その法とこのグループに属する他の諸法が存在し，それらは同一の体系に所属し，そして，それらすべての法が何らかの実定法によって権威づけられることになる。この場合，根本規範，つまり非実定的な法の存在が前提とされる必要はない。

以上の議論の締め括りとしてつぎのことがいえる。すなわち，ケルゼン的な理論枠組の中においてさえ，あらゆる法体系が根本規範，つまり非実定的な規範を含むということは，必ずしも真実ではないということである。

3　体系の構造とその体系に属する諸法の個別化

ある一つの法体系における諸法の間に存在する内部的関係の種類とパターンは，究極的にはつぎの二つの要素に依存する。すなわち，(1)個別化の原理と，(2)その法体系の内容の豊富さ，複雑さ，ならびに多様性である。ある体系の内

容がいかなるものであろうとも，それに属する諸法がケルゼンの原理に従って個別化されるならば，その結果として生じる内部的関係のパターンは（いやしくも存在するとすれば），ベンサムの原理に従って同じ体系の諸法を個別化した場合に生じるであろう内部的関係のパターンとは，異なるであろう。他方，その体系に一定の事項に関して欠缺がある場合，そのことはその内部的関係のパターンにも影響しうる。例えば，その体系の法のいずれもがサンクションによって裏打ちされていない場合は，それらの法の間にはいかなる処罰的関係も存在しないであろう。

　個別化の原理は法理論によって決定される一方で，体系の内容は個々の体系に関わる不確定な事実に依存する。したがって，個別化の原理は内部的関係に関するいくつかのタイプの存在を可能にするものの，当該体系の中にこれらのタイプの諸関係が現実に存在するかどうかは，その体系の複雑さによって決定される，ということができる。

　規範的体系が法体系であるのは，それが最低限度の複雑さをもつ場合のみである。そのような理由から，どの法体系も必ず何らかの裁判所の存在と作用を規制するものであること，およびどの法体系も必然的にサンクションを定めるものであることが，第Ⅷ章で論じられるであろう。この主題は，すべての法体系に共通する何らかの最低限の内容が存在するかどうか，という問題と密接に関係する。法体系の最低限の内容と最低限の複雑さは，個別化の原理とともに，各々の法体系に存在する必要不可欠な内部的関係を，つまり，必然的にすべての法体系に共通する内部構造を決定する。

　法体系の最低限の複雑さを探究することは，法体系の最低限の内容に関する問題と密接に結びつけられた諸問題を含むであろうことから，ここではこの作業には着手しない。その代わり，本章および次章では，受け容れることのできる個別化の原理の形と，それによって可能とされる内部的関係の主要なタイプの一般的特色を検討する。

　個別化の原理それ自体を定式化することは，この研究の目的にとって必要ではない。およそ必要なことは，一般的な要件の形で広範なガイドラインを定め，

それに従い、提案された各組の個別化原理の適切性を検証できるようにすることである。これらの要件には二種類のものがある。すなわち、指導的要件と制限的要件である。指導的要件は、個別化の原理が達成すべき目標を定めるものである。制限的要件は避けられるべき落し穴を明らかにするものである。制限的要件は、一定の誤った考え方に基づく指摘を排除することにより、一組の個別化原理として可能なものの範囲を決定する。指導的要件は、制限的要件のテストに合格した何組かの個別化原理の中から、われわれが最善のものを選択しうるように支援する。いずれの制限的要件も、一組の個別化原理の受容可能性に対し、正確かつ絶対的な制限を規定するものではない。最終的に、そうした各組の個別化原理は、個々の要件を満たすことの成功度により、残りの要件を満たすことの成功度と比較考量しながら、判定される。いずれにせよ、制限的要件が主として排斥の原理であるのに対し、指導的要件は主として選抜の原理である。

A 制限的要件

(1) 個別化の原理によって個別化される法は、通常の法概念からあまりにも遠くへ、あるいは穏当な理由もなしに、逸脱すべきではない。想起すべきは[46]、この要件は主として、法に関する理論的概念を法に関する常識的概念の説明の出発点にするという願望に基づいている。常識的概念は、それが理論的概念から逸脱していることを説明することによって明らかにされ、理論的概念それ自体は、法の分析における最良の（あるいは良い）道具として正当化される。

(2) 個別化の原理によって個別化される法は、あまりに反復の多いものであるべきではない。法は、その一部の法規定が別の法の一部でもある場合には、この別の法を部分的に反復する。例えば、議会は無制限の立法権能をもつという趣旨の規定が各々の法に含まれる場合には、すべての法が互いに他の法の一部を反復している。

---

46 前述第V章第6節を見よ。

反復は，おそらく優美ではないが，実際上の困難を引き起こすものではないことから，決定的に重大な問題ではないと考えられるかも知れない。結局のところケルゼンは，あらゆる法を彼の基準に従った形式で提示するために法典が書き換えられるべきであるとは主張していない。それをするとすれば，法典の規模を何百倍にも拡大することになるであろう。ベンサムは，彼に特徴的な徹底した方法により，反復によって引き起こされる実際上の不都合のほとんどを解決するであろうクロス・リファレンスのシステムの輪郭を描き始めた。

　しかしながら私には，こうした可能性はこの要件の重大さを左右しないように思われる。実際上の不都合であれば，多くの法の中に反復的規定が取り込まれていることが有用な目的をもたない，という理由だけで回避されうる。異論を提示すべきは，正確にいえば，反復の現実的な必要性や理由からは分離されたところで反復的な法を生み出すような，理論的な法概念の受容である。法概念は，法に携わる人々（それは，程度の差はあれすべての者）の活動やニーズに役立つように最も良くデザインされた仕方で鋳造されるべきである。

(3)　個別化の原理によって個別化された法は，冗長なものであるべきではない。つまり，一つの法の存在が，一定の規範的言明の真実性に関する十分条件であるならば，そのような言明はもう一つ別の完全な法を記述するものとしてではなく，最初の法の内容（の一部）を記述するものとみなされるべきである。

　この要件は，反復に対処するためのより一般的な要件の特殊な場合とみなすことができる。さらに，それはおそらく不必要に抽象的な実体を認めるべきではないとする傾向によっても正当化されうる。この原理は，ケルゼンによって承認された[47]。ケルゼンによるこの原理の使用を議論する際にわれわれは，その原理は絶対的な効力をもつものではなく，いくらかの冗長さも，そのようにする強力な理由が存在する場合には許容されうる，ということをすでに指摘した。

47　前述第VI章第3節を見よ。

B　指導的要件

(1)　個別化の原理に従って個別化される法は，比較的単純であるべきである。おそらくこのことは，指導的要件の中でも最も重要なものである。法体系を個々の法に分割することの目的は，全体としてみれば，法の分析を促進することはもちろん，法体系の様々な部分について論じ，それらの部分に言及することを容易にするための，単純で小規模な単位を創出することにある。

少なくとも二種類の，同等の重要性をもつ単純さが区別されるべきである。一つは概念的な単純さと呼ばれうるものである。つまり，法というものは概念的に単純であるべきである。それは比較的単純な構造をもち，容易に把握され，その意味が比較的容易に理解されるべきである。ケルゼン式の法の意味を理解することは，法律の教科書を理解することに匹敵するような作業であり，本当にそれらはほぼ同じ長さである。「盗むな」といったような規範の構造と意味は，もっとずっと容易に理解されるべきである。

もう一種類の単純さは，同一性確認の単純さである。つまり，法の内容が容易に分かるようにすべきである。法の概念は，どの法の内容も大抵の場合には数少ない制定法，規則，判例などを調べれば分かるような仕方で形づくられるべきである。ベンサムやケルゼンがいう法のように，何かの法の内容を知るためにはその体系における法的素材の非常に多くの部分を精査しなければならないような仕方で，法の概念が形づくられるべきではない[48]。さらに，法の内容が本当に完全に知られたということを確認することは，法の内容を知ることそのもの以上に困難ではあるが，それも比較的容易であるべきである。ベンサムおよびケルゼンによれば，ある法の内容が完全に知られたということを確認するためには，法体系全体の内容を調べなければならない。

(2)　個別化の原理によって個別化された法は，比較的自足的（または自明的）であるべきである。どの法も法体系の比較的完全な部分を含むべきである。法体系は「自然な」仕方で分割されるべきである。すなわち，十分な理由もなし

---

[48] ベンサム自身もこの事実を意識していた。*Limits*, p. 293 を参照せよ。（*OLG* においては当該箇所は書き落とされている。）

に，無関係な諸観念を一つの法に結びつけたり，関連した観念をいくつかの法に分割したりすべきではない。すでに指摘したように[49]，この要件は先の要件と相争う関係にある。つまり，法は単純であるべきであるが，あまりに単純すぎてはならない。法の内容を知ることは，法体系の内容を知ることに有意義に寄与すべきである。

(3) 法体系によって指導された行為状況（すなわち，一定の状況における一定の人々による一定の行為の履行）はどれも，それがその法体系によって同じ仕方で指導され，それ自体が法の核心であるようなもう一つ別の（包括的な）行為状況の一例であったり，あるいはそうした行為状況に属するのでないかぎり[50]，法の核心であるべきである。

この要件はベンサムによって採用された原理の一般化された修正版である。この要件の重要性は，「法によって指導された行為状況」という語句の意味が（後に第5節で）説明される場合にのみ，十分に明らかになるであろう。しかしながら，この要件の一般的な性質は，これに対応するベンサムの原理を思い起こすことによって説明することができる[51]。ベンサムは，立法者によって命令または禁止された各々の行為状況が個々の法の核心であるべきである，と考えた。行為状況を命令することおよび禁止することは，行為状況を指導する二つの方法である。それらは法が人間の行動を導く唯一の方法ではないことが，後に本章で論じられるであろう。

行為状況は，規範的様態（「すべきである」，「しなければならない」，「することができる」など）または規範的述語（「権利をもつ」，「義務がある」など）の対象であるときは，法（第Ⅶ章でみるように，必ずしも規範ではない）の核心である。

この要件の正当性はきわめて明白である。法は，人間の行動を様々な方法で，様々な方向へと指導することにより，人間の行動を規制する特別の社会的手段

---

49 前述第Ⅴ章第6節で指摘した。
50 他の箇所におけるように，ここでも私は，包括的な行為および行為状況が階層的なものとみなされるべきかどうかという問題については，意図的に曖昧にしている。
51 前述第Ⅳ章第1節および第3節を参照せよ。

VI 諸規範の体系としての法体系 171

として普遍的に認められている。こうした法の機能——それは法を知り，法を参照する主な理由でもあるが——は，その理論的分析においても明確にされるべきである。この機能が追究される仕方は，この要件を採用することによって最もよく明らかにされ，法の研究の最前線に置かれることになる。

(4) 個別化の原理によって個別化される法は，法体系における様々な部分間の重要な結合関係を可能なかぎり明確にする。

　この要件は，次章で進められる考察において主要な役割を果たす。その一般的な趣旨と目的は，次章では論じられないケースを手短に考察することにより，例証することができる。すなわち，「その体系におけるすべての法規範は，一定の地域で履行された行為に対してのみ適用される」といった法のように，法規範の適用の必要条件を決定する法が存在することを論証する格好のケースが存在する。そのような法は規範ではない。それは義務を課すことも権能を与えることもしない。しかしながら，それはその体系におけるいくつかの法規範の解釈や適用を左右するがゆえに，少なくともそれらの法規範と内部的関係をもつ。それは法規範の履行条件のすべてではないが，そのいくつかを明らかにする。盗むべからずという義務を課す法は，われわれが例に出した法の帰結として，一定の地域において犯された窃盗に対してのみ適用される。

　そのような法の存在を認めることにより，多くの法において共通の履行条件を個々別々に反復することは回避され，それに応じて多くの法がより単純なものとなる。その一方で，これらの法による他の法への「依存」は増大し，それらの法はより自足的，自明的ではなくなる。これらの考察は以前の諸要件のいくつかによっても取り扱われたものである。しかし，一群の法規範の適用に必要な諸条件を決定する法が存在する余地を認めることからは，さらなる帰結が生じる。そのような法は多くの法に共通する諸特徴だけを分離し，それによって法規範群の間における一定の結合関係を明確にする。諸法間における結合関係のどれもが法的に非常に重要であるというわけではなく，重要な結合関係だけが選び出されて別個の法にまとめられるべきである。こうした場合にそのような法は，法というものの理解を助けることになる。例えば，そのような法は

一つの法体系の中で諸法を一定のグループに分類するための基礎として役立つかも知れない。ある法体系においては，婚姻の位置づけや諸効果に関する法規範が，人々の宗教に応じて異なる点で，その体系における他のすべての法規範と異なっているかも知れない。こうした特徴は，裁判管轄の相違の基礎として役立ちうる。例えば，そのような法は宗教裁判所によって用いられるであろう。こうして一群の法がもつ単一の特徴は，それらの法をその体系における他の法の作用と様々な仕方で結びつけることに役立ち，このことは，この特徴を分離された法の核心として表現することを支持しつつ，他の法の作用が特徴づける一群の法との内部的関係にとって重要性をもつ。次章でみるように，〔法体系における諸法の〕分類というものは，諸法間の重要な結合関係を指し示すものであり，それは法が役立てられる諸目的のまさに一つである。

　これらの諸要件のように，メタ理論的な諸要件の記述は必然的に曖昧である。異なる諸理論の中から選択を行うための明瞭な方法は，何ら存在しえない。そうした選択はつねに暫定的な理由による，つまり，測定不可能な考慮要因相互間の衡量を行うという類の事柄である。にもかかわらず，メタ理論的な指標の明示的な定式化が，諸理論の合理的で筋の通った比較の条件である。そうした比較は，これ以前の諸章の中ではベンサムとケルゼンの個別化原理の間で行われ，ベンサムの原理の方がケルゼンのそれよりも優れていることが論じられた[52]。

　しかしながら，ベンサムの原理も満足のゆくものであるというのにはほど遠い。その原理に従って個別化された法はあまりに反復の多いものであり，通常の法概念からは遥か遠くに引き離されており，そして——中でも最も重大な問題点として——あまりにも複雑である。ベンサムは，彼の理論がつぎの二つの命題に立脚しているために，そうした原理の採用を余儀なくされている。すなわち，(1)あらゆる法は規範である，および(2)あらゆる規範は義務賦課規範である，との命題である。これら二つの命題に立脚するかぎり，ベンサムの個別化

52　前述第Ⅳ章第3節を見よ。また，第Ⅴ章第6節を参照せよ。

原理はそれほど改善されえない。それは、立法権能を付与する法に関する説明としての服従法の概念を検討し、発展させることにより、いくらかは改善されうるかも知れない。しかし、それは現実的ではあるが、不十分な改善である。法の個別化に関して何らかの満足のゆく説明は、これら双方の命題〔前述(1),(2)〕を拒絶しなければならない。本章の残りの大部分は、〔ベンサムの〕第二の命題の批判的検討に関わるものである。次章では、第一の命題が検討される。

4 義務賦課法

　法によって指導されたあらゆる行為状況が法の核心であるとみなされるべきである、ということが一般的に当を得たものであるとすれば[53]、受容可能な一連の個別化原理はどれも、義務賦課法が存在する余地を認めるであろうことは明らかである。ケルゼンが規範の性質に関する説明の第一段階で示した四つの主要観念のうち三つが[54]（ただし、法はすべて法の創造を意図した行為によって創造される、という指摘を除いて）、義務賦課法（あるいはD法と呼ぶことができよう）の性質を説明するための穏当な出発点を提供する。本節では、ハートから借用された考え方により[55]、ケルゼンの説明を補充し、わずかばかり修正することが試みられる。考察されるべき一般的な問題は、どのような場合に法創造行為が義務を課すか、そして、どのような状況下において法的素材がD法を生み出すものと解釈されるべきか、ということである。

　D法を分析するための最も適切な出発点は、法的でない義務賦課規範の検討である。社会的な義務およびそうした義務を課すルールの概念は、ハートによってある程度詳細に研究された。社会的な義務賦課ルールに関する彼の説明は、つぎのように手短に要約することができる。つまり、ある者が状況Cにおい

53　前述第VI章第3節を参照せよ。
54　前述第VI章第1節を参照せよ。
55　*The Concept of Law*, pp. 79–88, 163–76, 211–15, および 'Legal and Moral Obligation', in A. I. Melden (ed.), *Essays in Moral Philosophy* を参照せよ。

て行為 A をすべきである，という社会的ルールは，以下のような場合にのみ一定の集団内に存在する。すなわち，──

(1) 大抵の場合，その集団の構成員は状況 C では行為 A を行う。つまり，状況 C では行為 A を行うことが当該集団における規則的な行動パターンである。

(2) 当該行動パターンに従わない構成員は，通常その集団における他の構成員からの批判的な反応に出くわす。そうした反応は，逸脱した行為に対する口頭での批判，または敵意もしくは疎外についての口頭もしくはその他の方法による表明により，あるいは物理的な暴力によってさえ表現される。行動パターンからの逸脱は，批判的な反応の契機である。もっとも，そうした反応がつねに同じ理由によって生じるとは限らない[56]。

(3) そうした批判的反応は，批判された者を含め，その集団のほとんどの構成員により，すなわち，そのような批判的反応が，今度はその集団における他の構成員からの批判的反応に服しないと表明する者により，合法的で異論の余地のないものとみなされている[57]。

(4) 上記の諸条件の存在がその集団内で広く知られている[58]，という場合である。そうしたルールは，以下のような場合に義務を課す。すなわち，──

(5) 批判的反応によって表明された社会的圧力が，比較的深刻であり，かつ

(6) そのルールによって規定された行動が，義務を負う者の願望と大抵は衝

---

56 この条件は，行動パターンから現実に逸脱した場合における反発のみに関する点で，厳格すぎるように私には思われる。実際には，その集団の構成員による意見や態度表明に関する仮定的または理論的な表現も，ルールの存在に関わるものである。私は，一定の行動の仕方が正しいまたは誤っているという議論において表明された見解，若者の教育，文献における意見の表現などのことを指摘している。抽象的な態度表明と逸脱の場合における批判的な反応の表明との間に適切なバランスが欠けることが，社会的な偽善の一源泉であり，一形態である。

57 この条件は二点において厳格すぎると私には思われる。それはまず，違反者たちが大抵の場合には自らの行動の不法性を認めていなければならないと定めている。しかし，彼らは類似の状況において他の違反者たちに対する批判的態度を共にする傾向にあれば，十分であると考えられる。つぎに，ハートは，その集団の各構成員は批判的反応を表明する同等の権利をもつものと想定する。しかし，逸脱行動の大抵の場合について批判的に反応するための反論提出資格をもつ者が何人かいれば，十分である。すなわち，特別な地位を与えられた諸個人からの批判的反応が合法的であるとみなされれば，十分である。様々な人々が様々な程度の批判的反応を表明することが，しばしば許可されている。

58 諸条件のこうした定式化は，*The Concept of Law*, pp. 54-55 の解釈である。

突する，という場合である[59]。

　以上は単純なタイプの社会的ルールの分析である。大抵の社会的ルールは，以下の二点においてより複雑である。すなわち，――

　(a)　多くの社会的ルールは，義務の発生に対して個人が何らかのコントロールをする余地を認める。つまり，諸個人は，彼らの権能の下にある他人に対し（親子関係，教師と生徒の関係などにおいて），義務を課すことができる。彼らは（約束すること，客を招くこと，一定の状況下において意図を表明することなどにより），自分たちに義務を課すこともできる。ある者は他人がその権利を放棄したり，前者をその約束から解放したりすることなどにより，義務から解放されうる。ある者は賠償などの行為により，彼の義務違反に対する批判的反応を完全にまたは部分的に妨げることができる。もう一方の者は，彼の賠償請求権を放棄することなどにより，批判的反応の全部または一部からこの違反者を救うことができる。

　(b)　ハートの分析は，集団の中に存在し，その集団の全構成員に向けられたルールに主として当てはまる[60]。多くのルールは，それらが存在する集団内の特定の下位集団に向けられている。すなわち，女性だけに，年配の独身男性だけに，聖職者だけに，種族の長だけに，などといったようにである。その他のルールは，それらが存在する集団の構成員では**ない**人々にのみ適用される（その国を訪れている外国人の行動に関するルールなど）。

　ハートによって分析されたルールの単純さにもかかわらず，あるいはおそらくそうした単純さゆえに，それらのルールは基本タイプのルールであるとみなすことができる。なぜなら，それらについての分析は，それ以外のタイプのル

　59　*CL*, pp. 84-5. 私は，ハートがいう社会的ルールの概念を彼のキー・フレーズである「内的観点」を用いずに説明しようと努めた。ハートはこのフレーズを三つの異なる，しかし相互に関連した目的で用いているように思われる。すなわち，(1)それはルールの存在条件の一部である一定の事実を意味する。(2)それは一定の言明またはそれらを行う一定の含意についての一定の真理条件を指す。(3)それは「規範の受容」と呼ぶことのできる，規範に対する一定の態度を指示する。考えられる混乱を回避するために，私はこのフレーズの使用を全面的に差し控えた。

　60　広く認められているように，彼らは一定の環境においてのみ行為することを義務づけられている。しかし，誰もがそのような環境にあると認めることができる。

ールを分析するための出発点を提供するからである。ハートの分析における以下の三つの特徴が，とりわけD法の理解に関連している。すなわち，──

(1) ある行為が（社会的）義務として一定の人々に課される場合にはつねに，その行為の不履行を（他の条件が同じであれば）その履行よりも適当ではないとする要因が存在し，そのようにしてそれはその義務の履行の標準的理由を提供する。この要因とは，批判的反応に出くわすという見込みである。

(2) 義務を履行することの標準的理由を構成する諸要因は，その存在に関しては，人間の自発的行動に依存し，そうした自発的行動は，少なくとも部分的には，義務的行為がまだ履行されていないという事実によって引き起こされ，あるいは動機づけられている。

(3) 義務賦課ルールの存在は，そのルールが存在する集団の大部分の構成員を包み込み，副次的標準によって合法的であるとみなされる批判的反応から構成されている，持続的で複雑な行動パターンに依存している。

(1)の特徴は，一定の人々の集団にとって，一定の行動の仕方はあまり適当でないとする継続的事実がある場合には，つねに存在する。例えば，ある者の指は火の中に入れられれば火傷をするであろうという事実は，指を火の中に入れないことの理由である[61]。また，(2)の特徴が存在する場合にのみ，規範について語ることが可能になる。ある行為の不履行よりも履行を好む標準的理由が，その行為の不履行に対して予見される人間の自発的な反応である場合には，先に第1節で説明したような規範の概念を採用する余地がある。この意味では，威嚇によって裏打ちされた命令も規範であるが[62]，それは義務を課すものではない。義務は，(3)の特徴も存在する場合にのみ課されるものである。

法においては(3)の特徴が存在することは当然のことであると考えることができる。各々の存在は，それが所属する法体系の存在に依存しており，法体系の存在は，それが適用される人々の大部分がもつ持続的で普及した行動パターン

---

61 ベンサムはそのような事実を「自然的サンクション」と呼んでいる。
62 前述第VI章第2節での説明に従った場合。

に依存している。

　批判的な反応という機能が，組織化されたサンクションによって相当程度に引き継がれていることが，法の特色である。この組織化されたサンクションということは明らかに，上記の諸特徴における最初の二つに合致する。——それは法的義務に対する違反の帰結として，人間の自発的な行為によって適用され，また，それはそのサンクションが適用される者にとっては一般的に不利益であり，それによってその義務を履行する標準的理由をなしている[63]。

　サンクションは以下の四つの重要な点において，批判的反応とは異なる。

　(1)　法的権利または地位の剥奪，法的義務の賦課，生命，自由，健康または所有物の剥奪，および社会によって異なるその他少数の類似した手段のみが，サンクションである。批判的反応は，これらのサンクションのほか，上記において説明したようなその他多くの表明手段を含む。

　(2)　サンクションの履行におけるかなりの部分が，予想される妨害を防ぐために実力を用いることによって保障されることが，法の特色である。社会的ルールの場合にもそのようにして履行が保障されうるが，必ずしもそうであるとは限らない。

　(3)　サンクションの性質は，法においては比較的正確に決定されており，しかも少数の，予め決定された数のサンクションのみが，各々の義務違反に対して適用される。社会的ルールの特色は，各種の義務違反に対する批判的反応の性質が，そのルールによって漠然と決定されているだけで，義務違反に対する批判的反応の数については何ら確定された制限はない，という点にある。もちろん，このことが当てはまらない社会もあり，また，おそらくどの社会においても，予め決定された明白な批判的反応（犯罪人の処刑，一般的な社会的ボイコットなど）を伴う社会的ルールが存在する。

　(4)　法的サンクションの適用は組織化されている。それは，サンクションの

　63　サンクションに関しては，前述第Ⅳ章第 2 節を見よ。ケルゼンはしばしばこの言葉をより広い意味で，批判的反応を含むものとして用いている。私はハートに従い，前述第Ⅳ章第 2 節およびここで説明したように，この言葉を狭義において用いる。

適用を義務づけられまたは許可される者が，社会的ルールの場合に通常そうであるよりも遥かに正確に，法によって決定されている，という意味である。さらにもっと重要なのは，サンクションの適用に特徴的なこととして（つねにそうであるとは限らないが），それがサンクションの適用の規制を職務とする者（裁判所，警察など）によって規制されている，ということである[64]。社会的ルールの下ではそのような公務員は存在せず，社会的ルールにおける処罰的手段の適用は，被害を受けた当事者か，被害者または義務違反者と特別な関係をもつ者（彼らの家族，友人など）か，あるいは一般公衆に任されている。

これらの特徴のうち，各々の法的サンクションを社会的ルールの下における各々の批判的反応から区別することができるものはない，ということに注意すべきである。そのような区別は存在しない。これらの特徴をもつサンクションの大多数のものが，法体系に属するがゆえに，そのような法的サンクションと批判的反応とが区別されるのである。

法においては，義務の存在を生じさせる特徴的な事実として，サンクションが批判的反応に大幅にとって代わるのであるが，サンクションが批判的反応を完全に代替するわけではない。法的義務の違反は，それがまさに法的義務の違反であるがゆえに批判的反応に出くわす，というのが法の特色である。法的義務の違反は，その法は悪法ではあるが極悪非道ではないとみなす者からさえ，批判的反応を受ける，というのが法の特色である[65]。そうした批判的反応の不存在が，法的義務の不存在を意味するわけではないことも，疑いがない。にもかかわらず，一般市民からの批判的反応の存在は，例えば，ある行為を禁止することとそれを非難することとの区別に役立つことにより，依然としてD法としての法の性質を決定する一要素でありうる。

このコンテクストにおいてより重要なのは，法適用機関の批判的反応である。

---

64 後述第Ⅷ章を見よ。
65 もちろん人々は，時にはたとえ良法に対してすら，例えば悪しき政府を打倒するためとか，体制を変更するために，すなわち，何らかの重要な憲法的変更をもたらすために，違反を犯すことは良いことである，と教えられているかも知れない。

これは，ある行為がサンクションを受けるかもしくは非難されるかを決定する際の，またはサンクションと強制的な行政手段，例えば，強制買収，衛生上の理由からの取壊し，医学的治療のための監禁などとを区別する際の，主要な要素である。近代的法体系においては，法適用機関の批判的反応は，裁判所が判決を下す際に示す判決理由の中に最も特徴的に表現されている。議会での討論，政府の法案に添付された説明的注意などのような他の源泉が，このコンテクストにおいて重要性を獲得するのは，裁判所によってそれらに認められた重要性をとおしてである。

法適用機関の批判的態度を調べるに際しては，義務およびサンクションの存在を確証することになるであろうそうした態度は一つではない，ということに注意して観察すべきである。適当な種類の不利益が，ある個人の行動の帰結としてこの者に対して加えられ，それが**原状**の回復としてか，その個人の行動によって引き起こされた何らかの損害に対する賠償としてか，あるいは刑罰として（つまり，懲罰，防止，抑止，矯正などとして），必然的なものであるとみなされる場合にはつねに，その不利益はサンクションであり，その個人の行為は義務違反である[66]。かくして刑事上の刑罰も，非常に多様な民事上の救済手段も，義務を生じさせることになるサンクションである。

D 法としての法の性質が裁判所その他の法適用機関の批判的反応によって決まるという事実は，法的素材の性質や解釈がその最初の創造者による介入なしに変更されうることを意味している。

サンクションによって裏打ちされていない法的義務というものが存在しうるであろうか。事柄の性質上，サンクションによって裏打ちされた義務の賦課をとおして人間行動を規制することは，多くの状況下において効果的ではあるが，

---

[66] 裁判所の態度は，サンクションをその他の強制的な法的手段から区別するのに役立つ唯一の手がかりではない。それはまた，様々なタイプのサンクションを区別するのに役立つ手がかりでもない。しかし，それはこれらの区別を確定するに際しての重要な要素の一つである。

裁判所の態度はまた，サンクションの諸条件のうちどの行為（例えば，契約をする行為か，それを破る行為か）が義務違反であるかを決定する諸要因の一つでもある。これらの問題点に関しては，前述第Ⅳ章第2節および第3節を見よ。

必ずしもすべての状況下で効果的であるとは限らない。(現代のイギリスにおいて，労働関係がどの程度そうした方法で規制されうるであろうか。) サンクションの賦課のみでは効果的に規制されえない一つの領域は，高位の法適用機関および法創造機関の行動である。これは論理的な不可能性を理由とするのではなく，それらの状況下においてそうした方法で規制することの非現実性によるものである。多くの共同体において，これらの地位にある者は，誤った判断による帰結から，あるいは権能の誤用に対する性急な，悪意ある，または取るに足りない非難から，相対的に免責されていることを要求する。さらに，これらの役人たちは，そうした免責を自ら確保する権能をもつことが，非常にしばしばある。その結果，多くの法体系においては，高位の公務員の側については，重大な非行のみがサンクションに服させられる。このことは，そうした重大な非行を含まない職務に関しては，彼らがすべての事項について完全な裁量権をもつことを意味するものではない。

　こうして多くの法体系においては，ある者が，法的手続により，公的手段 (条例，収用命令，一定の免許付与の拒絶など) の無効または撤回を生じさせることができる場合にはつねに，また，時にはこの者が何らかの公的手段によって引き起こされた損害の賠償を国家またはある公的機関から取得することができる場合には，そうした手段をとった公務員は義務に違反した，と述べることが適切であるように思われる。結局このことは，多くの法体系において，法を適用および創造する公務員たちは，彼らがもたない権能を用いようとは主張しない一般的義務をもち，また，彼らはその権能を一般原理に従って行使する (例えば，関係する事実を十分に調査し，紛争の当事者双方に審問し，関連するすべての考慮要因に基づいて判断するなどの) 義務を負う，という規範的言明を主張することになる。

　いくつかの法体系においては，国務大臣やその他の公務員に対し，**権能を逸脱した規制や無効な除名命令などをしない義務を課す法が存在する**一方で，無効な遺言や契約などをしないということについての同様の一般的義務は存在しない，ということは，それらの行為に対する批判的反応が異なることの帰結で

ある。多くの法体系において，公務員による一定の形態の権能誤用や**権能逸脱**行為は，一般公衆や選挙された機関におけるその代表者からの，裁判所からの，および行政庁の階級組織それ自体からの（非公式の叱責，昇進の困難，報道機関への公表などの手段による）批判的反応に出くわす。そうした批判的反応が非効率性，判断の誤り，または間違った政策に対する批判から区別され，あるいはまた，行為がその成功や効用にもかかわらず，「ルールに反する」がゆえに叱責に値するものとして非難される場合には，批判的反応や法的救済手段の存在は，法的義務の存在を示唆するものであると，私には思われる。もっとも，その法的義務は，サンクションを定める法によって裏づけられてはいない。

ここまでの4，5頁では，法的義務とD法，およびサンクション，法的救済手段，ならびに批判的反応との関係について，少しばかりの一般的考察が行われた。これらは，D法に関する受容可能な種類の個別化原理についての一般的指摘，および関係する法的素材が解釈されるべき方法についての一般的指摘を意味する。多くの問題が看過されており，ここで行われた考察はきわめて一般的である。D法についての完全な検討は，別個独立の研究対象として相応しい。この問題を徹底的に検討する際に考慮されるべき複雑な諸問題のうち，ここでは以下の二つについて手短に触れることができるにとどまる。

(a) D法の範囲とサンクションを定める法の範囲との必然的な関係についての問題：それらの範囲は，同一の広がりをもつ必要はない。サンクションはしばしば，何らかの弁解の余地ある状況や個人的免責（それは放棄されうる），時効，または禁反言の申立てなどの理由によって適用不可能となるが，これらのいずれもがD法の範囲やそれが課す義務の範囲に影響を与えるものではない。ある法の範囲と，その法をD法として解釈することを保障するサンクション賦課法の範囲との関係は，どのようなものであろうか。

(b) これといくらか類似した問題としての，義務と責任との関係，代位責任，絶対的責任などの検討の問題：一つの義務を引き受けて行われる共同行為または共同不法行為は，継起的義務にどのように影響するであろうか。また，それは責任にどのように影響するであろうか。これと類似した多くの諸問題が

存在する。

サンクションの適用は、命令されるか（その場合には、サンクションの適用自体が義務である）、あるいは許可されうる。いずれの場合においても、それは様々な人々（被害当事者、検察官、裁判所、刑務所委員会など）の同意、イニシャティブまたは裁量に従属するものとされうる。サンクションを適用することの許可は、〔サンクションを定める法とは〕別個の法を構成することが、次章で論じられるであろう。サンクションを定める法をS法と呼ぶことにしよう。サンクションの適用を義務（a duty）とするS法は、DS法と呼ばれる。サンクションの適用をたんに（merely）許可するにすぎないS法は、MS法と呼ばれる。

法体系は、S法の中にDS法だけを含み、MS法を含まないことも可能であり、それによって無限回帰を生み出すこともない。第一に、あらゆるD法がそれに対応するS法をもつわけではなく、したがって、あらゆるDS法がそれに対応するS法によって支えられる必要はないからである。第二に、DS法は他の法の違反に対するサンクションはもちろん、その法自体の違反に対するサンクションを定めることもできるからである[67]。そして最後に、諸法間の相互言及が可能であるからである。A義務とB義務とを（例えば、裁判所の管轄に従って）区別する法体系における以下の四つの法を考えてみよう。(a) 何ぴとも、盗むべきでないというA義務を負う。(b) 何ぴとも、子供を扶養すべきであるというB義務を負う。(c) どのA裁判所も、すべてのA義務違反を処罰するB義務を負う。(d) どのB裁判所も、すべてのB義務違反を処罰するA義務を負う。これらの法によって賦課された義務のいずれもが、サンクションによって裏打ちされているが、どの法もそれ自体によって賦課された義務の違反に対するサンクションを規定してはいない。

受容可能な一まとまりの個別化原理が存在するとすれば、法体系の構造に関する以下の二つの命題が主張されうる。すなわち、——

　(i)　あらゆる法規範はD法を含む[68]。

67　Hart, *Self-Referring Laws* を参照せよ。
68　以下は一連の命題であり、この後も pp. 156, 164, 169–170 へと続いており、ローマ数字によ

(ⅱ) あらゆる法規範はS法を含む。

　最初の命題はほとんど正当化を必要としない。義務を賦課することは，人間の行動を規制し，指導するという，法の機能が満たされるための主要な，そして多くの点において最も重要な仕方である。次節で説明されるように，法がその機能を満たすその他の方法は，義務の賦課によって決定される。第二の命題は，本節の既述箇所で到達した結論に基づいて，第一の命題から生じるものである。それは，あらゆるD法の存在が，それに対応するS法（つまり，D法の違反に対するサンクションを定める法）の存在に依存する，という主張ではない。しかしながら，法の対象者が公務員ではないようなD法の存在はすべて，それに対応するS法の存在に依存する。そして，公務員でない者に向けられたD法も存在するのでなければ，公務員は存在しえない。それゆえに，あらゆる法体系には公務員でない者に向けられたD法が存在しなければならず，そうしたD法に対応するS法があらゆる法体系に存在しなければならない。

　これらの命題に基づき，さらに二つの命題が肯定されうる。すなわち，――

(ⅲ) 処罰的関係は内部的関係である。

(ⅳ) あらゆる法体系において内部的な処罰的関係が存在する。

　S法はそれに対応するD法がなければ存在しえないので，処罰的関係はすべて内部的関係である。したがって，そして命題(ⅱ)のゆえに，あらゆる法体系には内部的な処罰的関係が存在する。

　公務員に向けられ，対応するS法によって支えられていないD法は，そのD法の存在にとって必要な救済手段を提供する法と内部的関係をもつ。しかしながら，そのような内部的関係は，あらゆる法体系に存在するとは限らない。

5　権能付与法

　規範は行動の手本である。ベンサムもオースティンもケルゼンも，法が行動

って区別される。

の手本となる唯一の方法は，その行動を規定すること（prescribing）によってであると考えた。前節におけるＤ法の説明は，行動を規定する法規範についての説明であった。Ｄ法は行動規定的規範（prescriptive norms）の一種であり，法であるところの行動規定的規範である。私はＤ法およびそれと類似の規範を，それらが規範を創造しようという意図をもって行われる行為によって創造される必要はないことを指摘するために，それらを定言命令的（imperative）規範としてではなく，行動規定的（prescriptive）規範と呼ぶ。ベンサム，オースティンおよびケルゼンは，定言命令的な規範理論を採用した。彼らはみな，あらゆる規範が定言命令的規範であると考えた。われわれは，ハートに従い，必ずしも定言命令的規範ではない行動規定的規範の説明について概略を示したが，それらはなお定言命令的規範がするのと同様の方法で，つまり，それらを遵守する一定の標準的理由の存在をとおして，人間の行動を指導する。これらの標準的理由の性質，およびそれらの理由に基づいて，行動規定的規範が行動を指導し，その評価の標準となる仕方は，以前の諸節で説明された。本節では，行動を命じることなしに行動を指導する規範の概念が概説されるであろう。法に指導された各々の行為状況が個々の法の核心とみなされるべきである，ということが望ましいとすれば，そうした規範の存在はもう一つ別のタイプの法が存在することを可能にする。それは，「権能付与法」（power-conferring laws）ないしＰ法と呼ばれるであろう。すべてのＰ法は規範である。つまり，それらは人間の行動を指導する。規範としてのＰ法の性質に関してここで提示される説明は，ハートによって『法の概念』の中で行われたいくつかの指摘に基づいている[69]。

　あるタイプの規範が存在することを論じるに際しては，二種類の考察が区別されなければならない。存在論的考察は，抽象的な実体を指定する十分な根拠が存在するかどうかを決定する。規範的考察は，これらの実体が規範であるかどうかを決定する。例えば，前記の第２節および第３節では，規範的考察に関するかぎり，命令は規範とみなすことができること，しかし，それらが重要な

　69　とくに，*CL*, pp. 27–33, 40–1, 78–9, 92–4 を見よ。

種類の実体とみなされることの存在論的正当化が存在するかどうかは疑われうることが論じられた。存在論的および規範的考察は，言語論的考察によって補完されるべきであり，これに関係する規範を記述するためにどの用語が最も適切であるかを決定し，そうした規範が日常会話の中で言及されるのに適切な場面を記述する。本書を通じて，私は言語論的考察についてはほんのわずかしか述べないことにする。

　ハートはつぎのように説明する。「……命令が〔威嚇によって裏打ちされた命令とは〕まったく異なる社会的機能を果たすことから，威嚇によって裏打ちされた命令との類比が全面的に妥当しない……場合には，そこには重要な種類の法が存在する。有効な契約や遺言や婚姻が行われる方法を定義する法的ルールは，人々が望むと望まざるとにかかわらず一定の方法で行為するよう要求することはない。そうした法は義務や債務を課すものではない。その代わりに，それらの法は諸個人に彼らの願望を実現するための**便宜**（*facilities*）を提供するのである。……」[70]。ハートはここで非常に重要な二つの指摘をしている。すなわち，権能付与法というものが存在する，ということ，およびそれらが規範であり，それらは諸個人に彼らの願望を実現するための便宜を提供することにより，人間の行動を指導する，ということである。

　第二の点は，ハートが権能行使の能力を決定するルール，権能行使の形式と手続を明らかにするルール，およびそうした権能行使によって創造される権利ならびに義務の構造の存続期間を画定するルールを区別することへと進む際に，大きく掘り崩されている[71]。その後に彼は，同一のカテゴリーとして，一定の立法者がそれについて立法権能をもつ題材を明らかにするルール，立法機関の構成員の資格と同一性を明らかにするルール，および立法の形式と手続を明らかにするルールに言及している[72]。私には，これらの種類の法は規範ではなく，また，いかなる個別化の原理に基づき，そしてどのような理由で，それらが法

---

[70] *CL*, p. 27.
[71] *CL*, p. 28.
[72] *CL*, p. 31.

の部分部分ではなくて法であると考えられるべきなのかも明確でないように思われる。それらが法であるとしても、それらは規範ではなく、法規範（これらの場合にはP法）と内部的関係をもつものであり、いわばこれらの法規範の解釈と適用に対する効果から、それらの法的重要性を引き出すものである。そのような法については、次章で論じられる。本節はもっぱらD法でない法規範に関わるものである。

　先に引用した文章の中で、ハートは法の「社会的機能」に言及している。この語句は少なくとも二つの意味をもっている。第一の意味は、この語句を取り上げるのにより適切な意味であると私が考えるものであるが、それによれば、この語句は法の（現実的なまたは企図された）社会的効果のことを指している。この意味においては、法の企図された機能は不動産取引を促進することであるとか、既婚女性が仕事を続けるのを思いとどまらせることであるとかいわれる。第二の意味によれば、この語句は法の「規範的機能」のことを指している。この意味においては、D法はすべて一つのタイプの機能だけをもつ。つまり、一定の行動の仕方を規定することである。P法の規範的機能は、諸個人に彼らの願望を実現するための便宜（facilities）を与えることである。一定の権能（例えば、遺言を行うこと）を行使するための手続（例えば、書面のみによる）を明らかにする法は、特別の機能をもつが（例えば、詐欺を防ぐこと）、それは何ら規範的機能をもつものではない。というのも、そうした法はそれ自体で便宜を与えるものではないからである。それは権能を与えるものではなく、規範ではない。この第二の機能が関係するのは、P法の規範的機能の説明についてである。

　D法およびその他の行動規定的規範は、行動を規定することによってそれを導く。それらは、それらの存在がつぎのような諸事実の存在を伴うがゆえに、行動を規定する。すなわち、(a)その規範が適用される諸場面において、規定された行動を履行する理由を構成する事実、および(b)これらの場面において、規定された行動の不履行に対する人々の反応によって引き起こされる事実である。それらの存在もまた、当該集団に属する大部分の者の行動に依存する。こうし

た特徴づけは，それが義務を賦課するか否かにかかわらず，あらゆる行動規定的規範に当てはまる。

　行動規定的規範は，特別の種類のO規範とみることができる。以下は，O規範に関する三段階による部分的分析についての大まかな概説である。Zはある者がC_1においてA_1を行う行為状況，Yはある者がC_2においてA_2を行う行為状況，そして，Pは何らかの包括的な事態である。O規範の一般的形態は，$Z+P$と表現することができる。これは，C_1においてA_1をすることにより，行為者はPに対する（またはPを達成するための）O権能をもつ，というように読むことができる。O規範は規範の対象者にO権能を付与するものである。

　第一段階：標準的理由の存在：以下の諸要件が満たされたものと仮定しよう。

　(1) 事例Zの発生は，事例Pが引き続いて発生する相当程度の蓋然性を与える。

　(2) 行為者（つまり，何らかの場合にZを履行する者）は，通常は(1)について知っている。

　(3) 事例Zに引き続いて事例Pが発生することは，行為者の目から見て望ましいか望ましくないかにかかわらず，非常に頻繁である。

　これら三つの条件が成り立つ場合には，Pは，Zを履行することまたは履行しないことの標準的理由である，ということができる。Pが時にはZを履行することの理由であり，時にはそれを履行しないことの理由である，という点が重要である。例えば，居間が暖房されていることがPであり，電気暖房をつけることがZであるとする。PがZに続いて起こりやすいということは，時にはZをすることの理由であり，時にはそれをしないことの理由である。これはつぎの二つの理由から，非常に単純な例である。すなわち，(1)Zをすることは，通常その行為者によって利益であるとか不利益であるとかみなされる以外の帰結をもたない。(2)Pの利益または不利益は，大抵の行為者の目から見て，大抵の場合において同じ性質——例えば，それぞれの生物にとっての，その環境における一定の暖かさの必要性——をもつ。諸条件が成立するその他の状況も，より複雑ではあるが，同じ性質をもつ。

第二段階：前規範的状況：最初の三つの条件〔前述(1)～(3)〕が，以下の諸条件とともに満たされたものと仮定しよう。

(4) P は Y に属するどの事例の履行とも同じであるか，あるいはその履行の帰結であり，かつ Y の事例は Z に属するあらゆる事例の履行に続いて起こりやすい。

(5) Z の履行は，Y の履行の理由またはその動機の一部である。

(6) (4)および(5)の条件が満たされていることは，(Z の) 行為者に知られている。

これらの諸条件が成立するならば，Z の履行は Y の履行を引き起こし，したがってそれは P を引き起こす，ということができる。P が Z の履行者にとって利益であると考えられる場合には，Y の履行は彼にとって何らかの利益であり，P が彼にとって不利益である場合には，Y の履行は彼にとっては何らかの不利益である。Y が，そして P が，Z の履行に続いて起こりやすいということは，時には Z を履行することの理由であり，時にはそれを履行しないことの理由でもある。Z を履行するまたは履行しない能力により，行為者は一つの Y および P の発生に対するコントロールをもつ，ということができる。そのような場合には，行為者は Y と P に対する O 権能をもつといわれるであろう。そのような前規範的状況は，例えば，ある者が他人に対し，容易に対応可能な状況下で，暖房をつけるよう依頼し，またはそうすることを彼に命じる場合に存在する。もう一つの例は，客人が，客間で外套を着れば主人は暖房をつけに行くであろうということを知りながら，そのようにするような場合であろう。

第三段階：規範の存在：以上の六つの条件に加えて，以下の諸条件が満たされたものと仮定しよう。

(7) Z の事例を履行した結果として生じる Y の事例の履行が，様々な場面において，一定の集団に属する多くの構成員の積極的な参加または黙認を含む。

(8) (7)の条件が満たされていることが，その集団において広く知られている。

これら八つの条件すべてが満たされた場合に，規範の存在について語ることが規範的考察によって正当化される。こうして一定の集団においては，その集

VI 諸規範の体系としての法体系　189

団の構成員に対し，彼らの子供のために食糧を請い求めることによってそれを獲得するO権能を付与する規範が——通常はそうした要求が満足され，かつその他の諸条件が成立しているならば，たとえこの状況下では慈善的施しをする義務がその集団にないとしても——存在する。そうした状況下ではわれわれが規範の存在についてあまり語らないということは，規範的考察に起因するのではなく，存在論的および言語論的考察によるものである[73]。

行動規定的規範は，O規範に基づいて以下のように定義することができる。

「$-Z$」はZの不履行を意味し，「$Z！P$」は「ZはPという苦痛を裏づけとして命じられている」と読み，「$Z！$」は「Zが命じられている」と読むものとする。

定義：「$Z！P$」は，PがZの不履行の帰結として生じる場合において，Pがその規範の対象者により不利益とみなされるのが標準的であるとすれば，「$-Z+P$」と同じことを意味する。

定義：「$Z！$」は「$(\exists P)Z！P$」と同じことを意味する。

以上に説明したように，行動規定的規範は，O規範の特別な場合にすぎないものとみられる。O規範は行動を指導するが，そのうちのいくつかは確定した方向に行動を導くものではない。O規範の存在は，時には規範的行為の履行の理由であり，時にはその不履行の理由である。というのも，その履行によって起こりやすい帰結が時には利益であり，時には不利益であるからである。規範的行為の履行によって起こりやすい帰結がすべての場合に不利益である場合には，その不履行が命じられている。

O規範およびO規範と行動規定的規範との関係に関する分析のこうした大

73　私がO規範と呼ぶ重要なタイプの規範を分析したという主張は，たしかに一定の疑問を提起する。それは，ここで行われた非常に一般的な指摘をさらに精確なものにしようとすることなしには解決されえない，と私は考える。しかし，法規範を研究するという目的からすれば，これらの指摘はO規範の部分的特色をなすものにすぎないものとして受け容れることで十分であることに注意すべきである。それらの指摘は，あるタイプの規範が存在するための，十分条件ではないが，必要条件であると考えることで十分である。PR法およびPL法について以下に示される説明は，いずれにしてもこれらのタイプの法をO規範とみることを正当化するその他の諸条件（つまり，D法との一定の内部的関係）を含むものである。

まかな概要は，多くの点において精製され，発展させられる必要がある。しかしながら，それは規範の一般理論がすべきことである。本研究の目的からすれば，粗略な概念を提示することで十分である。O規範は，人々の行動に対する，人々の広く知られた統一的反応に依存している。O規範によって前提とされた反応の統一性は，たんなる偶然の一致ではない，とみるのが自然である。人々が同一の状況下では大抵同一の方法で反応する場合には，彼らは同様の理由からそのようにしていることが多い。そのような理由とは，正しいことおよび間違っていることについての彼らの意見，共同体の善に関する彼らの見解，あるいは彼ら自身の福利についての見解などでありうる。

　反応が統一的であることについて考えうる一つの理由として，その反応自体が義務であるということがありうる。ある人々がZをすることによってPに対するO権能をもつということは，Pを生み出すY自体が別の規範によって命じられているという事実，つまり，Zが規範である**場合にはY！**である，ということによるものでありうる。この場合，これら二つの規範〔ZおよびY〕の間には内部的関係がある。というのも，一方で，O規範は行動規定的規範が存在するがゆえに存在し，他方で，それは行動を規定する規範の適用を規制するからである。換言すれば，行動を規定する規範によって一定の仕方で行動することを義務づけられている人々の同一性，および彼らがそのようにすることを義務づけられる諸環境は，O規範によって付与されたO権能の行使に左右されうる。行動を規定する規範に対するO規範のそのような内部的関係は，「規制的関係」と呼ばれうるであろう。O規範が行動規定的規範に対して規制的関係をもつ場合はつねに，O規範は一定の行為状況の事例をもって一定の義務の適用を規制する権能（power to regulate）を付与するものとして，適切に記述される。このようなタイプのO規範は，PR規範（それが法規範である場合はPR法）と呼ばれ，それが付与する権能は，PR権能または規制的権能と呼ばれるであろう。

　PR法は，それが適用を規制するD法に対して規制的関係に立つ。PR法は，その他の行動規定的でないO規範と同様に，一定の諸環境が問題になるたびに，

ある行動を避けるよりも一層適切な行動の仕方を提示することによって行動を導くのではなく，ある行為の一定の帰結——それは時にはその行為をすることを有利にし，時にはその行為をしないことを有利にする——を定めることによって行動を導くものである。

PR 法は法の中でも非常に重要なものであるが，大抵それは先に記述された〔かぎりでの〕PR 法よりもはるかに著しく複雑である。また大抵 PR 法は一つ以上の D 法の適用を規制し，しばしばそれはある距離を置いて D 法を規制する。つまり，その PR 法がその他の PR 法の適用を規制し，ついで後者が D 法の適用を規制するというようにしてである。例えば，人々を婚姻させる権能を役人に与える法を考えてみよう。この法は，その法的効果に関しては，婚姻の地位を創り出すその他の法に，つまり，婚姻した人々に義務を課し，権能を与える法によって決定される。ついで，この権能付与法は，その法的効果に関しては，それがその適用を規制するその他の法によって決定される。

財産の所有権を移転する権能，あるいは緊急事態を宣言する権能を付与する法も，同様の仕方で作用する。それらは一定の人々を一定の法の適用下に置き，それによって彼らに権能を付与し，彼らから権能を剥奪し，彼らに義務を課し，あるいは彼らを義務から解放するなどの作用を営む。

規制的関係は次章でさらに論じられ，その際には PR 法とその他の法との関係がさらに検討されるであろう。上記の議論は，PR 法が規範であるという主張を確証するものである。というのは，PR 法は行動を指導するからである。ある者が一定の行為をすることによってその財産権を移転するという事実は，ある場合にはそうした行為をする理由であり，他の場合にはまさにその行為をしないことの本当の理由である。

PR 法は O 規範の一種にすぎない。PR 法は，その規範に定められた行為（the norm-act）の履行に対する反応が，PR 法がいやしくも何らかの効果をもつ場合にはこれと共存するはずの他の規範によって規定されている，という事実によって特徴づけられる。さらに触れられるべきもう一種類の O 規範がある。立法権能（legislative powers）を付与する規範があり，それは PL 法と呼ばれるで

あろう。PL法は，その規範に定められた行為の履行に対する反応が，他の規範によって規定されてはいるが，この規範はPL法が創造されるときには存在していない，という事実によって特徴づけられる。この規範は，PL規範それ自体に定められた行為によって創造される。所有権が移転するときにある者から他の者へ移転されるような義務を賦課するD法は，所有権が移転する以前に存在し，そして，それが存在することを唯一の理由として，所有権を移転する権能を付与するPR法が何らかの法的意義をもつのである。ある者が契約を締結するときにこの者に賦課される義務は，その契約そのものによってのみ規定される。つまり，この者の行為によって創造された規範によって規定されるのであり，それ以前に存在する規範によって規定されるのではない。契約を行うためのPL権能を付与するPL法の重要性は，他の法の存在に依存するものではない。このPL法は，それに基づいて何らかの法が創造される以前にも存在意義をもつ。その存在意義とは，それが新しい法を創造する権能を付与する，ということである。

同様に，緊急事態を宣言することにより，管轄権をもつ国務大臣は，それによって彼が創造したのではない法の適用を規制する。その法が何らかの効果をもつとすれば，それは彼の宣言以前から存在していたはずである。他方において，国務大臣は規制をすることによって既存の法の適用を規制しているのではなく，新たな法を創造している。彼が賦課する義務は，この機会に彼によって創造された法に規定されているのであり，既存の法に規定されているのではない。

PL法によって付与された立法権能の行使をとおして制定された法は，PL法と内部的関係をもち，これは「発生的関係」と呼ばれる種類の関係である。以下の二つのテーゼが主張されうるが，それらは法体系の最低限の内容またはその複雑さに関わるものであることから，ここでそれを擁護することはしない。

 (v) どの法体系にもPL法が存在する。
 (vi) どの法体系にもPR法が存在する。

これらのうち，第一のテーゼはさらに第Ⅷ章で考察されるであろう。そこでは，どの法体系も立法権能を伴う裁判所を包含するということが論じられるで

あろう。(v)および(vi)のテーゼから，以下のテーゼが生じる。

(vii) どの法体系にも諸法間の発生的関係が存在する。

(viii) どの法体系にも諸法間の規制的関係が存在する。

テーゼ(viii)はテーゼ(vi)から直接的に生じる。テーゼ(vii)は，テーゼ(v)およびつぎの事実から生じる。すなわち，あらゆるPL法に対し，それが付与する権能の行使によって制定された他の法が存在するわけではないものの，それと発生的関係をもつ法が存在するような何らかのPL法が存在する，という事実である。

PL法とPR法は両者ともに行動を指導する点で共通するが，それらが適用されるあらゆる場合において同じ方向へ導くわけではない。それらの存在は，時には規範に規定された行為を履行する理由であり，時にはそれを履行しない理由である。それゆえに，それらはともに権能付与法またはP法と呼ばれる。法体系は，P法とD法という，二種類の規範のみを包含する。それらの機能と相互関係を理解することは，法体系の構造と機能を理解するための重要な部分である。ハートが，第一次的ルールと第二次的ルールとの結合の中に法理学 (the science of jurisprudence) の鍵がある[74]，と述べる際に行っているのは，本質的にこの主張である。D法，P法，およびそれらの関係について上記に示された説明は，そうした言明についての説明である。この説明は，第二次的ルールおよびそれと第一次的ルールとの関係に関するハートの説明とは多少異なっている。すなわち，――

(1) ハートは，ある法体系における法はすべて第一次的ルールか第二次的ルールかのいずれかであると考えている。法規範にはD法とP法のタイプしかないが，規範ではないその他のタイプの法が存在することが，次章で論じられるであろう。

(2) 承認のルールはP法ではなくてD法であり，それゆえに，P法はハートのいう第二次的ルールに相当すると述べることは不正解であるということが，後に第VIII章で論証されるであろう。

---

[74] *CL*, p. 78.

(3) ハートは，第二次的ルールは「第一次的ルールとは異なる次元のものであるということができる。なぜなら，第二次的ルールはすべてそうしたルール**についての**ものであるからである。第一次的ルールは，諸個人がしなければならないまたはしてはならない行為に関係するのに対し，これらの第二次的ルールはすべて第一次的ルール自体に関するものである」と述べている[75]。これは，この状況を記述するのには，むしろ不都合な方法であるように思われる。第二次的ルールおよびP法は，それぞれ第一次的ルールおよびD法に対して内部的関係をもつものの，前者は後者についてのものではなく，不特定の方向にではあるが，第一次的ルールおよびD法がするように，前者が指導するところの人間の行動「について」のものである。

(4) ハートはPL法とPR法とを区別していないが，この区別は最大の重要性をもつものである。彼は例えば，契約をしたり，財産権の移転をするという作用は限定された範囲の立法行為とみなされるのが有益であると述べている[76]。私は先に，契約をする権能のみが立法権能であるのに対し，財産権を移転する権能は規制的権能またはPR法であると論じた。

この立法権能と規制権能との区別の重要性は，ベンサムによってのみ十分に理解された（彼はそれらを立法権能と集成的権能と呼んだ）。もっとも，彼はそれに相当する諸法のタイプ間の区別をしようとはしなかった。そして，ベンサムでさえ，各々の権能がどちらの種類のものであるかを決定するための正確な指標を提示し損なった。私は，ここでこの問題に取り組もうとはしなかった。というのも，この問題は容易に解決できるものではないことが認められており，それについての議論は，このような序論的研究のすべき事柄ではないからである。

(5) ハートがいう裁判のルールの概念は，後に第Ⅷ章で検討されるであろう。この概念は，変更のルールを標準的に伴う第二次的ルールの特別のタイプとしてではなく，PL法または変更のルールに属する特別の亜種として取り扱われ

75　*CL*, p. 92.
76　*CL*, p. 94.

るのが最適である。

A　服従法に関する覚書き

ベンサムおよびオースティンは，立法を権威づける法のうちの少なくともいくつかは，服従法であるとみている[77]。私は先に，これらの法はすべてPL法とみなされるべきであることを指摘した。ここでは，立法を権威づける法という概念の解説としては，服従法よりもPL法の方が好ましいと考えられる理由が概説される。

(1)「xはCにおいてAをすることによって立法を行う立法権能をもつ」という言明形態が真である場合はつねに，(2)「xがCにおいてAをするならば，yはxに従う義務を負う（またはxに従うべきである）」という，真である言明形態が存在し，それは第一の言明に随伴し，またそれを随伴する。言明形態(1)は，PL法というカテゴリーの受容が決定されるならば，PL法の標準的な記述とみなされうる。言明形態(2)は，服従法というカテゴリーの受容が決定されるならば，服従法の標準的な記述とみなされうる。

これらのタイプの言明が相互に随伴し合う組合せとして整理されうるという事実は，私が主張するように，PL法が立法を権威づける法の解説であるとすれば，服従法もそうであることになり，また，その逆も真であることを意味する。だとすれば，立法を権威づける法の解説としてPL法の方が好まれる理由は何であろうか。そして，なぜPL法と服従法とがともに措定されるべきではないのであろうか。

余計な反復を回避し，法についての通常の捉え方に忠実であるという願望が，服従法の可能性を拒絶すべきことを指し示している。われわれは大抵，立法の権威づけには一つの法だけが含まれ，二つの法が含まれることはないと考えている。さらに，これら二つの言明のうち，いずれの一方も他方から引き出すことができるのであるから，両者の言明の真実性を確証するためには，一つの法

77　前述第Ⅰ章第3節を参照せよ。

の存在を措定することで十分である。他方において，法によって指導される各々の行為状況が個々の法の核心部分であるべきことが望ましい。立法を権威づける法は，権能を与えられた立法者の行動と，彼の法の潜在的な対象者の行動の双方を指導する。第一の言明形態は立法者の行動が指導される仕方を記述するのに対し，第二の言明形態は彼の法の潜在的な対象者の行動がどのように左右されるかを記述する。したがって，服従法とPL法の双方を措定すべきとの立場が存在する。

　ここには一般的な諸要件の衝突が存在し，それは相争う考慮要因を相互に衡量することによってのみ解決されうる。

　この場合における余計な反復は非常に広範囲に及ぶ——一つの言明だけで他の言明まで随伴し，しかもこの随伴関係が相互的である——ことから，私は一方のタイプの法のみが措定されるべきであることを提案する。私としては，つぎの二つの理由から，PL法を措定する方が好ましいと考える。第一に，それはわれわれが法について考える際に慣れ親しんでいる通常の方法である。第二に，権能を与える立法により，権能を与えられた立法者の行動は，彼の法の潜在的な対象者の行動に比べてより直接的で端的な仕方で指導されるように思われる。というのは，潜在的な対象者は，立法者がその権能を行使して法をつくる場合にのみ，彼に権能を与える立法の作用を受けるからである。

　本節における議論は，立法——つまり，法を創造することを意図した行為による法の創造——を権威づける法に集中して行われた。その他の人間的行為もまた，法によって権能を与えられるならば，法を創造することができ[78]，そうした権能を与える法も同様に取り扱うことができる。

78　前述第Ⅲ章第3節を参照せよ。

Ⅶ　諸法の体系としての法体系

1　法の規範性について

　これまで考察の対象にしてきた哲学者たちはすべて，ある決定的な点に関して一括りにされる。すなわち，彼らはすべて，あらゆる法が規範であると考えているのである。本章では，規範性は，後に説明するような意味において，法の重要な特徴であるものの，いくつかの法は規範ではないという見解を提示することにする。より正確にいえば，法体系の最低限の内容ならびに最低限の複雑性，および受容可能な一まとまりの個別化原理が所与のものであるとすれば，規範ではないいくつかの法が，どの法体系においても存在する，という見解である。法体系の最低限の内容および複雑性については，本書では論じられないので，せいぜいここで実際に確認されうることは，規範ではない法の可能性である。

　そうした法の存在について主張することは，反復を避け，かつ十分理由もなしに日常会話における言葉の用法から逸脱しないという一般的要件に立脚している。そして，何より重要なのは，そうした法についての主張は，法体系における様々な部分間の重要な結合関係を説明する際の簡潔性と明確性という要件に立脚するということである。本章は，規範ではない法の存在についての一般的な主張に関するものにすぎない。したがって，規範ではない法のすべてのタイプを一つひとつ列挙したり，分析したりすることは試みられない。そのような法の二つのタイプ，およびそれらを措定することによって得られる利益に

ついてのみ，つぎの二つの節で探究されるであろう。

　しかしながら，予め論じられるべき一つの原理がある。序論で述べたように，法の最も重要な三つの特色は，それが強制的であること，制度化されていること，および規範的であることである。そして，多くの法哲学者たちの間における見解の相違は，法のこうした諸特色に対する説明の仕方が異なることに由来するとみることができる。前章では，法の規範性に対する部分的な説明が提示された。法は，その機能が人間の行動を指導することにあるがゆえに規範的であり，それはつぎの二つの方法で人間の行動を指導することが示された。一つは，一定の行動の仕方がもたらす帰結について，そのような行動の仕方を避ける標準的理由となるように決定することによる場合である。もう一つは，一定の行動の仕方がもたらす帰結について，ある者の願望により，そうした行動の仕方を遂行するかあるいは回避するかの理由となるように決定することによる場合である。後者の考え方は，行動の指導について前者の方法のみを考えたベンサム，オースティンおよびケルゼンの理論と異なるものである。しかし，それはハートの見解とは合致するものであり，これによれば，法は人間の一定の願望を満たすための便宜を供与することによっても，人間の行動を指導する。

　もっとも，法の規範性とはあらゆる法が規範であることを意味すると考える点で，ハートもこれまで考察された他の哲学者たちに同意しているように見える。ベンサム，オースティン，ハートによれば，そして自らの手で歪められた意味においてはケルゼンによってもまた，法の個別化における最重要の考慮要因は，あらゆる法が規範であるということを保障することである。それによって彼らは個別化の原理を構築し，法の概念をつくり上げている。彼らが定義するこの法概念は，法の規範性を説明する唯一の鍵である。

　こうした見解に対して，前述第VI章第3節では，法の個別化および法の概念を左右するその他の多くの考慮要因が存在し，その結果，規範ではない法が存在することが指摘された。法の規範性は以下の二つのテーゼによって説明される。

(ix) どの法体系にも規範が存在する[1]。

(x) ある法体系における，規範ではない法は，法規範と内部的関係をもつ[2]。つまり，そうした法は，法規範の存在または適用に影響を与える。さらにいえば，そうした法がもつ唯一の法的重要性は，それが法規範の存在および適用に影響を与える仕方にある。

あらゆる法が規範であるとの命題からなる，広く普及した説明に代えて，法の規範性をこのように説明することから，以下の二つの帰結が生じる。

(1) 法の規範性の説明は，諸法間の内部的関係に依存することから，それは法の概念よりもむしろ法体系の概念に立脚することが判明する。

(2) 法の概念の分析は，法体系の概念の分析に依存する。それは，あるタイプの法の理解が，それらの法とそれ以外の何らかの法との内部的関係に依存するからである。それらの法は，それ以外の法との関係から法的重要性を引き出している。したがって，法体系の構造を分析することは，「法」というものの定義にとって欠くことのできないものである[3]。

2 許可について

これまでに主張された10個の命題に対し，以下の命題を付け加えることができる。

(xi) どの定時点的法体系によっても，その体系における特別の法によって禁止されていない行為状況はすべて許可されている。

命題(xi)は，その法体系の内容がいかなるものであろうとも真である。ある定時点的法体系が，法によって明示的に許可されていない何らかの行為の履行を禁止する法を含む場合にも，この命題はなお真である。もっとも，そのような

---

[1] 前述第VI章第 4 節および第 5 節を参照せよ。
[2] 内部的関係は，少なくともしばしば推移的である。というのは，内部的関係は，ある法の存在または適用に影響を与えることにより，存在または適用に関してこの法に依存している諸法の存在または適用にも影響を与えるからである。
[3] 序論を参照せよ。

体系に関しては，この命題は真ではあるが空虚である。というのも，実際には
その体系によってすべての行為状況が明示的に許可されているか，あるいは明
示的に禁止されているかのいずれかであるからである。この命題はまた，それ
以外の法によって明示的に禁止されている行為以外のすべての行為を許可する，
という法を含む法体系を考える場合にも，空虚ではあるものの，真である。

　すでに定式化されたように，この命題は定時点的法体系にのみ適用される。
非定時点的法体系に適用するためには，この命題は遡及的な法の可能性を説明
すべく修正されなければならない。遡及的立法によれば，事件が生じた後にあ
る行為状況が禁止される可能性がつねに存在する。ある特定の行為が犯罪であ
ったとする裁判所の判決が，そのような行為を予め犯罪であるとする事前の法
が存在しないにもかかわらず下されたとすれば，そうした遡及的立法に該当す
る。遡及的立法は，時にはそのような特定の行為に対してのみ適用されるが，
時には（少なくとも部分的な）遡及効をもつ一般法の創造に値することもある。

　命題(xi)の真偽が個々の法体系の内容によって左右されず，また，法体系によ
って他に規制されていないかぎりすべての行為を禁止または許可するといった
法をもつ個々の体系から，命題(xi)を区別すべきであるとすれば，この命題の意
味するものは何であろうか。この命題は，法というものが行為を命じることに
よって人間の行動を規制するものであるとの捉え方を反映している。またそれ
は，法体系を独立した規範的体系とみなすという判断，つまり，それを他の規
範から区別して研究することが可能であり，またそのようにして研究されてい
る規範的体系とみなすという判断を表現している。

　法的な観点からみれば，そのような行為は，法によって禁止されていないか
ぎり，すべて許可されている。そこには，法は行動を命じまたは禁止すること
によって行動を指導するという事実が反映されている。法が行動を命じまたは
禁止していない場合には，行動はそのようには指導されない。ある行為が許可
されていると述べることは，その行為は一定の仕方で指導されてはおらず，禁
止されてもいないと述べることである。行為は法によって禁止されていないか
ぎり許可されているという原理は，法が一定の方法で行動を指導する仕方を，

その行動が法以外の要素によって指導される可能性を顧慮することなしに考える，という判断を表現している。

命題(xi)は以下の命題によって補足されるべきである。

　(xii)　どの定時点的法体系によっても，**将来の**行為が法を創造したり，法の適用を左右することは，その定時点的体系において将来の行為に対してそのような権能を付与する法が存在しないかぎり，不可能である。

特定の定時点的体系が存在する時点よりも前に行われた何らかの行為は，たとえその体系が立法行為を権威づける法を含んでいないとしても，その体系に従った立法権能の行使であると認めることができる[4]。これは，例えば，その体系がいかなる法的な権威づけもなしに制定された法を含む場合である。これらの立法行為は，法によって指導されてはいない。というのも，それらの立法行為が法的権能の行使としての性質をもつのは，その後に成立する定時点的体系が，そうした立法行為によって制定された法を含む，という事実のみに由来するからである。

命題(xii)は命題(xi)からの類推である。命題(xi)は法を一つの孤立した機能において考察する，つまり，義務を賦課することによる行動の指導として考察する，という判断を表現している。命題(xii)は法を一つの孤立した機能において，つまり，権能を付与することによる行動の指導という機能において考察する，という判断を表明している。

命題(xi)のゆえに，法によって禁止されていないあらゆる状況行為が，それを許可する法の核心であるとみなすことができるようにみえるかも知れない。しかし，そうした一般的な定式化を受け容れることはできない。なぜなら，そのような定式化は法一般の規範性と衝突するからである。というのは，(a)ある行為が許可されていると述べることは，規範についての記述を与えるものではなく——つまり，そう述べることは，その行為が指導されていることではなく，指導されていないことを意味する——，また，(b)そうした許可を記述する言明

4　前述第Ⅱ章第1節および第Ⅵ章第3節を参照せよ。

は，一般的には，規範ではない法の記述でもない——そのような想定上の法は，どの法規範に対しても内部的関係をもたない——からである。

にもかかわらず，「x は C において A をすることを許可されている（または A をすることができる〔may〕）」という形態の何らかの言明は，規範ではない法を記述するものとみなされ，それは許可付与法または M 法と呼ばれるであろう。M 法の存在を措定することは，以下のような取決めを前提とする。

M 法の解釈に関する取決め：同一の定時点的体系において M 法と D 法が部分的に矛盾する場合には，両者とも有効であり，M 法は D 法に対する例外を表す。

D 法は，その明示的な内容にもかかわらず，M 法の管轄下に入る事例には適用されない。

M 法の個別化を決定する何らかの受容可能な個別化原理は，M 法が以下の三つの条件を満たしていることを確認しなければならない。すなわち，——

(1) ある定時点的法体系に属する M 法によって許可された行為状況は，同じ定時点的体系に属する一つまたはそれ以上の D 法によって禁止された行為状況の一事例である。しかし，M 法によって許可された行為状況は，これら D 法のいずれかによって禁止された行為状況（と同等のもの）と同じ広がりをもつものではない。

(2) M 法によって付与された許可を，一つまたはそれ以上の D 法によって賦課された禁止に対する例外とみる理由が存在する。

(3) 禁止に対する例外を別個の法とみる理由が存在する。

解釈に関する取決めおよび第一の条件は，M 法と D 法との形式的な関係を決定する。それらは，あらゆる M 法が一つまたはそれ以上の D 法と内部的関係をもつであろうことを保障する。どの M 法も少なくとも一つの D 法の適用を修正する。第二および第三の条件は，D 法に対してこうした関係にある法を指定することを正当化する。

例えば，以下の諸言明が真であると仮定する。すなわち，——

(1)誰もが正当防衛のために実力を行使しうる。(2)誰もがステッキを持ち歩く

ことができる。(3)銃砲を持ち歩くことは禁止されている。なぜわれわれは、第二の仮定ではなくて第一の仮定を一般的禁止に対する例外とみるのであろうか。それは、(2)が部分的に矛盾するような禁止を記述する真なる言明が存在しないからではない。というのは、(3)が所与のものであるとしても、以下の言明が真であるからである。すなわち、(4)スティポンを持ち歩くことは禁止されている（「スティポン」は「ステッキまたは銃砲」と定義される）。(2)は部分的に(4)と矛盾するものの、前者は後者に対する例外を記述するものとみられるべきではない。(2)が(4)に対する例外を記述するものとみなす理由は存在しない。

　この形態の規範的言明が一般的禁止に対する例外を記述するものとみなす理由は、一般大衆の批判的反応、とりわけ、法適用機関および法創造機関の批判的反応にある。換言すれば、許可が禁止に対する例外であるかどうかは、その禁止や許可に対して与えられた理由次第である。例えば、禁止の理由が（禁止された事例および許可された事例の双方を含む一般的な事例の集合に適用されるという意味において）許可された事例にも適用される場合、また、これらの事例を許可する理由で、それらを禁止するより一般的理由にも優るいくつかの特徴がそれらの事例の中に存在するがゆえに、これらの事例が禁止を免除される場合は、許可は一つまたはそれ以上の禁止に対する例外である。

　しかし、許可を記述する真なる言明が禁止に対する例外を記述しているという事実は、その言明が別個の法を記述しているとみなすための必要条件にすぎず、十分条件ではない。その言明は、より狭く定義された禁止を記述する言明の帰結であるとみることもできる。例えば、いかなるロールス・ロイスも運転することができるということは、1935年以前に製造された車を運転することの禁止に対する例外である。しかし、それは別個の法を記述するものとみなされるべきではなく、むしろ、ロールス・ロイス以外の1935年以前に製造されたいかなる車も運転してはならない、という趣旨の言明の帰結であるとみなされるべきである。この最後の言明は、それが完全な法を記述するものであるとすれば、D法を記述するものである。

　許可を記述する言明がM法を記述しているとみなす一つの理由、つまり、

M法を措定する一つの理由は，許可というものがD法のグループの各々に対する例外であり，各グループのD法に共通する重要な特徴を明らかにし，それによって諸法間の重要な結合関係を指摘する，ということである[5]。これこそが，正当防衛およびその他の形態の自力救済を許可する法が存在しうることの理由である。また，適切な内容をもつ法体系において，緊急事態に際して他人の財産を保護するためにこれに干渉することを許可する法などを措定することも，同様の理由によって正当化される。

　M法を措定する理由としては，これ以外のものもありうる。すでに指摘したように，M法の一つのタイプは，MS法と呼ばれるグループ，つまり，サンクションの適用を許可する法である。法は，たとえそれがサンクションの適用をもたらす行為の履行を許可するにすぎず，そうした行動を命じてはいないとしてもS法であるが，それはその法が一般的な禁止に対する例外である場合に限られる。MS法を措定する理由は，それが多くの法に共通する特徴を選び出すからではなく，法を理解するに際してとくに重要となるD法とS法との関係をそれが明らかにするからである。

　例えば，不貞行為を禁止するD法への違反に対するサンクションが，(1)裏切られた配偶者またはその近親者は不貞行為をした配偶者を市場などで鞭打つことができる，というものであったと仮定する。(1)は，暴行に対する法，つまり，(2)暴行はそれが不貞行為をした配偶者を鞭打つなどの場合でないかぎり禁止されている，という法の一部を記述するものというよりも，MS法の記述とみなす方がより適切である。(2)が，暴行を禁止する法と不貞行為に対するサンクションを定める法の双方であるとみなすことは不適切であろう。もしそのようにみなすとすれば，その法は義務を賦課することおよび許可を付与することの両者であることになる点からしても，なおさら不適切である。これら二つの機能は分離され，二つの法に，つまり暴行に対するD法と不貞行為をした配偶者に関するMS法とにそれぞれ割り当てられるべきである。

5　前述第Ⅵ章第 3 節を参照せよ。

これらM法のタイプを十分に分析するためには，より詳細な探究が要求されるが，ここでそれに乗り出すことはできない。一層詳細な検討により，以上にみたものとは異なるタイプのM法の必要性が明らかにされるであろうことは，疑いない。しかしながら，本節の目的は，何がM法の個別化を左右するものであるかを概説することによって叶えられた。そうすることにより，一定の環境の下では，規範ではないタイプの法を措定する必要性のあることが証明された。

　M法はおそらくすべての法体系に存在するであろうが，それが本当かどうかは明白でない。しかし，M法はそれが存在するかぎり，つねに少なくとも一つのD法と内部的関係をもち，それにより，そのM法が所属する法体系の内部構造を形づくる役割を分担している。

　許可である法の可能性を認める，という法の捉え方を承認するに際しては，私はベンサムの見解[6]に従っているものの，以下の二点において重大な相違がある。

　(1)　あらゆるM法が既存のD法を修正すると主張することにより，M法によって修正されたD法が，このM法または他の法によって廃止された後にも，そのM法が存続するであろう可能性は，排除される。そして，前節で説明された規範性のテーゼへの適合性が保障される[7]。

　(2)　個々のM法の存在は，当該法的素材が創造された環境を検討することによって[8]ではなく，その存在を認めることが，——その法体系の内容を正確に反映しつつ——個別化原理を決定する何らかの一般的な目的を促進するかどうかを判断することによって決定される[9]。

　6　前述第Ⅲ章第 2 節を見よ。
　7　これと異なるベンサムの見解に関しては，前述第Ⅲ章第 2 節を見よ。
　8　これはベンサムの立場である。前述第Ⅲ章第 2 節および第Ⅳ章第 1 節を参照せよ。
　9　前述第Ⅵ章第 3 節を見よ。

3 権利を設定する法について

どの法体系においても,その多くの法は,権利という制度に関わるものであり,あるいは権利の存在を前提にしている。そして,それらの法の中には,規範ではない一定の法が存在する。本節では,権利を設定する法の性質,および権利の制度におけるD法およびP法の役割について,一言される。様々なタイプの権利の分類や区別を試みることはせずに,どのタイプの権利にも関わる諸法に共通する特徴に限定して述べることにする。本節は,権利概念の分析に関するものではなく,権利を設定する法の分析に関するものであることが強調されるべきである。そうした分析は「法的権利」を定義するための前提条件であり,この用語に対して提示された二,三の定義については,本節の中で後にいくつかの指摘が行われるであろう。

人々は一定の客体に対し,または一定の人々に向かって,一定のタイプの権利をもっている。所有者の権利は,抵当権者の権利や扶養に対する妻の権利とは異なる。不動産に対する所有権は,動産に対する所有権とは一定の点において異なる。同様に,扶養に対する妻の権利は,扶養に対する子の権利と異なる。それゆえに,権利の様々なタイプ(所有権,扶養に対する権利など)を区別するのみならず,権利主体(つまり,権利の保持者)および権利客体の様々な種類をも区別しなければならない。

権利は,権利主体——それは自然人であるとは限らないが,つねに人である——と権利客体——それは人か,物理的客体か,あるいは抽象的な法的実体(例えば,株式)である——との関係である。権利の中には三者関係であるものなどもあるが,それらの権利を設定する法は,その他の権利を設定する法と実質的に異ならない。

権利関係についての最小要素からなる言明,つまり,ある者が,一定の物理的客体に対し,または一定の人の上に,もしくはこの者に向かって,一定の権利をもつという各々の言明は,「主要言明」(key statement)と呼ばれるであろう。

法についての適切な記述がこの主要言明を含み、またはその記述がこの主要言明を含む言明と論理的に同意義である場合には、それらの法はすべて、この主要言明によって記述された権利を設定する法である。

権利を設定する法は、つぎのような三つのカテゴリーのいずれかに入る。すなわち、授与的法 (investitive laws) か、剥奪的法 (divestitive laws) か、あるいは内容構成的法 (constitutive laws) かのいずれかである。授与的法は、権利が取得されうる方法を明らかにするものである。剥奪的法は、権利が処分されうる方法を決定するものである。内容構成的法は、権利保持者であることの諸帰結を明らかにするものである。

授与的法は、一定の条件が成立する場合には、一定の権利をもっていなかった一定の人が、その権利を取得する、ということを定める法である。「P」が何らかの事態を示すものであり、「K_{t1}」が t1 の時点での主要言明が真であることを意味するとすれば、授与的法の一般的形態は、$\sim K_{t1}$ かつ P ならば K_{t2} である、ということができる。剥奪的法は、一定の条件が成立する場合には、一定の権利をもつ一定の人が、その権利を喪失する、ということを定める法である。その一般的形態は、K_{t1} かつ P ならば $\sim K_{t2}$ である、ということができる。内容構成的法は、一定の人が一定の権利をもち、さらにその他の一定の条件が成立する場合には、彼はそれ以外の一定の権利、または一定の義務もしくは一定の権能をもつ、ということを定める法である。内容構成的法の一般的形態は、Q が別の主要言明、または義務もしくは権能の存在を意味するとすれば、K_{t1} かつ P ならば Q である、ということができる。

こうした諸法によって明らかにされた諸条件(そして、それらの一般的形態が「P」によって表現された諸条件)は、以下の三つのタイプに区別されうる。

(1) 一定の人の手中における何らかの法的権利、法的義務または法的権能の存在。

(2) 一定の人による何らかの行為の履行。

(3) 他の一定の事件の発生。

権利を設定する法は、これら諸タイプのうち、いずれか一つの、または複数

の条件をも定めることができる。

　例えばある法は，所有権が贈与によって，つまり前所有者の一定の行為によって取得されることを定めることができる。そのような法は，所有権の剝奪的法であるとともに授与的法でもある。つまり，それは所有権が他人の行為によって取得されうる方法，および所有権が所有者の行為によって失われうる方法を定めている。また，別の法は，ある一定のタイプの（遺言によって遺贈されえない）財産に対する所有権が，その前所有者であった人の死亡により，その配偶者によって取得されるということを定めることができる。そのような法は，所有権の取得を何らかの行為の履行にではなく，ある事件の発生に依存させている。

　他の法は，例えば，土地を所有する者は誰でも一定の税金を支払う一定の義務を負う，と定めることができる。ある法は，土地の所有者は他人に対し，その者がその土地に立ち入り，またはその土地を利用することの許可を与える権能をもつ，と定めることができる。ある法は，土地の所有者はその土地上で生育するあらゆる果実の所有者である，と定めることができる。これらの法はすべて内容構成的法である。それらは権利をもつことの諸帰結を定めている。最後に示した法は授与的法でもある。というのは，それは権利を取得する方法をも定めているからである。

　一つの法的権利に関する授与的法，剝奪的法および内容構成的法はすべて，つまり，一つの法体系において一つの法的権利を設定する法はすべて，その法体系におけるその法的権利を定義している，ということができる。しかし，そのような定義をその権利についての「法理学的定義」と呼ぶことはできない。権利についての法理学的定義は，その権利を設定する様々なタイプの法がもつ最も重要な諸特徴を見つけ出すことを目的にしている。権利を設定する法の中で何が最も重要な特徴と考えられるべきであるかを決定する考慮要因は，ここでは検討することができない。とはいえ，権利の法理学的定義は，法体系というものの中でその権利を設定する諸法についての何らかの知識を前提とする，ということが明瞭に理解されるべきである。

権利の法理学的定義は，その定義されるべき権利を設定する諸法の内容のみならず，それらの構造をも前提とする。権利の概念を適切に分析するためには，権利が授与的法，剥奪的法ならびに内容構成的法によって設定されるという事実を考慮に入れること，およびそれらの法の機能ならびに構造を理解することが，根本的に重要である。したがって，法体系の構造に関する一般理論が，権利に関する適切な分析のための前提条件である。

権利の概念を探究する試みにおいては，権利とそれを設定する法との関係が無視されてきており，このことは権利概念を解明するこうした試みにおける欠点をかなりの程度説明するもののように，私には思われる。

権利の分析において権利を設定する法が無視されてきた理由の一つは，法の適切な記述においては権利の用語が用いられるべきでない，という見解にあった。この見解は，もう一つ別の見解，つまり，立法者はその法制定過程の一部として法を定式化する際に通常は権利の用語を用いない，という見解とは区別されるべきである。立法者が諸法を制定する際に権利の用語を用いないことがしばしばあるという事実は，それが本当であるとしても，法律家がこれらの法を記述する際に権利の用語を用いるべきでないということの理由にはならない。

法の適切な記述から権利の用語を排除すべきことについては，しばしば二つの異なった理由が提示される。例えば，ハートによれば，「『X は権利をもつ』という形態の言明は，そのようなルールに該当する個々の事例において法的な結論を引き出すために用いられる」ものであり[10]，そのルール自体は権利には言及していない。これと同様のことは，彼の見解によればその他の権利の用語とされるもの（「……は……の所有者である」などといった形のもの）についても，おそらく当てはまるであろう。権利の用語は，適用可能な規範的言明を作成するに際して，これらの言明が，権利の用語を用いることによって適切に記述された法をまさに活用するがゆえに用いられるものであると，私には思われる。実際，権利の用語を用いて法を記述することを好都合なものとする理由は，そ

---

10 *Definition and Theory in Jurisprudence*, p. 17.

のような法に該当する個々の事例をしばしば権利の用語を用いて記述することを好都合にする理由でもある。

　もう一つの考え方が，アルフ・ロスによって採用されている。彼は主要言明を含む言明を，主として法の一部を記述する便利な方法とみなしている。ロスは，権利に言及する言明によって法が記述される場合には，法についての表現がずっと単純化されることを認めている。彼は，主要言明を含む言明により，多くの「法的ルールがより簡潔に，より扱いやすい形で述べられることが可能になる」ことを認めている[11]。にもかかわらず，彼はそのような言明が法についての適切な記述であるとはみていない。それは，そのような法の多くが規範ではなく，またそのすべてが，ロスによって認められた唯一の形態の法ではないことになるからである。ロスはケルゼンから，すべての法は裁判官に向けられている，との信念を承継し，彼はすべての法が行動規定的な法であると考えている[12]。すべてこれらの見解についてはすでに検討され，拒絶されており，ロスはその見解を補強するために提示すべき新しく有効な議論をもっていない。

　ロスは，「ある一連のルールにおいて『所有権を創造する』事実を，また，他の一連のルールにおいて『所有権』に随伴する法的帰結を述べることによって……表示される……表現の技術」について述べている[13]。ロスの理論に従えばそうであるように，これらのルールは法であり，法の一部ではないと仮定すれば，おそらくロスのいう第一の一連の「ルール」は私のいう授与的法と，また，彼のいう第二の一連のルールは私のいう内容構成的法と同一視することができるかも知れない。ロスは剥奪的法の必要性を見落としている。

　ホーフェルトの分析は[14]，ある点では権利に関するわれわれの理解を著しく進展させたが，しかし，他の点では完全に誤りであり，その影響は権利につい

　11　*On Law and Justice*, p. 171. 'Tû Tû' 70 *H.L.R.* (1) 819 を参照せよ。ロスの見解に見られる奇妙さの多くは，存在論的な問題に関する彼の独特の視角に起因している。彼の多くの誤りが，シンプソンによって明らかにされている。'The Analysis of Legal Concepts', 80 *L.Q.R.* 535.

　12　*On Law and Justice*, pp. 32-3.

　13　Ibid., p. 171.

　14　*Fundamental Legal Conceptions* における分析。

ての適切な理解を妨げた。ここでは，ホーフェルトのとくに重大な四つの誤りが手短に指摘されるべきである。

(1) 彼は，すべての権利が彼のいう四つの基本的権利，つまり，請求権，特権，権能および免除の多くのものからなる組合せとみている。
(2) 彼は，あらゆる権利がただ二人の人々の間だけの関係であると考えた。
(3) 彼は，すべての権利が人々の間の関係であると考えた。
(4) 彼は，彼のいう四つの基本的権利が定義できないものであると判断した。

これまでの分析から明らかなように，権利というものは請求権，権能などの組合せではない。それらの権利をもつことは（しばしば何らかの事件の発生や何らかの行為の履行とも相俟って），その他の権利もしくは権能をもつこと，または義務の負担を伴う。これと同様のことがオノレによっても指摘されている。すなわち，──

> ……「契約に基づく100ポンドに対する権利」は，債務者に対する100ポンドの請求権と同一であるように見えるかも知れない。しかし，このことでさえ，権利保持者の定時点的な地位に関する記述としてのみもっともらしく見えるのである。債務者の死亡または破産により，契約に基づく義務が債務者以外の者に移転することを定める法のルールが存在するのであるから，われわれはしばしば，契約に基づく100ポンドに対する権利は残っているものの，それを確保する請求権は今や債務者に対するものではなくて，破産管財人または遺言執行者に対するものである，といわざるをえないことになる[15]。

それゆえに，単純な権利でさえ請求権と同一ではない。それは請求権，権能などの組合せでもない。もっとも，私はオノレとは異なり，それがそうした諸権利の組合せとしては表現されえないとは主張しない。私が主張するのは，そのような表現は権利が法によって設定される仕方を曖昧にし，とくに授与的法，剥奪的法および内容構成的法の相互関係を分かりにくくしてしまう，ということだけである。

オノレが好むいい方は，権利は「一定の請求権によって保護され，一定の自

---

15 'Rights of Exclusion and Immunities against Divesting', 34 *T.L.R.* 456-7.

由を生じさせる」ものである，というものである。内容構成的法の概念は，権利が請求権によって保護され，自由を生じさせる仕方の説明を可能にすべく意図されたものである。しかしながら，内容構成的法の概念はより広い意味をもつものであり，義務および権能をも生じさせる可能性を考慮に入れている。

あらゆる権利がただ二人の人々の間だけの関係であるというホーフェルトの主張は，まったく根拠のないものであり，すでにしばしば指摘したように，**物的権利**（rights *in rem*）の説明を不可能にする。そして，ホーフェルトは，権利が人と客体との関係ではありえないと考えている点でも誤っている。これについてはオノレの論証が解決を与えている。

> 法的関係が人と人との間においてのみ存在しうると論じることは，「法的関係」の定義を恣意的に制限するものであるか，あるいは法的請求権が人に対して提起された訴訟手続によってのみ強制されうるという自明の理を曖昧に反映するものである。人が有体物から他人を一般的に排除する権利をもつ場合には，彼は合法的にその財産と特別の関係に立っている。彼の権利を物**に対する**権利（a right *to* the thing），その物の**利用に対する**権利（a right *to the use* of a thing）またはその物**を支配する**権利（a right *over* a thing）と呼ぶことは，まったく自然であり，異論の余地のないものである。しかし，われわれは，人が物に対する妨害から他人を一般的に排除する請求権によって保護されているのでなければ，彼が物に対する権利をもつとはいわないであろう。物に対する権利，物の利用に対する権利または物を支配する権利は，人々に対する請求権**によって保護されている**が，しかし，その権利はこうした請求権と同一視されるべきではない[16]。

ホーフェルトがいう四つの基本的権利が定義不可能であるという彼の見解は，定義の性質と機能に関する間違った考え方の帰結である。というのは，ホーフェルト自身が，「特権」を「すべきでない義務の不存在」という観点から，また免除を責任の不存在として定義している。さらにハートは，請求権が，義務を廃止する権能と連結された，義務を強制する権能として定義されうることを示した[17]。

---

16 'Rights of Exclusion and Immunities against Divesting', 34 *T.L.R.* 463.
17 *Definition and Theory in Jurisprudence*, p. 16. これらの見方は，ハートの「権利および義務」に関する講義の中でさらに発展させられている。

前述第Ⅵ章第5節におけるP法の分析では，権能というものが究極的には義務の角度から定義されうることが指摘された。

義務および権能という角度から，したがってP法およびD法という観点から，権利，したがってまた権利を設定する法を分析しうる可能性は，この上なく重要なものである。これはテーゼ(ix)および(x)の帰結である[18]。それらは，法体系におけるすべての法が，P法かD法か，あるいはその唯一の法的重要性がP法およびD法との内部的関係にある法かのいずれかであると述べるものである。

権利概念は，法を表現することにおいて二つの機能を果たしている。その両者の機能はともに，法の構造を単純化し，法体系における様々な部分間の重要な結合関係を指し示すことにおいて最も重要なものである。すなわち，──

(1) 権利概念は，PR法をそれによって規制されるP法およびD法と関係づける手段である。

(2) 権利概念は，多くの義務または権能に共通する一定の諸条件をそうした義務および権能を確立するD法またはP法から分離し，それらを規範ではないがD法またはP法と内部的に関係づけられた法の中に隔離する方法を提供する。

権利概念がもつこれら二つの機能を検討する際には，権利を設定する法の複雑性に関する二つのレベルが区別されうる。

第一に，一つの権利──仮に R とする──に関するすべての内容構成的法が義務を課すものであるか，あるいはPL権能を付与するものであると仮定しよう。このことは，ある権利をもつことの帰結が（それ以外の諸条件が所与のものであるとすれば），ある者が何らかの立法権能をもつか，あるいは何らかの義務に服している，ということである。これは，R に関するすべての内容構成的法がPL法かD法かのいずれかであることを意味する。

このような内容構成的法は，R に関する授与的法および剥奪的法と内部的関係をもつ。R に関する授与的法は，PR法あるいは規範ではない法のいずれかである。PR法は，売買や贈与によって所有権を移転する権能を付与する法

18　前述第Ⅶ章第1節を参照せよ。

のように，Rの取得を（その諸条件の中でもとりわけ）人間の自発的行為に依存させる法である。これに対し，規範ではない法は，人間の自発的行為を含まない事件のみに権利の取得を依存させる法である（例えば，所有者の死亡に基づく，遺言によって遺贈されえない財産に対する所有権の移転である）。

Rに関する授与的PR法は，Rに関する内容構成的法を規制するものである。そのような法の中では，権利はその第一の機能，つまり，PR法とそれによって規制されるPL法ならびにD法とを関係づける機能を果たしている。Rに関する授与的法のうちでも規範ではない法は，多くの法規範，すなわち，Rに関するすべての内容構成的法に共通する諸条件を選び出す。そうすることにより，これら内容構成的法の相互間の結合関係を明らかにするだけでなく，それらの法を単純化する。それゆえに，規範ではない授与的法の中では，権利は先に指摘した第二の機能を果たしている。

剥奪的法もまたPR法か，あるいは規範ではない法かのいずれかであり，それらも授与的法と同様の仕方で内容構成的法に影響する。しかし，授与的法は内容構成的法の適用に関するいわば積極的条件を決定するのに対し，剥奪的法は内容構成的法の適用に関する消極的条件を決定する。つまり，剥奪的法は，内容構成的法がどのような場合に最早適用されないかを決定する。権利は剥奪的法においても，ちょうど授与的法におけるのと同様に二つの機能を果たす。

権利をもつことが，PR権能またはその他の権利をもつことの条件とされるような内容構成的法の存在する余地を認めることにより，われわれは法体系の構造的複雑性を増加させることになるが，そうした法体系の機能の仕方は変更されないままである。PR権能や権利を付与する内容構成的法は，直接的または間接的に，ある権利と他の権利とを関係づける。それによって内容構成的法は，第一の権利の取得と第二の権利の帰結との間接的な関係を創造する。究極的には，すべての内容構成的法が，PR法をその他の法規範と結合させるか，あるいは法の構造を単純化して，諸法間の重要な結合関係を明らかにするかしている。

法体系の構造は，身分および法人に関する法によってさらに複雑なものとさ

れている。PR法は，権利の取得または喪失の方法であることをとおしてのみならず，身分関係を左右すること（婚姻させる権能ならびに婚姻する権能など），および法人に影響を与えること（議会議員選挙で投票する権能，会社の取締役を任命する権能，有限責任会社を設立する権能など）をとおしても，その他の法を規制する。ここでは，身分および法人を創設する法は，それらとP法ならびにD法との関係によっても説明される，と述べるにとどめ，それ以上これらの論題について議論することはできない。

問題の核心はここでは議論されないものの，あらゆる法体系が何らかの権利を設定しており，それは権利を設定する，規範ではない法を含んでいる。その法の数に応じて，必要とされる内部的関係の数も多くなる。それらの必然的なパターンは，さらに探究されるべき問題であるが，ここでそれに着手することはできない。

4　発生的構造および作用的構造

前章では，法規範の多様性および諸々の法規範の間における必然的な関係について考察が行われた。本章では，規範ではない法の可能性と必然性が肯定的に論じられ，そうした法はその法的重要性をそれらと法規範との内部的関係から引き出していることが主張された。これらの諸点を論証するに際しては，規範ではないいくつかのタイプの法が手短に論じられた。こうした前章および本章の一般的な目的は，ベンサム，オースティンおよびケルゼンによって採用された法体系の構造に関する像を，新しい像によって置き換えることであった。

彼らは法体系というものを基本的に独立した諸法のいくつかの集合，つまり，相互に必然的な関係をもたない諸法の集まりであると観念した。ハートはこうした観念が根本的に誤りであると論じたが，それ以上十分なところまでは進まなかった。本書では，法体系というものは相互に連結した諸法の錯綜した織物とみなされるべきことが指摘された。

本章および前章で進められた考察は，法体系の構造を探究するための基礎を

置くことにすぎなかった。私は，法体系の構造については二種類のものを区別することが最善であることを指摘することにより，この議論を終わりにしたい。それらはすなわち，発生的構造と作用的構造である[19]。

発生的構造の基本的な関係は，発生的関係，つまりある法とその法の存在を権威づける別の法との関係である。発生的関係は，これまで無視されてきたいくつかの要素をも考慮に入れることにより，さらに細分されるべきである。そのような要素としては，以下のようなものがある。

(1) 法創造の日付（そのような日付が決定されうる場合）。
(2) 法を創造する主体の機能と一般的権威。
(3) 個々の法を創造する個々の権威の性質（その権能が憲法から引き出されたものか，地方自治体の条例から引き出されたものかなど）。
(4) 一定の場合においては，法の創造を正当化するために与えられた理由。
(5) 法を修正または廃止する方法を決定する法。
(6) 法を廃止もしくは修正する事実の存在または不存在。

ある体系の発生的構造に関して十分に展開された理論は，「変更に対する抵抗」，つまり，他の法との衝突による法の修正などに対する抵抗のヒエラルヒーを諸法間に確立するであろう。また，この理論は，法が有効であった，または有効であろう期間を表示する方法を提供するであろう。それには，この期間がその法自体の中で決定される場合と，その期間が後に何らかの方法で決定される場合の双方がある。そのような諸関係の体系は，法が衝突する様々な可能性ならびにそれらを解決する方法，および法の無効可能性の様々な程度を説明するであろう。それはまた，法を遡及的なものとしうる様々な方法をも説明するであろう。

法体系における発生的構造は，ある一定の時点でその体系における諸法のうちのどれが有効であり，あるいは有効であったか，また，ある時点において様々な主体が将来の法創造のためにどのような権能を享受したかを明らかにす

---

[19] 発生的構造と作用的構造との区別は，ある点では，ケルゼンによる法の動態的理論と静態的理論との区別に類似したものである。例えば，*PTL*, p. 70 を参照せよ。

る。それはまた，法体系がその存続中にどのように変更を経験したかをも明らかにする。発生的構造に関する理論の発展は，非定時点的な法体系，つまり一定の期間存在する法体系の構造を理解するために欠くことのできないものである。たしかに，発生的構造は非定時点的な法体系の構造であるといいたい気にさせられる。

作用的構造は定時点的な法体系の理解にとってとりわけ重要である。われわれはそれを定時点的な体系の構造とみなしたい。作用的構造は，法がどのような仕方で創造されたかということに関わるものではなく，ある時点で存在している法の効果に関するものである。一つの法の様々な部分が異なった程度の「変更への抵抗」（例えば，それらが異なった権能の行使によって創造された場合）や，異なった存続可能性（ある部分は1年間だけ存続するものとして制定されたのに対し，他の部分は無期限のものとして制定された場合など）をもつことがありうる。しかし，体系の作用的構造は，これらの事実を考慮に入れない。それは，法が存在している間におけるその法の効果のみに関わるものである。

法体系の作用的構造は，その処罰的および規制的関係に基づいている。前章および本章における議論はすべて，実質的には法体系の作用的構造に関するものであった。

A　強制的サンクションに関する覚書き

法的サンクションがすべて強制的であるというわけではないことは，先に論じられた[20]。さらに，法的義務がすべてサンクションによって裏打ちされているわけではないことも論じられたが[21]，しかしなお，強制というものが法において特別の重要性をもつことも主張された[22]。上記に提示された法体系の構造論という基礎は，法における強制の役割について分析することを可能にする。

法創造機関および法適用機関に対して義務を賦課する法は，それに対応する

20　前述第Ⅳ章第2節を参照せよ。
21　前述第Ⅵ章第4節を参照せよ。
22　序論を参照せよ。

S法を伴わずに存在することも可能であるが、この法は一般市民に向けられたD法の存在を前提にしており、このD法はS法によって裏打ちされている。この意味において、サンクションによって裏打ちされていない義務は、サンクションによって裏打ちされている義務に対しては第二次的なものであり、この後者の義務の存在を前提にしている。

　強制的サンクションではないサンクションは、権利、権能または身分などの撤回からなっている。権利、身分などを設定する法は、究極的には、D法およびPL法という、それ自体としては他の権利、身分などを何ら前提としていないものの存在を前提にしている、ということがすでに確認された。どの法体系においても、これらD法のいくつかは一般市民に向けられており、したがって、それらは何らかのS法を前提にしている。しかし、少なくともこれらD法のいくつかは、他の権利、身分などを何ら前提にしていない。強制的なサンクションが定められる場合もあるが、それはおそらく抵抗が行われたときに実力の行使を許可することによって、あるいは最低限それら強制的サンクション自体が、それらの執行を妨げることを犯罪とするその他の法によって裏打ちされており、この後者の法が強制的サンクションによって裏打ちされている。

　このようにして、PL法を除くすべての法が、強制的サンクションを定める法と必然的な作用的関係をもたされている。PL法はこれと同じようには強制的サンクションと関係づけられていない。さらに、PL法は、それが付与する権能が何ら用いられない場合であっても、つまり、それが強制的サンクションを定める法またはこのような法の存在を前提とする法と何ら発生的関係をもたないとしても、存在しうる。にもかかわらず、PL法をもつことの重要な点は、究極的には、それがPL法ではない法を変更する方法を定めているということにあるのは明らかである。こうしてPL法でさえ、概念的には、非常に間接的な形によってではあるが、法体系の存続期間中のある時点において何らかの強制的サンクションの存在を前提にしている。

　以上の議論の結論は、ベンサム、オースティンおよびケルゼンは、法における強制の機能を誤解していた、ということである。強制の機能は、法によって

指導された何らかの行為の標準的動機としての機能ではない。強制の機能はそうした機能よりもはるかに複雑であり、間接的ではあっても、その重要度は劣らない。強制が法の究極的な基礎である、ということの意味は、それがいくつかのD法に対する服従の標準的理由（の一部）であり、このD法が他のすべての法規範によってきわめて多様な仕方で前提とされ、さらには、これらの法規範をとおして、その体系における他のすべての法によって前提とされている、ということである。

VIII 法体系の同一性

1 非定時点的な法体系の同一性

　先の二つの章における法体系の構造に関する議論は，所与の法体系の内容が知られているということを前提にしたうえで，その内容を相互に関連した諸法の体系として表現するために適切な方法を探究してきた。これに対して本章は，そうした法体系の内容を決定するための指標に関するものである。すなわち，法体系の同一性の指標である。〔一方で，〕構造の問題の解決にとって鍵となるのは，法体系の完全な記述のうちで，どれがその適切な記述であるかを決定する指標である。他方で，同一性の問題は，所与の一まとまりの規範的言明が，法体系の完全な記述であるかどうかを決定する指標を見出すという問題である。

　〔非定時点的な〕法体系と定時点的な法体系との区別に応じて，同一性についても二つの指標が存在する。一つは，〔非定時点的な〕法体系の同一性を確認することができるようにする方法を明らかにするものであり，もう一つは，定時点的な法体系の同一性が確認できるようにする方法を与えるものである。

　本節における少しばかりの指摘を別にすれば，本章は定時点的な体系の同一性の問題のみに関するものである。（非定時点的な）法体系の同一性に関する問題の核心は，連続性（continuity）の問題，つまり，どのような出来事が法体系の連続的な存在を断絶させ，その消滅をもたらし，そして，おそらくはそれに代わる新しい法体系の創造へと帰着するのか，という問題である。換言すれば，決定的な問題は，二つの所与の定時点的な体系が同一の法体系に属するかどう

かを決定するという問題である。

これまでの諸章においては，オースティンとケルゼンのいずれの理論によっても示唆されていたこの問題の解決方法が，考慮はされたが拒否されてきた。彼らは，二つの定時点的な体系が内容を同じくする多くの法を含んでいるという事実があっても，その事実はそれらの体系が同一の法体系に属することの証拠にはならないことを認めている。オースティンは，二つの定時点的な体系の究極的な立法者が同一であることが，それらが同一の法体系に属することの必要条件であり，また十分条件でもあることを示唆している。

ケルゼンは，この立場がもついくつかの弱点を回避している。彼にとっては，ある定時点的体系における法の創造が他の定時点的体系との関係で合憲性（constitutionality）をもつかどうかが決定的要因である。彼の理論によれば，二つの定時点的な体系 A と体系 B は，体系 A の法とは同一ではない体系 B の法すべての創造が，体系 A の法によって権威づけられた場合に，そしてその場合にのみ，同一の法体系に属する。そして，ある法の創造は，つぎのような場合に他の法によって権威づけられる。すなわち，前者の法を創る法創造行為が，後者の法によって授与された立法権能の行使，または後者の法によってその創造を権威づけられた別の法によって授与された立法権能の行使に相当する場合である。

ある法の創造が他の法によっては権威づけられない場合，その法は「原初的法」（an original law）と呼ぶことができる。法体系の同一性に関するケルゼンの指標では，ある定時点的体系はそれと同一の法体系における最初の定時点的体系に属さないような原初的法を含まないことが前提にされている。しかし，この前提は，先に第Ⅴ章第4節で論じたように，正当化されない。法体系の連続性は，必ずしも新たな原初的法の創造によって断絶させられるとは限らない。そしてまた，ある法の創造が一定の法体系に属する法によって権威づけられているという事実は，その権威づけられた法がその法体系に属することの十分な証明には必ずしもならない。ある国が同国のすべての法を権威づける他国の法によって独立を認められることもありうる。にもかかわらず，両国の法は別個の法体系を構成するのである。

「憲法的連続性」(constitutional continuity) は，二つの定時点的体系が同一の法体系に属するかどうかを決定する際の一つの要素にすぎず，しかもそれは最重要の要素ではない。もう一つの要素は，権威づけされない法の内容である。新たな始源的法が法体系の連続性を断絶させるのは，それがきわめて大きな重要性をもつ憲法である場合だけである。

しかし，新しい法の「憲法的連続性」も，その法の内容も，法体系の連続性やその欠如を確証するための必要条件でも十分条件でもない。法体系はつねに，宗教，国家，体制，民族などといった社会生活の複合的な諸形態からなる法体系である。法体系は，これら社会生活の諸形態を明らかにする特徴づけの方法として役立つものではあるが，ただそうした特徴づけの方法の一つであるにすぎない。

法の重大な，かつ憲法と矛盾するような変更は，法体系がその一部をなしている社会的実体の同一性の変化を確立するのに十分なほど重要であるかも知れないが，その他の要因もまた考慮に入れなければならない。法体系の同一性は，その法体系が属する社会的形態の同一性に依存している。それゆえに，法体系の同一性の指標は，法理学的ないし法的考察によるばかりでなく，他の社会科学に属する考察によっても決定される。

私は，他の学問分野を侵害することは望まないので，今後は定時点的体系の同一性の問題に的を絞ることにする。しかしながら，そうした定時点的体系であっても，それが属する法体系から独立して分析されうるとみるべきではない。本章および次章における議論からは，定時点的体系の同一性も存在性もともに，同一の法体系に属する他の定時点的体系と関連づけることによってのみ決定されうることが明らかになるであろう。しかしなお，これらの問題の解決は，法体系の**精確な**境界線を決定する能力の存在を前提とするものではないのである。

2　定時点的な法体系の同一性とその所属資格

定時点的体系の同一性の指標は，以下のように定式化することができる。す

なわち，一まとまりの規範的言明はつぎのような場合に，そしてつぎのような場合にのみ，定時点的な法体系についての完全な記述である。すなわち，(1)その定時点的な法体系における個々の言明がすべて，他のすべての定時点的体系におけるのと同様の仕方で，その定時点的体系（の一部）を記述しており，かつ，(2)同一の定時点的体系（の一部）を記述する個々の規範的言明がすべて，その一まとまりの規範的言明に必然的に含まれている場合である。

この定式化は，ある定時点的体系への所属資格についての指標，すなわち，ある規範的言明が，ある一まとまりの規範的言明によって記述されたのと同一の定時点的体系（の一部）を記述しているかどうかを確認するための指標の存在を前提にしている。本節の以下の部分で扱われるのは，この定時点的な法体系への所属資格の問題である。

定時点的体系の「完全な記述」の定義[1]は，ある規範的言明がある一まとまりの規範的言明に含意される場合には，その規範的言明はその一まとまりの規範的言明によって記述されたのと同一の体系を記述している，ということを明らかにする。所属資格の指標を見出す際の困難は，ある規範的言明が，たとえある一まとまりの規範的言明に含意されるのではない場合にも，その一まとまりの規範的言明と同一の体系を部分的に記述するための条件を発見することにある。この問題に取り組むには様々な方法がある。第Ⅱ章および第Ⅴ章においてわれわれは，起源の原理（the principle of origin）に基づく二つの解決の試みを批判した。それは，法を創造する事実というものを，その法が属する法体系を決定する唯一の要素とするものであった。ここでは，もっと希望のもてるアプローチの方向性を描くことを試みることにしよう。それは権威的承認の原理（the principle of authoritative recognition）に基づくものということができる。

所属資格に関するオースティンの指標の欠点は，他の法理論家によって間もなく発見された。何人かの理論家たちは，オースティンの指標を完全なものにするべく試みたが，大した成功を収めることなく，依然として起源の原理に忠

1　前述第Ⅲ章第１節を参照せよ。

実であった。他の理論家たちは、この原理をすべて廃棄した。後者の一人はホランドであり、彼は法を「主権的な政治的権威によって強制される、人間の外的行為に関する一般的ルール」であると定義した[2]。ホランドは、オースティンとは逆に、法的でない慣習などと区別された「実定」法の性質を決定するのは、法が創造される仕方ではなくて、法が強制される仕方であると考えている。そして、ある法がどの法体系に属するのかを決定することもまた、法が強制される仕方であることを示唆している。

しかしながら、彼の定義は多くの点で欠陥をもっている。中でもとくに問題なのは、その定義がオースティンの主権論をほんの僅か修正した形で受け容れ、あらゆる法が強制されるものであると有意味にいうことができると想定していることである。先の二つの章における議論から、つぎのことが明らかになっている。すなわち、(a)「行動のルール」——つまり規範——であってもあらゆる法が強制されうるわけではない。権能付与法は強制されえない。また、(b)規範ではない法も強制されえない。

サーモンドによる法の定義では、これら双方の欠点が回避されている。サーモンドは、法が創造される仕方は様々であるが、「すべての法は、たとえどのようにつくられていようとも、裁判所によって承認され、執行されるのであり、法でないルールは、裁判所によっては承認されない。したがって、法の真の性質を確認するためにわれわれが行かなければならないのは裁判所であって、立法府ではない」[3]と説明している。それゆえに、彼は法をつぎのように定義する。すなわち、「法は、司法裁判所によって承認され、遵守されるルールから構成される」[4]。

オースティンによる法の定義とは異なり、サーモンドの定義は萌芽的な法体系論を含んでいない。サーモンドの目的は、たんに法体系とその他の規範および規範的体系との違いを指摘することである。したがって彼は、法の規範性を

2　*Jurisprudence*, p. 40.
3　*Salmond on Jurisprudence*, p. 41.
4　*Salmond on Jurisprudence*, p. 41.

承認し，その強制的性質を軽視し，そして法体系が制度化されているという事実の上に彼の定義を根拠づけるのである。法体系をその他の規範的体系から識別するのは，この〔法体系が制度化されているという〕点である。法の制度的性質は，サーモンドによれば，裁判所の，すなわち一定の法適用機関の存在と作用に明白に示されている。この点において彼は，ベンサム，オースティンおよびケルゼンとは異なっている。彼らはみな，法創造機関の重要性に着目してこれを強調し，法創造機関がもつ特有の法創造の方式こそが，法体系を識別する特徴であるとみなしている。

　サーモンドの主要な論旨は穏当である。あらゆる法が法創造機関によって創造されるわけではない。法創造方法としての立法の重要性は，近代的な法体系の特色であるにもかかわらず，それはあらゆる法体系の特色ではなく，また，このことは，その他の法創造方法の場合にも当てはまる。他方，あらゆる法体系が，その体系のあらゆる法を承認する法適用機関を設立している，ということはできる。とはいえ，われわれはボーダーラインにある多くの事例が存在することを認めなければならない。そうした事例のいくつかは後に触れられるであろう。しかし，この種の問題においてはボーダーラインの事例は不可避であり，こうした事例の存在自体はこの種の問題に関する一般的言明の価値を減じるものではない。ただし，そうした事例があまりに教義学的に解釈されるべきではない。

　法における法適用機関の重要性は様々な方法によって明らかにされるが，これらは注意深く区別されるべきである。法適用機関の役割のうち最も重要な側面の一つは，——それは他の何にも増して「法の定義」と結びつきうる側面であるが——定時点的法体系への所属資格の指標をめぐる法適用機関の存在意義である。以下に定式化される指標は，サーモンドによって確立された哲学的伝統に従うものであるが，個別的な点では彼の立場からかなりかけ離れている。ある言明が第一次的な機関を識別し，その機関に第一次的な法的権能を割り当てる場合には，それは第一次的な機関を記述している，といわれるであろう。

　ある規範的言明は，以下の場合には，ある一まとまりの規範的言明によって

記述されたのと同一の定時点的体系（の一部）を記述する。すなわち，その規範的言明が，この一まとまりの規範的言明によって記述された法を承認する[5]第一次的な法適用機関を記述する場合，またはこの一まとまりの規範的言明によって記述された第一次的な法適用機関が，先の規範的言明が記述する法を承認する場合である。それゆえに，定時点的な法体系は，それが設立する法適用機関によって承認されたすべての法を，しかしそれだけを包含する，ということができる。

　法体系は――この指標の中で暗示されているように――その下で設立されたすべての第一次的な法適用機関によって承認された一まとまりの法としてではなく，その下で設立された一つまたはそれ以上の機関によって個々的に承認された，大部分は一まとまりの法として，しかし部分的には重複するいくつかの諸法のまとまりとして観念される必要性がある，と認められるかも知れない。所属資格に関して提案された指標は，そのような必要性を考慮に入れるために緩和されうる。このことは様々な方法で行われうるが，ここでは探究されない。

　所属資格に関するこうした指標の意味ないし含意が，注意深く精査されなければならない。それは，あらゆる定時点的な法体系が以下に説明されるような性質をもつタイプの法適用機関を最低一つは設立することを想定している。それによってその指標は，法の制度的性質に関する一定の見解を前提とし，また表明している。さらに，その指標は，第一次的な法適用機関の同一性および活動は法体系の所属資格を確定するうえで根本的に重要であると想定している。二つの規範的言明のみが存在し，そのいずれもが第一次的な法適用機関を記述していない場合には，それらの言明が同一の定時点的な法体系の一部を記述しているかどうかを決定することは不可能である。

　この指標は，「第一次的な法適用機関」および「法を承認すること」という二つの鍵となる概念に基づいている。以下の指摘は，これらの概念に関する説

　5　ここで「承認する」という言葉は，「その〔法適用機関の〕面前で問題が提起された場合に，承認することが確実である」ということを意味する。あるいは，記述された体系が最早存在しない場合には，この言葉は，その機関が存在していたときに問題の法を承認した，ということを意味する。

明の手始めにすぎない。第一次的な法適用機関（略して「第一次的機関」）とは，一定の環境の下での実力の行使が法によって禁止されているか許容されているかを決定する資格を与えられた機関である。この概念は，この指標にとって真に鍵となるものである。第Ⅶ章第２節では，以下のように論じられた。

(1) どの法体系も，一定の環境の下では（少なくともサンクションの執行を阻止するために実力が用いられる場合には）実力の行使を禁止し，その他の一定の環境の下では，つまり，一定のサンクションの執行過程では，実力の行使を許可（または命令）している。

(2) どの法体系においても，すべての法が実力の行使を禁止する法またはサンクションの執行に際して実力の行使を許可もしくは命令する法と，内部的関係をもつ。

　第一次的機関は，実力を用いることを禁じたある特定の法に対して違反が行われたかどうかだけを判定する資格を与えられることもある。しかし，これを判定するに際して第一次的機関は，実力の行使があるサンクションまたは他のサンクションの執行として正当化されたかどうか，あるいはその他の理由（錯誤など）に基づいて正当化されたかどうかを判定しなければならない責任を負う。一定の行為をサンクションの執行として承認するに際しては，第一次的機関は，明示的または黙示的に，実力の行使を禁止するその他の法，つまり，その違反に対してサンクションが命令されるような法をも承認する。同様に，錯誤の抗弁を認容すること（例えば，代理人が彼の権利または他の人々の権利に関して思い違いをしたまま行為してしまったことを受け容れること）により，その他の法も承認されることがありうる。

　こうして第一次的機関，つまり，実力を用いた一定の行為が一定の法に対する違反であったかどうかを判定する資格を与えられている機関は，その権能の行使に際して，サンクションの執行において実力を用いることを許容するその他の諸法，および同一の定時点的体系に属し，実力の行使を禁止するその他の諸法を承認する責任を負う。第一次的機関はまた，その他の法適用機関または法創造機関の存在，およびそれらの行為ならびにそれらの行為を規制する法の

有効性をも承認することができる。こうして第一次的機関は，直接的または間接的に，また明示的または黙示的に，定時点的体系のすべての法を承認するのである。

　この所属資格に関する指標のために，一定の環境の下で，ある機関による判定が違反者に対する——その機関自身によるまたは他の機関による——サンクションの執行の条件である場合には，実力を用いることを禁じた法に対する違反があったかどうかについて，その機関には判定する資格が与えられているということができる。

　行動を規定し，強制的サンクションによって裏打ちされたルールは存在するが，第一次的な法適用機関が存在しない社会というものを想像することはできる。例えば，法に対する違反者がまだ他人によって処罰されるなどしていない場合には，ある法に対する違反が行われ，サンクションの適用が被害者もしくはその家族，または当該社会における何ぴとにも委ねられうるとの判断が行われる。第一次的機関は，そのようなサンクションの適用を決定する権能が，比較的少数の人々の手中に集中する瞬間に姿を現す。これらの人々がそのような権能を比較的長期間保持し，不特定の事例においてそれを用いることができる場合，彼らは彼らと被害者または法違反者との関係のゆえにではなく，その想定された能力のゆえに，あるいは彼らがこの職務に値するがゆえに，その職務に任命され，あるいはそれを委ねられているのである。第一次的機関はサンクションを執行する機関であることもあり，あるいは，法に対する違反が行われたとする第一次的機関の判定が，一定の環境の下では，サンクションを適用するための必要条件であることもありうる。

　第一次的機関の基本的な形態に関する研究は，法としての地位をもつ規範的体系と，法以前の地位にある規範的体系との境界線上にある規範的体系に，多くの光を当てることができる。そうした移行期にある規範的体系の様々なタイプを理解することは，そうした規範的体系の各々について，それが法体系か否かを判定するという，多くの場合に全く不毛である問題よりも重要である。もっとも，第一次的機関の様々な形態に関する探究は，明らかに本書の範囲を超

えている。

　第一次的機関が存在するようになった瞬間からは，たとえそれが一規範のみに対する違反の有無を判定する権能を与えられているにすぎない場合であっても，その機関によって承認された規範と，――実力を用いることとは無関係であることから，またはその他の理由から――当該機関によって承認されていないその他の規範とを区別することが可能である。この機関の判定が，どれほどかけ離れたところであっても，または間接的にであっても，一群の規範に基づいているという事実は，それらの判定および規範が規範的体系を構成しているとみなすことを正当化する。先に定式化された所属資格の指標によって決定されるのは，この意味における「規範的体系」である。

　そのような規範的体系のすべてが法体系ではないことが論証可能である。法体系においては，一つ以上の規範に対する違反の判定が第一次的機関に委ねられるべきである。先に指摘したように，法における諸制度の根本的に重要な役割は，所属資格の指標における役割には限定されない。しかし，われわれはここでこの問題に関わる必要はない。というのも，その解決方法がどのようなものであれ，所属資格について提案された指標はそれによって左右されないからである。

　第一次的機関の判断は公に宣言されることが可能であり，それはしばしばサンクションを適用すべきこと，もしくはその他の何らかの行為をすべきことの命令または許可を伴う。この判断は宣言されてはならないこともありうる。このような判断に到達した場合，第一次的機関は相応しく行為すること，つまり，サンクションを適用すること，またはその適用を差し控えることへと容易に進むことができる。発達した法体系においては，第一次的機関は法によって規制された訴訟手続の後にその判決に到達するのが通常であり，この判決自体にはしばしばそれに至った理由についての説明が伴う。そうした環境の下では，何がその機関によって承認または遵守されている法であるかを認定することは，比較的容易である。しかし，判決がそれを下した機関によって説明または正当化されない場合には，こうした認定はより困難である。

もっとも，ある行為や判決に関する人的な理由を伝えることは，たとえそれをした者自身はその理由を明かさないとしても，可能である。法的機関が関与する場合，法が一定の大衆によって広く受容されている法体系の一部としてのみ存在するという事実により，その職務はより容易なものになる。こうして第一次的機関は，一定の法を承認することを大衆または法律専門家から期待されているのが通常であり，その判決がそうした法と矛盾しない場合には，当該機関はそのような法的基礎に従って行動したものと想定されうるのである。

　法が第一次的機関の判決を基礎づける諸理由の一部にすぎないことは，いうまでもない。正義についての考慮などといったその他の理由が，一定の事実認定として見出されうる。

　第一次的機関は，既存の法に従って行動しうるのみならず，しばしば新しい法を創造し，それを適用することもできる。第一次的機関はそれが創造する法を承認するのであるから，その機関によって承認される以前から存在する法とその機関によって創造され，適用される法との区別は，所属資格に関する指標の理解にとって根本的に重要なものではない。とはいえ，すべての法が第一次的機関によって承認されるとの見解（またはすべての法が裁判所によって承認されるとの見解），あるいは法体系への法の所属資格はこの事実によって決定されるとの見解は，第一次的機関がすべての法を創造する（または裁判所がそれをする）との見解を伴うものではない，ということを理解することが，この上なく重要である。

　法の所属資格に関する指標が，第一次的機関（または裁判所）に起因するものと考えることができるかどうかは，様々な要因によっている。例えば，ある法が，第一次的機関または裁判所によって承認された別個の PL 法に基づいて付与された権能を行使して創造された場合には，その法は，第一次的機関または裁判所により，誰であれそのような権能をもつ者によってつくられたものとして承認される。さらに，法を承認する理由が，その法の内容を正当化する理由である場合には，その法は裁判所または第一次的機関によって創造されたものと考えられる傾向にある。これに対し，法を承認する理由が，その法を定め

た人または団体の権威に関係する場合には，裁判所または第一次的機関は〔ただ漫然と〕既存の法を適用している，ということがありがちである。このような見方は，そうした人または団体によって定められた時点からその法が有効であるとみなされているときは，一層強まるであろう。さらにこのことは，その機関による判決以前からこの法に従って行動することが実際に確実であったときは，なお一層強く当てはまる。これらの諸条件が成立しているときは，承認された法は始源的法，つまり，法を創造する資格を法によって与えられていない人または団体によって創造された法でありうる。

　第一次的機関が法を承認すると述べることは，その機関の面前に問題が提起されていたならば，当該機関はその権能を適切に行使することにより，その法に従って行動したであろうということを意味する。しかし，この言明どおりの事実がつねに実際に存在するわけではなく，この言明はわれわれがここで関わる必要のない多くの哲学的問題を提起する。そのような言明が妥当することの証拠は，第一次的機関の過去の行動，大衆ならびに法律専門家の態度および意見などである。この証拠は間接的なものでありうるし，また実際には大部分がそうである。とくに重要なことは，PL法を承認することはPL法によって付与された権能の行使を通じて創造されたすべての法を承認することを含意する，という事実である。所属資格の問題に関する議論において，PL法にしばしば重要性が与えられたのは，この事実のためである。これと同等の重要性をもつのは，ある第一次的機関が他の第一次的機関（または裁判所）を創設する規範を承認するということは，前者の機関が後者の機関によって承認されたすべての法を承認するであろうという仮説に，相当程度の支持を与えるという事実である。もっとも，前者の機関によるそうした承認が，この仮説を当然に含意するものではない。

　所属資格の指標に関するこの手短な説明は，まだ解答を与えられていない多くの問題を残しているが，私はそうした問題のすべてに対して満足のゆくように答えることができると考えている。そのいくつかを列挙することにより，本節を閉じることができよう。

ここで提示された指標によって前提とされる程度の諸法間における相互依存が，現実に存在することを立証するためには，法体系の構造に関してさらにいくつかの探究が行われる必要がある。以下はそのうちのいくつかの主要問題である。

　個人的免責のような一定の答弁または抗弁の問題，および法体系の内容に対するそれらの効果という問題が存在する。サンクションに対する全面的な免責は，第一次的機関が一定の規範を考慮に入れることをしばしば阻止しうる。その場合には，それらの規範は第一次的機関によって承認された諸法からなる法体系には所属しないものとみなされなければならない。このようにして，宗教団体は国家のコントロールを免れ，別個の法体系に従うことが可能である。この免除が完全でない場合には，免除された者の行動を統制する諸規範——それらが存在するならば——を別個のものとするのに十分ではない。しかし，免除およびこれと同様の諸抗弁の精確な効果を厳密に，かつもっとずっと詳細に調査する必要がある。

　もう一つの問題は，様々な第一次的機関の諸行為間における「衝突」の問題である。ある機関Aが別の機関BおよびBによって適用されたすべての法を承認する一方で，BはAおよびAの法のいくつかを承認しないということが可能であろうか。そして，そうした状況はどのように説明されるべきであろうか。

　さらにもう一つの困難な問題は，ある機関がそれ自身の法体系に属する法を承認することと，その機関が他の法体系に属する法をそれ自身の法体系における国際私法の指示によって承認することとを区別することである。

　最後に，法を事実から区別するという問題がある。——会社の規則は，裁判所によって法として承認されるであろうか，それとも事実とみられるであろうか。子供に対する父親の命令は，それに対する不服従が法によって処罰可能である場合にどのような地位をもつであろうか，などといった問題である。

3 承認のルールについて

　法理論家の多くは，法適用機関の活動を根拠にして法を説明した。彼らのうちの誰も，所属資格に関して満足のゆく指標を提示することには成功しなかった。このことは，少なくとも部分的には，この〔所属資格の〕問題を明確に定式化し，それを他の問題から切り離すことに失敗した点に起因することには疑いがない。この特徴があまりに顕著なことから，彼らが一体所属資格や同一性の問題に興味をもっていたのかどうかは，しばしば疑問とされている。前節で定式化された指標は，サーモンドのアプローチを共有する他のほとんどの理論家がもつ見解とは，以下の二つの重要な点において異なっていることを表現している。

　(1) その定式化は，裁判所または法適用機関一般の活動に関するものではなく，第一次的機関のみに関するものである。

　(2) その定式化は，第一次的機関の現実の行動に関するものであり，第一次的機関がなすべきことに関するものではない。しかしなお，その定式化は，規範的考慮要因に指導されたものとしてのこの機関の活動に関するものである。

　第二の点，および所属資格一般に関して提示された指標の性質は，この問題に関するハートの立場，すなわち，承認のルールに関する彼の理論を参照することにより，一層明らかなものにすることができる。

　所属資格の問題にとって承認のルールがいかに重要であるかは，この〔承認のルールの〕概念が採用された，まさに最初の文章の冒頭で明らかにされている。ハートによれば，承認のルールは，「指摘されたルールが何らかの特徴をもつことにより，そのルールがある集団のルールであることを決定的かつ肯定的に示すような，そうした特徴を明らかにするものである」と説明されている[6]。承認のルールとは，「義務の第一次的ルールに関する確定的な同一性判断

6　*CL*, p. 92.

のためのルールである」[7]。

　承認のルールは法的ルールであり，その法体系に所属する。承認のルールは，その存在が他の法の中で定められた指標によって決定されるのではなく，それが現実に適用されているという事実によって決定される点で，その他の法とは異なっている。すなわち，──

> ある体系における従属的ルールは，それが有効であるという意味においては，たとえそれが一般的には無視されているとしても「存在する」のに対し，承認のルールは，裁判所，公務員および私人が，一定の指標に照らして法を識別するという，複雑ではあるが，通常は調和した実践である。承認のルールの存在は，事実の問題である[8]。

　このことは，承認のルールはつねに慣習的ルール（a customary rule）であり，立法されたルール（a legislated rule）ではない，ということを含意しているように思われる。その一方で，ハートは以下のように述べている。

> 様々な法源を明規する憲法は，その体系に属する裁判所や公務員が，その憲法によって提示された指標に従って現実に法を識別しているという意味で，生きた現実存在である場合には，その憲法は受容されており，現実に存在する。憲法（または「憲法を定めた」者）が服従されている，という趣旨のもう一つ別のルールが存在すると主張することは，不必要な重複であるように思われる[9]。

　このような場合には，その憲法はおそらく立法と慣習の双方によって創造されたものとみなされているにちがいない。こうした見方は，多分不可能ではないが，何らかの説明を必要とする。

　その困難はさほど大きなものではない。より一層重大な帰結をもたらすのは，誰が承認のルールにおける規範の対象者であるかの認定，および承認のルールが義務賦課法か権能付与法かについての疑問をめぐる困難である。（ハートによれば，すべての規範は義務賦課規範か権能付与規範かのいずれかであり，また，彼はすべての法が規範であると想定していることが想起されるべきである。）ハートは，「承認のルールが受容されている場合にはつねに，私人と公務員の双方に対し，

---

[7] *CL*, p. 92.
[8] *CL*, p. 107.
[9] *CL*, p. 246.

義務に関する第一次的ルールを識別するための権威ある指標が与えられている」[10]と述べる。このことは，承認のルールが一般大衆に向けられていることを示唆する。それは，承認のルールによって識別されるべきすべての法のすべての対象者が，承認のルールの対象者であることを意味するものであろうか。

しばしばハートは，承認のルールおよびその他の第二次的ルールと，義務のルールである第一次的ルールとを対比する。その結果，承認のルールは義務を賦課するものではなく，権能を付与するものであろう。この仮説は，つぎのような文章の断片によって補強される。すなわち，一定の環境の下では「……裁判権を付与するルールもまた承認のルールであろう」[11]。しかし，これは，彼が自ら私に確認したとおり，ハートの意図するところではない。ハートはその著作の中で，義務賦課法が慣習法たりうることを説明しているにすぎない。彼の理論によれば，権能付与法は，ある法体系の承認のルールでないものの一部でないかぎり，それが慣習法たりうるということは無意味である[12]。

その結果，承認のルールは義務賦課法である，という結論が導かれなければならない。もっとも，これは承認のルールの対象者が一般大衆ではありえないことを意味する。というのも，通常の人々に対し，一定の法を識別すべく課される義務は存在しないからである（そして，それゆえに，彼らはそのようにして法を識別する法的権能ももたない）。

したがって，承認のルールは，公務員を名宛人とするD法であり，一定の法を適用したり，その法に基づいて行為することを彼らに命じるものと解釈されるべきである。それゆえに，大衆全体の行動ではなく，公務員の行動のみが，承認のルールが存在するかどうかを決定する。

承認のルールの学説を採用すべくハートを衝き動かした根本的な理由は，つぎの文章の中に表現されている。すなわち，「提示された何らかのルールが法

---

10 *CL*, p. 97.
11 *CL*, p. 95.
12 前述第VI章第5節におけるP法の説明は，慣習的なP法の可能性を認めている。しかし，P法の存在は一般的に一定のD法の存在またはその創造可能性に依拠しており，また，承認のルールがP法であると解釈することを可能にするようなD法は存在しない。

的に有効かどうかという問題が提起されたならば、われわれは、この問題に答えるために、**他の何らかのルールによって与えられた**有効性の指標を用いなければならない」[13]。疑問を差し挟む余地があるのは、この仮定である。提示された一定の法が、ある法体系において法として存在するかどうかという問題に答えるためには、最終的には法を参照することによってではなく、法理学的な指標に照らして判断しなければならない[14]。究極的には、法を記述していない一般的言明にではなく、法についての一般的真理に依拠しなければならない。

いくつかの法体系においては、一定の条件を満たしたすべての法を適用すべく一定の機関を義務づける法が存在し、実際にその体系の法がすべてそうした法であることもありうる。しかし、つねにそうであるとは限らず、また、そのような法が存在する場合ですら、その体系の諸法は、承認のルールのゆえにではなく、それらの法がすべて第一次的機関によって承認されているがゆえに、その体系に属するのである。

あらゆる法体系にそうした一つの承認のルールが存在するというわけではないということは、以下の二つの点を考慮に入れることによって理解されうる。

(1) ハートが、あらゆる法体系にはただ一つの承認のルールが存在するという彼の見解を、何によって根拠づけているかが明らかでない。様々な承認のルールが存在し、それぞれが異なった種類の公務員に向けられている、と述べることはできないであろうか。様々な承認のルールが様々なタイプの法を規定している、と述べることはどうであろうか。

(2) 前節で指摘したように、所属資格の指標にとっては第一次的機関の行動が鍵になるものの、ハートの理論が含意するように、第一次的機関がつねに義務の履行として行為するものと考えることには理由がない。第一次的機関は何らかの法を承認すべき義務を負っていても、なお他の法を承認するかしないか、

---

13 *CL*, p. 103. 強調は著者による。
14 われわれはこのことを通常人の観点に関して述べているのであり、「どの法が承認されるべきであるか」という問題に直面している裁判官に関して述べているのではない、ということが思い起こされるべきである。

法的にも自由であることがありうる[15]。ハートがそうするように，法らしい法はサンクションやその他の法的救済手段に裏打ちされていなくとも，たんに批判的反応が普及するだけでＤ法になりうると仮定しよう。この場合ですら，第一次的機関は，一定の法を承認することを止めたり，あるいは他の法を承認し始めるときに，批判的反応に応じようとするものであるとは限らない。

A　法と紙に書かれた法との関係に関する覚書き

本章は，法が制度化されているという事実がどのようにして所属資格の問題を解決する手助けになるか，ということに関するものである。提案された解決方法は，一定の法適用機関に特別の重要性を付与するものであるが，その際に以下のことはいずれも想定されなかった。すなわち，(1)法がこれらの法適用機関による行為の予言または記述であること，(2)法がこれらの機関のみに向けられたものであること，または法は様々なグループの人々に向けられており，これらの機関によって端的に承認されるものであること，(3)すべての法がこれらの機関によって創造されること，あるいは(4)これらの機関はつねにすべての法を承認すべき義務を負わされている，といったことである。

所属資格について提案された指標は，もう一つ別の問題を解決するための道筋を示している。ケルゼンは，法の最低限の実効性が，あらゆる法の有効性にとっての必要条件であると考えている[16]。これが「紙に書かれた法」の問題に対する彼の解答である。所属資格について提案された指標は，この問題に対してこれと異なったアプローチを示唆する。すなわち，〔たしかに〕ある体系に所属する法は，第一次的機関によって承認された法である。法適用機関によって無視された制定法や規制などは，本当はその法体系の一部ではない。それらが修正された形で承認されるならば，それらはこの修正された形において法である。しかしながら，それらが大衆によって無視されているという事実は，それらの存在にとって重要ではない。さらに，たとえそれらが警察によって無視

15　前述第Ⅱ章第4節を参照せよ。
16　前述第Ⅲ章第3節を参照せよ。

され，（それらがD法である場合に）それらへの違反に対して何ら訴追がされず，また，利害関係のある当事者がそれらを法適用機関の面前で援用しないとしても，それらが第一次的機関の面前において，同機関が承認し，行為の根拠とする権能の適切な行使に際して提示されるのであれば，それらは依然として有効な法である。

　世間一般の意見はこの問題に関しては分かれており，ここで提示された所見も通説を解説するものとして正当化することはできないことを認めなければならない。その正当化は間接的に行われる。第一に，ここで提示された所見は，所属資格および同一性の問題に関して表明された見解と一致しているが，これらの問題に対する見解自体は，それらの問題に対する社会通念や専門家の意見についての解説である。第二に，ここで提示された所見は，法適用機関に中心的な役割を割り当てるという，もう一つ別の側面の決定を表現している。

　規範か否かを識別する特徴の一つが，規範であれば行為に関する一定のタイプの理由をなしている，ということにあるのは真実である。しかし，どのような状況においても，規範はあくまでも行為の一つの理由にすぎない。行為に対する規範の影響力や重みは，やはり行為の理由であるその他の多くの事実によって左右され，それらは規範の影響力を時に強めることもあれば，時に弱めたり，あるいはそれと対立することもある。ある法の存在は，必ずしもそれが命令するとおりに行為することの決定的理由であるとは限らないという事実は，一般的に受け容れられている。ある重要な道徳的ルールは，それが法と矛盾する場合は，大衆による法の無視を引き起こしうるが，そうした矛盾も，大衆に対する法の影響力〔のなさ〕も，その法が存在しないことを意味するものではない。同様に，犯罪摘発率の低さは，人々が一定の法に対してあまり重きを置かない傾向を生じさせうるが，それでもこのことはその法が存在しないことを意味するものではない。

　規範が与える行為理由は，一般的に重大かつ重要なタイプの行為理由であるということが，規範の特色である。それゆえに，法に対する一般的な無視により，法が行為理由としての重要性の多くを失えば，最早それは法ではない，と

考えられる傾向にある。しかし，規範的体系が問題とされる場合には，行為理由である個々の規範の重大さに関するこうした考察は，規範の体系的性質に関する考察によって乗り越えられるものであると認めることが，合理的であるように思われる。規範は，特別に任命された諸機関により，組織化された法適用によって特徴づけられる体系に所属するがゆえに，大いに無視されかつ放置された法でさえ，これらの機関によって承認されるかぎりは，法なのである。

IX 法体系の存在について

1 実効性の原理について

〔法体系の〕存在の問題は、提示された一定の法体系が存在するかどうか、つまり、ある一まとまりの規範的言明が真実であるかどうか——もし真実であれば、それは法体系の完璧な記述である——を決定するための指標を探究することである。

いく人かの法理論家は、この問題に関する彼らの見解を実効性の原理に基礎づけている。すなわち、彼らの見解は、法体系の存在はその実効性のみに、つまり、その法体系への服従のみに依存している、との仮定に立脚している[1]。しかし、こうした見解の主唱者のうち誰も、その理論における実効性や服従の精確な意味を明らかにするために十分なことをしていない。一つの解釈は、法に服従する機会の総数に対し、法への服従が行われた事例が一定の比率に達するならば、法体系が存在するとみるものである。これはたしかに粗削りの解釈ではあるが、ないよりはましであり、少なくともコメントや批判の基礎として役立ちうる。以下の指摘のうちいくつかの点に対しては、実効性の原理に対するこのような解釈を洗練し、改良することによって対処することができるが、その他の点は、この原理が不適切であり、放棄されるべきものであることを示している。

---

1 前述第Ⅴ章第1節を参照せよ。

不服従の事例はどうやって数えることができるのであろうか。ある者が制限時速を50マイル超えて車を運転したとしよう。彼は何回法に違反したのであろうか。法に服従しえた機会の回数はどうやって数えるべきであろうか。1年間のうち殺人をしない機会は何回あるのであろうか。また，盗みをしない機会は何回であろうか。仮に適切な数え方が確立されたとしよう。ある者が500回は殺人をせず，ただ1回だけ殺人をし，また，所得税を2回支払ったが3回分の支払いをしなかったという事実により，実効性の（部分的な）比率は4対506になるのであろうか。このような計算方法というものは，大して意味をなさないように私には思われる。

すべての法に対するすべての違反が法体系の存在にとって同等の重要性をもつものであろうか。ある者がその契約を破ったり，道路標識に注意しなかったという事実は，彼が軍隊から脱走したり，叛逆を共謀したという事実と同じ程度に法体系にとって有害であろうか。

さらに，同一の法に対してもすべての違反がその法体系の存在にとって同等の重要性をもつのであろうか。国家元首を殺害することとその他の殺人とを比べた場合，それらが異なるタイプの犯罪であるかどうかにかかわらず，前者は後者以上に法体系の土台を崩すことにならないであろうか。また，法に対する違反の際に表明された意図も〔法体系の存在への影響という点で〕みな違いをもたらすように思われる。例えば，市民的不服従の行為として税金を支払わないことの効果と，よくありがちな税金逃れによる同一の犯罪とを比較せよ。

実効性の原理を唱えるほとんどの者によって解答されずに残されている問題で，一般的かつ非常に重要な問題は，たんなる法の遵守が，法についての少なくとも何らかの知識を伴う服従と同等のものと考えられるべきかどうか，あるいは法の存在が人間の行動の仕方を左右するものであることを含意した服従とさえ同等のものと考えられてよいかどうか，ということである。

実効性の原理は，D法に対する服従および不服従のみに関するものである。しかし，人々がP法によって彼らに付与された権能を利用したり，利用しなかったりする仕方は，法体系の存在にとって〔D法の場合と〕同等の重要性を

もたないであろうか。ある国では，一定の人種または民族の集団の構成員が二級市民とみなされ，政治的権利を享受していないものと仮定しよう。その国の政府はそれらのグループの構成員の何人かを半自治的な立法議会の議員に任命したが，彼らは同国の体制に反対し，彼らの権能を行使することを拒んでいるとする。彼らの行為は，市民的不服従としての何らかの義務違反行為と同様に，法体系の存在にとって有害ではなかろうか。また，議会議員選挙の投票に対する集団的棄権は，違法な公的集会よりもこの問題に関する重大さを欠くものであろうか。同様に，一定の契約に対する違反や，会社の取締役による一定の義務に対する違反が法体系の存在に影響を与えるのであれば，大衆が一定のタイプの契約を締結することを差し控えたり，一定のタイプの商事会社を設立することを差し控えたりするという事実も，同じように法体系の存在に影響を与える。

最後に，現行の法体系は必ずしも他の法体系よりも高い程度の服従が行われるものであるとは限らない，ということに注意すべきである。例えば，1968年にローデシアに存在した法体系は，一方的独立宣言〔1965年〕後の法体系であったと考えることを擁護する主張がある。しかし，この主張はその法体系がローデシアにおける唯一の実効的な法体系であったということを含意しない。一方的独立宣言前の法体系もそこでは実効的であったということが，十分にありうる。実際，一方的独立宣言前の法体系は，全体的にみれば比較的実効的な体系ではあっても，〔当時の〕現行の体系ではなかったかも知れない。これら二つの体系は，内容的には大幅に一致している。例えば，一方的独立宣言後に制定された刑法のうち一定数のものは，十分には遵守されなかった。このことは，非常に大きな重要性をもつ新憲法が以前の憲法を廃止し，旧法ではなくて新法が遵守されていたという事実にもかかわらず，一方的独立宣言前の体系に対し，実効性の均衡のうえでの優位を与えたことであろう。しかしながら，その一憲法の実効性により，ローデシアに存在していたのは一方的独立宣言後の体系であったということが決定されうるのである。

以上の議論を要約すれば，つぎのようになる。すなわち，法体系の存在にとっては，すべてのD法に対する服従が重要ではあるが，以下のことが必要に

なる。つまり、(1)過度に単純化された計算は避けなければならない。(2)異なった犯罪には異なったウェイトが置かれなければならない。(3)法的には重要でない環境や意図も考慮に入れられなければならない。(4)法についての知識、およびそれが人々の行動に対してもつ影響力も考慮に入れられなければならない[2]。(5)義務への服従はもちろん、権能の行使も考慮に入れられなければならない。(6)重要な憲法的諸法に対し、より大きな重要性が与えられなければならない[3]。

2　いくつかの追加的な指摘

〔法体系の〕存在の問題の複雑さは、簡略な取扱いを許さない。そして、この問題に含まれる個々の諸問題のほとんどが、これまでのところ法哲学者たちによってはほとんど触れられなかったように私には思われる。以下の記述は、この問題にアプローチすべき方法に関する僅かばかりの指摘を含むものにすぎない。それは、この問題に対する解決方法の萌芽すら含んではいない。

二つの問題が区別されるべきである。

(1)　ある社会に法体系が存在するかどうか。

(2)　ある社会が法体系によって支配されていると仮定して、それがどの法体系によって支配されているか。その社会にはどのような法体系が存在するか。

最初の問題は、つぎの二つの仕方で解釈されうる。すなわち、この問題は、(a) S がある社会に存在する規範的体系であるとした場合、S は法体系であるか、ということを意味するものとしても解釈されるし、あるいは、(b)一つの法体系についての完璧な記述が、ある社会に存在する法体系を記述しているか、ということを意味するものとしても解釈されうる。われわれがここで扱おうとするのは、二番目の解釈による問題のみである。

これら二つの問題に対応して、二組の別々のテストが存在する。一つは、あ

---

　[2]　最初の三点、および第四点目の前半は、ベンサムによって明示的に承認されていた。法体系の変更に関わるものではあるが、叛逆についてのベンサムの議論（*Fragment*, pp. 45-6）を参照せよ。
　[3]　最後の二点は、ハートによって指摘されている。*CL*, pp. 109-14 を参照せよ。

る社会においてそもそも何らかの法体系が存在するかどうかを決定するためのテストである。他の一つは，この最初の問題に対して肯定的な回答が与えられたとして，そこにはいかなる法体系が存在するかを決定するためのテストである。

「予備的テスト」と呼ぶことのできる最初の一連のテストにとっては，その体系に属するすべての法が関係してくる。もっとも，それらの法がすべて同等の関連性をもつと考えるべき理由はない。公法への服従はもちろん，私法への服従も考慮に入れられるべきである。大衆によるあらゆる種類の法的権能の行使も考慮されるべきである。さらに，法が知られている程度および法が人々の行動に影響を与える程度にも特別の注意が払われるべきである。

法的権能の利用のされ方を考察するに際しては，法的権能が用いられなかったすべての機会が関係してくるのではなく，法的権能の行使が，例えば，利害関係のある人々の明白な利益になったであろうという理由から期待されていた，というような機会のみが関係してくる。法についての知識は，それがＤ法の遵守にとって重要である以上に，Ｐ法の実効性にとって一層重要であることは，いうまでもない。

予備的テストは，法体系の一般的な実効性についてのテストである。（ここでは「実効性」の語がこれまでよりも広い意味で用いられている。）ある社会においては，一つ以上の法体系が予備的テストを通過し，実効的なものであることがありうる。そのような場合には，実効的な体系のうちどの体系がその社会に存在するのかを見出すために，第二の一連のテストを用いることが必要であろう。前節で論証されたように，予備的テストを通過する二つの法体系のうち，一方が他方よりも実効的であるという事実があっても，それは前者が現行の体系であることの証拠にはならない。この問題は第二の一連のテストによって決定されるが，それは「排斥のテスト」と呼ぶことができるであろう。

予備的テストおよびそれが答えようと企図した問題は，法理学的議論の中ではそれほど大きく目立たなかった。法理学的議論は，ある規範的体系が法体系であるかどうかを決定する問題，または二つの法体系のうちどちらが存在する

かという問題の、いずれかと関わっている。例としては、原始的社会のルールが法体系であるかどうかの問題や、1968年のローデシアにおいてはいかなる法体系が存在したかという問題がある。

　最後に挙げたような問題に対して回答するためには、排斥のテストを手がかりにしなければならない。このテストを行う前には、考察対象となっている二つの法体系が本当に相互に排他的なものであるかを確認しなければならない。社会は二つの法体系によっても支配されうる。例えば、一方は宗教的法体系で、他方は国家的法体系であるという場合であり、両者はしばしば衝突するとしても、併存可能である。

　二つの法体系が併存可能であるか否かは、まず第一に、それらが一部をなしている組織の社会的形態（例えば、民族の法体系、国家の法体系、宗教の法体系など）によって規定される。一般的には、各タイプの社会的組織は、他の同一タイプの組織とは併存不可能であるが、別のタイプの社会的組織とは共存しうる。（国家は相互に〔同一社会の中では〕併存不可能であるが、宗教団体などとは大抵は併存可能である。）第二に、諸々の法体系の併存可能性は、それらが衝突する程度にもよる。（一定の宗教団体は、非宗教的な権威などの承認を禁止することがある。）

　二つの法体系が想定され、両者ともにある社会において実効的であるが、併存不可能でもあるとすれば、そのいずれが当該社会において存在するかを決定することが、排斥のテストの目的である。このテストは、国家、体制、または問題の法体系が不可欠の部分をなしている社会組織の他の形態に対する人々の態度および行為に特別の重要性を与えるものである。大衆は、一方の体制よりも他方の体制に忠実であることから、問題になっている複数の法体系の一方に対して部分的に反抗したり無視したりするであろうか。この点においてこそ、人々が一定の義務に違反したり、法的権能を行使したり、あるいはその行使を差し控えたりする際の彼らの意図が重要になる。

　排斥のテストによって特別の重要性を与えられるその他の要因は、主要な憲法的諸法の実効性、つまり、重要な法適用機関ならびに法創造機関の働き、および政治的性質をもつその他の諸法の実効性である。これらは法体系によって

様々である。排斥のテストは比較によるテストである。競合する複数の法体系のうちで，最善であることが判明した法体系が，現存する法体系である。一定の場合においては，二つの競合する体系がほぼ同等の資格をもち，判断が未決定のままにされなければならないこともありうる。

　一定の社会における法体系の存在ということが，これまでしきりに述べられてきた。「社会」(society) という用語は，このコンテクストの中では，真にきわめて緩やかに解釈されるべきである。ある法体系について，それがイギリスの法体系であるとか，イギリスの人々の法体系であると述べることによって意味されているのは，(a)その法体系に属する諸法が，（大まかにいえば）イギリスにおいてまたはイギリスの人々によって行われた行為に対してのみ適用されること，および(b)イギリスにおいてまたはイギリスの人々の間で，つまり，その法体系の適用領域において，先に言及されたテストが行われた結果，その法体系がそこに存在することが証明されたということである。法体系の実効的な存在領域は，その法体系の適用領域よりもしばしば狭い。例えば，私の知るかぎりでは，1968年に台湾で施行されていた法体系が，中国大陸でも適用されていたかも知れない。〔法体系の〕存在の指標は，この法体系が実際には台湾においてのみ存在するということの確証を可能にする。

　法体系というものは，つねにある一定の時点または一定の期間において存在する。一方，実効性のテストおよび排斥のテストは，それが一定の最小限の期間において行われた場合にのみ結果を生み出すものであることが，忘れられてはならない。法体系というものは，ある一定の時点がその法体系の存続期間の一部である場合に，その各々の時点において存在するものである。

　〔法体系の〕存在の指標に関するこれらの僅かばかりの考察は，存在の問題に対する取組みが十分に行われる前に必要となる，予備的説明の一部にすぎない。それらは，本書の中で行われたその他のほとんどの指摘と同様に，困難な諸問題を解決するための方向性を示す指針にすぎない。しかしながら本書が，いくつかの主要な法理学上の問題でありながら，これまで等閑に付されてきたものの解決に何らかの寄与をすることに加え，それらの問題の重要性を明確化し，

かつ論証すること，およびいく人かの偉大な法思想家の業績に新たな光を投げかけることに成功したことを願うものである。

おわりに:源泉,規範性および個別化[1]

　法体系の性質に関する理論は,法哲学の分析的部分における主要な要素の一つである。それは,裁判に関する理論とともに,社会において非常に重要な役割を果たす社会的制度としての法をわれわれが理解するための概念的基礎を提供する。これらは法の批判的な評価の基礎をなすものであり,それ自体が法哲学のまた別の部分である。

　法は必ずしも法体系に属さない,と主張するいく人かの著作家がいる[2]。言語上の考察としては,それが正しいことは疑いない。「法」という言葉は,法体系に所属していない行動のルールにも適用される。法哲学が「法」という言葉の意味を研究することであるとすれば,それは法体系論をその主要部分としては含まないであろう。しかし,法哲学は,その主な代表者たちによれば,この「法」という言葉やその他の言葉の意味を探究するものとしては捉えられてい

---

[1] 『法体系の概念』第一版で表明した見解のうち,私が発展させ,あるいは変更したすべての点を列挙することは,有用な目的に役立たないであろう。ここでの私の目的は,本書の中で触れられた三つの主要なテーマに集中することである。すなわち,法の源泉ならびに個別化への法の依存に関して表明された見解を防衛すること,および法の規範性に関する基礎的な仮定において私がいかに誤っていたかを説明することである。

[2] とりわけ,A. M. Honoré,'What is a Group', *Archiv für Rechts- und Sozialphilosophie* 61 (1975) 161; G. MacCormack,'"Law"and"Legal System"', (1979) 42, *M.L.R.* 285 を見よ。さらに,体系を超越した法原理の存在に関する議論として,J. M. Eekelaar,'Principles of Revolutionary Legality' in *Oxford Essays in Jurisprudence*, 2nd series, ed. By A. W. B. Simpson, Oxford, 1973 を参照せよ。ドゥオーキン (R. M. Dworkin) も自ら,見解を同じくするかのような表現をしばしばしている (*Taking Rights Seriously*, rev. edn., London, 1979, p. 344)。しかしながら,そこで表明された見解は,彼の論文 ('Hard Cases') の主眼とは十分に適合しない。それは,法を裁判所がもつ制度的道徳性と識別し,そして,その他の諸制度がもつ制度的道徳性からはもちろん,ドゥオーキンが「背景」的道徳性と呼ぶものからも法は区別される,とみなすものである。

ないし,またこれまでもそのように捉えられてはこなかった³。法哲学は,社会組織の独特な形態に関する研究である。たしかにこの独特な形態の社会組織は,「法」が——とりわけ「法的」とか「法的に」という使用方法と緊密に結びついた形で——用いられる重要なコンテクストの一つを提供する。しかし,それは社会組織およびその規範的構造——それは本書の研究の目的である——の研究であって,何ら言葉の意味の研究ではない。

1 源泉

　法体系論に属する四つの主要問題のうち,本書は,法体系の同一性およびその構造という二つの問題に集中した。法にとって何らかの必然的な内容が存在するかどうかという問題は,まったく論じられなかった⁴。存在の問題は,主として批判的に論じられた。法体系というものはそれがある程度実効的でなければ効力をもたない,と一般的には論じられている。ケルゼンは,実効性というものは一般大衆による法の遵守のみならず,裁判所および他の法執行機関による法違反者へのサンクションの適用の成功にも依存することを指摘した。ハートは,実効的な遵守だけでは十分でないことを明らかにした。少なくとも公務員の側における法の受容もまた必要である。本書の最終章で私は,実効性に対するわれわれの理解における数多くの混乱について論じ,いくつかの必要とされる力点の置き方の区別を指摘した。そしてそこでは,事態はひとまず落ち着いたように思われる。この前線にさらに重要な何らかの進歩を付け加えるためには,理論社会学から借用された,より洗練されたツールが採用されなければならないであろう。

　こうした理論社会学への依存は偶然ではない。法体系は,「自給自足的な」

　3　法哲学への言語学的アプローチに関しては,私が最近書いた論文 ('The Problem about the Nature of Law'),および *The Authority of Law*, Oxford, 1979, essay 3 を見よ。
　4　私はそれについて,*Practical Reason and Norms*, sect. 5. 1, London, 1975 の中で言及することを試みた。

社会組織ではない。それは何らかの政治システムにおける一側面または一次元である。この事実は、継続的法体系の時間的な境界画定と関係している。第Ⅷ章において私は、オースティン、ケルゼン、ハートといった、法の継続性を定義するための自律的な法的指標を与えようとした法理論家たちを批判した[5]。自律的な法的指標とは、法の内容、それらの相互関係、およびそれらの実効性から引き出されるものである。それらに依拠することは、法の内的な働きのみならず、その正確な境界線もまた、特殊に法的な考慮要因だけを基礎にして確定されうることを前提にしている。しかし、法は、国家、教会、遊牧民族、あるいはその他の政治システムにおける一側面である。法の存在も同一性もともに、法がその一部である政治システムの存在と同一性に結びつけられている。本書が誤っているとすれば、それはこの点を十分に強調していないことにある。そこでは、時を超えた法体系の同一性は、その法が一部となっている政治システムの継続性に依存することが論じられつつ、定時点的法体系の境界線に関する自律的な定義が試みられている。自律的な指標はある者が定時点的法体系の境界線を識別するに至るまでに長い道程を歩かせるものであることは真実であるが、それは最終的に一定の疑いの余地を残している。定時点的法体系は、一定の裁判所のシステムがそれ独自の慣習および実践に従って適用すべく拘束されているルールのみから構成されている[6]。これは裁判所のシステムの観念を説明しないままにしている[7]。いくつかの裁判所が、同一の有効性の指標に基づいてルールを承認することを実践しているのであれば（つまり、それらが同一の承認のルールを実践しているのであれば）、それらは同一の体系に属するものとみる

---

5 ハートに対する同様の批判に関しては、J. M. Finnis, 'Revolution and Continuity in Law' in *Oxford Essays in Jurisprudence*, 2nd series を見よ。また、*The Authority of Law*, essays 5, 7 も見よ。

6 ここで私は、前述第Ⅷ章で提示された定義よりも、むしろ *Practical Reason and Norms*, sect. 4.3 の定義に従っている。なぜなら、前者は強制的サンクションの使用に依拠しており、法における強制の役割について解釈を誤っているからである。H. Oberdiek, 'The Role of Sanctions and Coercion in Understanding Law and Legal Systems', *Am. J. of Juris.* 21 (1976) 71 および *Practical Reason and Norms*, sect. 5.2 を参照せよ。

7 裁判所の概念は、自律的な指標によって説明されうる。*The Authority of Law*, essay 6 および 'The Problem about the Nature of Law' を参照せよ。

ことができる。このテストは，境界線を完全に開いたままにしている[8]。それに関しては何も間違っておらず，「法体系」の観念がこの境界線に沿って見た場合にまさに漠然としており，不正確である，と述べることが可能である。その一方で，ここで再び，法体系がその一部となっている政治システムの性格を援用し，その政治システムの機関である裁判所とそうでない裁判所とを区別することは有意味でありうる。これは定時点的法体系のより正確な定義を生み出すであろうが，その主たる利点は，法が社会の政治的組織における一要素であるという事実をはっきりさせることにある。法は多くの目的のために自律的なシステムとして扱われうるし，そうされるべきであるが，究極的に〔法とそれ以外のものとの間の〕その境界線は，それが一部をなす，より大きな政治システムの性質と境界線によって左右される。

法体系の同一性に関する定式を与えることにおける自律的な法的考慮要因の不十分さを強調するに際しては，逆の誤りにも用心すべきである。同一性の定式に寄与する自律的考慮要因の重要性を過小評価することは，あまりに安易である。これらの自律的考慮要因は，法の本質的部分である。つまり，すべての法体系に存在し，まさに，それによって法体系が法体系たりうる性質の一部である。それらはまた，法が政治システムの中で果たす特別の役割を説明する諸特徴に属するものでもある[9]。

法体系というものは，行為の諸理由の体系として観念されうる。その同一性の問題は，どのような理由が法的理由であるかの問題である。あるいは，より正確にいえば，どのような理由が同一の法体系における法的理由であるかの問題である。私は先に，ある理由を法的理由とするのに必要な二つの特徴を指摘した。すなわち，(1)その理由が裁判所のシステムによって適用され，承認された理由であること，および(2)そうした裁判所が，それ自身の実務慣行および慣

---

[8] そのうえ，このテストは，適用されたそれらのルールにとって異なる地位が存在する余地が認められるように改良されなければならない。なぜなら，法体系は開かれた体系であるからである。*The Authority of Law*, essays 5, 6 を見よ。

[9] 法の必然的な内容，つまり，開かれていて，包括的で，そして最高であるということは，もちろん政治システムにおける法の役割の理解にとっても決定的に重要である。

習に従ってそれらの理由を適用すべく拘束されていることである。これらの特徴は，法の制度的性質を説明する。つまり，法とは，権威的な法適用制度によって承認され，強制される諸理由の体系である。これらの特徴は，ハートがその承認のルールに関する理論の中で表明した，法の同一性に関する彼の学説の礎石を提供するものである[10]。

これらの諸条件のほかに，もう一つ別の条件が付け加えられなければならない。法的理由とは，その存在および内容が，道徳的議論に訴えることなしに，社会的事実のみに基づいて立証されうるようなものである。私はこの条件を「源泉テーゼ」と名づけた。このテーゼはそれを受け容れる法実証主義者と，それを拒絶する自然法論者という，名高い主唱者たちの間の相違を画するものである，とみなす誘惑に駆られるかも知れない。たしかに，このテーゼが〔自然法論者と法実証主義者という〕歴史的な区別と強い関係をもつことは疑いないが，しかし，このテーゼがそのどちらかの学派による排他的な所有物であると主張することはできない[11]。

源泉テーゼを是認する動機づけについては，やや隠喩的な言葉によって最もよく説明することができる。すなわち，先に手短に説明された〔ある行為の理由が法的理由であるための〕その他の諸条件は，法的理由が社会の構成員に対して権威的に拘束力ありと主張するものであることを説明する。社会の構成員がどのように振る舞うべきかに関する議論においては，熟慮段階と実行段階とを区別することができる。第一段階においては，選択可能な行為の諸方法の相対的なメリットが評価される。第二の実行段階においては，そのような評価は排除されている。何をすべきかの問題は依然として生じるが，実行上の問題とし

---

10 *CL*, Ch. 6. また，ハートの立場を正当化するとともに，些か修正することを目論んだ私の議論（*The Authority of Law*, essays 4 to 6）を参照せよ。さらに，前述 pp. 189 ff. 頁をも参照せよ。
11 このテーゼは，フラー（L. Fuller）の *The Morality of Law*, Cambridge, Mass., 1964, およびフィニス（J. M. Finnis）の *Natural Law and Natural Rights*, Oxford, 1980 といった，著名な自然法論者の著作物と両立可能であるように思われる。このテーゼがハートによってどの程度受け容れられているかについては，最近問題とされている（Soper, 'Legal Theory and the Obligation of a Judge: The Hart/Dworkin Dispute', *Mich. L. Rev.* 75 (1977) 473 および D. Lyons, 'Principles, Positivism and Legal Theory — Dworkin, *Taking Rights Seriously*', *Yale L. J.* 87 (1977) 415）。

てである。熟慮段階において，一定の環境下で何をすべきかが決定された以上，残された問題は，記憶の問題（どのような環境下でどのような行為が決定されたか）および同一性の問題（決定された行為が明確に特定された種類の行為で，決定の際に前提とされた環境が明確に特定された環境か）のみであり，あとは熟慮段階の結論としてはどちらでも構わないものとして放置された残余の選択要因があるだけである。(そのような残余の選択が残されるのは，熟慮というものがつねに一般的な用語によって枠をはめられた結論をもって終了するからである。つまり，一定の性質の環境下において，一定の種類の行為を履行すべきであるという結論である。そのような指示を遵守する仕方はつねに一つ以上存在する。遵守がどのような仕方で確保されるかは，そうした指示の観点からは関心をもたれていない [12]。)

もちろん同一性の問題は，何が最も正当な行為であるかが問題となっている場合のように，道徳的問題に依存することもある。これが問題の本質である場合には，明らかにその問題は定義からして熟慮段階に属する。要求された行為の同一性が道徳的議論に依存しない場合にのみ，それは実行段階に属する。すべての社会が必然的にこれら二つの段階を区別していると主張するのではない。この区別が論理的に首尾一貫したものであること，それがいくつかの社会に見出されること，およびその存在は法の存在にとって必要条件であることが主張されるにすぎない。源泉テーゼによれば，法は熟慮段階と実行段階との区別を承認する司法制度が存在する社会にのみ存在する。つまり，そうした司法制度は自ら一定の理由を承認し，強制するよう拘束されていると考えているが，それは彼らが熟慮段階における問題を委ねられていたならばその理由を是認したであろうからではなく，彼らがその理由の有効性は習慣，立法または以前の裁判所の判決によって権威的に決定されたものとみなしているからであり，その結果，この問題は訴訟において裁判所によってその面前で，実行段階におけるものとして判断されるからである。この場合には，裁判所は，一定の行為の理

---

12 ケルゼンはこの点を強調する主要な法哲学者の一人である。*PTL*, p. 349 を参照せよ。意図に関する類似の点については一般に，D. Davidson, 'Intending', Y. Yovel (ed.), *Philosophy of History and Action*, Dordrecht, 1978 を見よ。

由として一定の事実（例えば，以前の法制定）を顧慮することの望ましさについての道徳的論証を考えてみようとするのではなく，当該事実の存在が道徳的に中立的な論証によっていったん確証されたならば，その事実は裁判所が適用すべく拘束される理由であると判断するのである。そのような仕方で裁判所を拘束する理由のみが，つまり，「実行段階の」理由のみが，道徳的論証を援用することなしにその存在を確証することのできる理由であり，それこそが法的理由である。源泉テーゼは，法を社会的意思決定の実行段階に位置づけるものである。

源泉テーゼの輪郭を描くことを容易にするためには，いくつかの点を明確にすることが要求される。第一に，有効なまたは拘束力ある理由が折に触れて参照されなければならない。もっとも，このテーゼ自体は，ある理由が実際に良い理由であるとか拘束力ある理由であるとかいった主張を何ら含むものではないことは，明確にされるべきである。源泉テーゼは，拘束力ある考慮要因は，それがどのようなものであろうとも，熟慮段階に相応しい考慮要因と実行段階に適した考慮要因とに区別されうること，および，行為へと通じる仮定はしばしば両者の段階を通過するものであることを前提にしている。このテーゼ自体が主張するのは，法的理由は裁判所によって有効であると判断された「実行」型の理由である，ということである。それは裁判所の見方を是認するものではない。

第二に，裁判所が承認し，適用するすべての考慮要因は，道徳的論証に訴えることなしに識別可能な事実である，と主張しているわけではない。裁判所が合法的に承認する考慮要因の中では，前掲の条件に合致するものだけが法的考慮要因である，ということを主張しているだけである。裁判所は法領域以外の考慮要因に基づいても行為しており，またそのように行為する資格を与えられている[13]。

第三に，このテーゼは，裁判所の目を通して法的理由を識別するものである。

---

13 いくつかの裁判所が何らかの法領域以外の考慮要因に基づいて，法的考慮要因を改訂する，限られた権限を認められている，ということもありうる。Cf. *The Authority of Law*, essays, 6, 10.

つまり，裁判所が承認すべく拘束されていると判断する「実行的」な理由として，法的理由を認定するものである。しかし，すべての法的理由が裁判所に向けられているとか，すべての法的理由が裁判所による行為の理由であるといった見解は，このテーゼの一部ではない。それはもちろんケルゼンの見解であるが，つぎのような見解の方がより適切である。すなわち，法的理由はすべての種類の行為者に向けられているが，彼らはみな，裁判所がこうした法的理由を承認し，それらとの一致または不一致から適切な結論を引き出すべく拘束されている点で，裁判所と同じ状況に置かれている。

第四に，裁判所はしばしば，ある理由に基づいて行為することが不当または道徳的に有害でない場合にのみ，その理由の有効性を承認するよう法によって説示されている。時折そのような説示は，例えば，契約は，それが道徳的に異議のない場合にのみ法的に有効である，といった状況をもたらす。そのような場合には，個々の契約の有効性は「社会的事実」のみに依拠するものではない。個々の契約の有効性を確認するためには，道徳的議論に立ち入らなければならない。契約の有効性は，それが裁判所で宣告された場合にのみ，源泉テーゼに従って，つまり，裁判所の判決に照らして，確認されうる。したがって，源泉テーゼは，裁判所によるそのような判決に先立って，契約が法的にみて決定的に有効であると述べることはできない，と命じている。もちろんそのような契約は，それが法によって要求された有効性のその他のテストに合致していれば，**一応の推定としては有効である**。

第五に，このテーゼの核心は終局性（finality）であり，確実性や予見可能性ではない。この点は，源泉テーゼに同意する理論家たちによってもしばしば捉え損ねられている。彼らは法や法的決定における確実性および予見可能性の重要性にこだわり，源泉に基礎づけられた法は，道徳的考察および道徳的考察に基礎づけられた判決の双方と比較して，より確実であると想定する。その結果，法は源泉に基礎づけられている，と彼らは主張するのである。そのような議論は徹頭徹尾破綻している。それは，（法的決定にとって重要でありそうにみえる種類の）道徳的考察が，社会的事実の問題よりも多かれ少なかれ確実であるかど

うかという論議に属する事柄である。いずれにせよ，社会的事実の問題は複雑で，多くの不確実性に支配されうることは明らかである。しかしなお重要な点は，その議論はせいぜい，判決における法的および超法的な考察に関して何が相対的に重要であるべきか，ということについての議論である，ということである。しかし，源泉テーゼは何が問題であるべきかということについてのテーゼではない。このテーゼは，法の概念の分析における一要素なのである。

終局性は，反省および熟慮に関する公式的ならびに非公式的段階と，実行に関する公式的ならびに非公式的段階との間の分業に関する相関的要素である。一人の人間の生活においてすら，しばしば熟慮に続いて決定が行われ，その決定はかなり先の時期まで行為を予期し，意図を固定し，それによってその意図は比較的変更のないものとなりうるのである。いわんや社会的な行為に関しては，行為に先立って決定を固定する必要性，行われるべきことが権威的に決定され，それによってその決定が共同体の構成員たちに対して拘束力をもち，その結果，彼らが何が最善であるかについての不一致を理由にして相互に意見を異にすることが許されないという必要性——こうした終局性の必要性が，支配的なものとなる。

上記のコメントは，源泉テーゼを明確にし，より適切な定義を与えることを企図したものである。それは，このテーゼを受け容れるべきことの根拠となる直接的な議論を含んではいない。この直接的な議論は簡潔で単純である。すなわち，われわれの社会に普及している法についての共通観念が，源泉テーゼと一致している，ということである。さらに，源泉テーゼはわれわれの社会で通用している法についての多くの基本的信念——例えば，法は時には確定されているが，時には未確定であるという観念，裁判所は時には既存の法を適用するが，時には新しい法をつくるという見方など——を説明している。源泉テーゼによって指摘された二種類の理由の区別が人間の生活や社会の機能にとって重要であり，そのことが法に関するわれわれの共通観念の中に組み込まれているとすれば，われわれの法概念における一つの本質的な構成要素としてこのテーゼを受容すべく，もちうるすべての理由をわれわれはもつことになる。

2 個別化一般

本書において提示された個別化理論の分析に関し、その細目に私が付け加えようと思うことはほとんどない。しかしなお、本書で採用された一般的アプローチを精密にし、いくらか修正すべく、この理論の一般的性質についていま少し述べること、および次節において主要テーゼの一つ、つまり、権能付与的ルールは独立したタイプの法的ルールであり、しかもそれは規範であるということを擁護することは、有用であるかも知れない。

個別化の問題には、法的言明の吟味をとおしてアプローチするのが最善である。すべての（直接的な）法的言明は、「p」が文章形態の変数である場合には、「法的にp」または「Lp」という形式をもつ文章によって表現されうる[14]。ある特別のクラスの法的言明は、「pという法が存在する」あるいは「（法的）ルールは……ということを決定する」という形式の文章によって通常は表現される。このようなクラスの法的言明が、個別化理論の関心事である。その要点はオノレにより、見事な明晰さをもって指摘された。

> 法律家は法の個々のルールについて自由に話し、しばしばそれらのルールを、例えば、「永久拘束禁止則」(the rule against perpetuities) とか「**ライランズ対フレッチャー判決におけるルール**」(the rule in *Rylands v. Fletcher*) と名づけたりする。このことは、「ルール」とか「法」とかいう語には専門的な用法があり、その用法の中で法やルールが個別化されていることを示唆している。しかし、このような「ルール」や「法」の用法は、制定法の箇条や事件について判決を下す裁判官の言明と法とを同一視するものではない。「**ライランズ対フレッチャー判決におけるルール**」と述べる法的な助言者、弁護士または物書きは、**それをライランズ対フレッチャー判決**から正確に写し取ってはいない。彼らは、生のルールに何かを加えたり、生のルールに触れることを差し控えるために、その判決に続く諸判決や、教科書および一般的または専門的な伝統における伝来的な定式化を考慮に入れている。たしかに、彼らはさらに先に進んで、生の

---

14 法的言明については、一般的には、前述 pp. 48-50 および 'The Problem about the Nature of Law' を見よ。「間接的な」法的言明とは、法についての言明とみなされるのが最適である。直接的な法的言明のみが法的言明と呼ばれるであろう。

素材の中から，その中に暗黙のうちに潜在していた法を引き出すこともあるかも知れない。しかし，例えば，一定のタイプの財産における利益が存在するというようなことが明確に述べられることはなかった[15]。

哲学者の役割は，このような種類の法的言明の意味について，体系的な説明を提供することである。「法的にあなたは私に5ポンドの借りがある」とか，「法によれば，あなたは月末までにその物件を明け渡すべきである」といった言明は真でありうるが，その一方で，「あなたは私に5ポンドの借りがあるという法が存在する」とか，「あなたはその物件を明け渡すべきであるという法が存在する」という言明は誤っている。ここで問題とされているような諸義務は，端的に契約から生じうるものであって，何らかの法のみによって生じるのではない。

真なる法的言明は，純粋なものか，応用的なものか，あるいはその双方かである。純粋な法的言明とは，法の存在または不存在がその真実性を立証するのに十分であるがゆえに真であるような言明である。応用的な法的言明とは，その真実性を立証するための十分条件の中に，その他の事実を含むものである。「契約は申込と承諾によって行われる」，「違法な契約は強制執行されえない」，「取引を制限する契約は違法である」，「契約は履行不能によって目的達成不能となる」といった言明は，すべてイギリス法に関する純粋な言明である。それらは，イギリス契約法についての言明である。「私は地主に2か月分の地代を負っている」，「私は週末までにジョンに冷蔵庫を引き渡すべきである」といった言明は，それらがいやしくも真であるならば，応用的な法的言明である。それらの真実性はおそらく，それらに相応しい法の存在のみならず，例えば，一定の取引が行われたとか，一定の法創造的でない事件が起こったというような，

---

15 'Real Laws' in *Law, Morality and Society*, edited by P. M. Hacker and J. Raz, Oxford, 1977, pp. 100-1. オノレは，私を含めていく人かの物書きのすることを，見込みのない探究であると非難する。しかし，これは「分析的形而上学の奇妙な形態」という誤った特徴づけに基づくものであるように思われる。私にとってその性質を理解するにはあまりに神秘的すぎる。私が理解しうるかぎりでは，彼が批判する者たちはすべて，本質的に彼と同じ企てに携わっている。この問題に関する様々な著作家たちの間の主な相違は，この問題に対する彼らの解決方法にあった。このことは，この問題の性質に関するいく人かの哲学者たちの捉え方が混乱していたことを否定するものではない。

その他の事実にも依存している。ある言明は，つぎのような場合には純粋かつ応用的である。すなわち，二つのまとまった諸条件が成立し，そのいずれもが（他方からは独立して）その真実性を立証するのに十分であり，一方は法の存在または不存在ということのみからなり，他方はその他の事実に加えて法の存在または不存在ということの双方の事柄を含む場合である。

大抵の法的言明は，論理的に純粋でも応用的でもありうる。つまり，ある事態が成立するならば，問題になっている法的言明が純粋で，かつ応用的でもあるという，そのような事態の可能性が論理的に存在する。しかし，いくつかの法的言明は論理必然的に純粋である。そのような言明とは，それが真であれば純粋であり，また「適用可能な諸事実」によって真とはされえないような言明である。（また，論理必然的に応用的である言明も存在するが，われわれはそれには関わらない。）

「p という法が存在する」というタイプの言明は，論理必然的に純粋である。それが真であれば，それは純粋である。それは応用的な言明ではありえない。それは，創造的な法または廃止的な法を除いて，法的取引についての事実や，その他の何らかの事実によっては，真とされえない。それは，法の存在または不存在のゆえに真であるか，あるいはそうでなければ真ではない。

「p という法が存在する」という言明は，「法的に p」という言明がすべての法的言明に特徴的な形式であるのとちょうど同じように，論理必然的に純粋なすべての法的言明に特徴的な形式である，と考えられるかも知れない。しかし，これは誤りである。多くの論理必然的に純粋な言明が，「……という法が存在する」という共通形式を用いることによっては表現されえない。「45歳以上の女性は所得税を支払う責任がある」という言明を考えてみよう。これはイギリス法についての純粋な言明である。それは真であり，そのような法のみを理由として真である。歳入法は，所得税の支払責任が性別や年齢に関わらないことを決定している。それゆえに，45歳以上の女性は，他の誰とも同じように，所得税を支払う責任がある。45歳以上の女性は所得税を支払う責任があり，しかもこれは法そのものの帰結であって，何らの適用可能な諸事実によるものでも

ない，ということを述べる論理必然的に純粋な言明が，たしかに存在する。しかし，そのような論理必然的に純粋な言明は，(1)「法により，45歳以上の女性は税金を支払う責任を負う」というような文章によって表現されるのが普通である。(2)「45歳以上の女性は税金を支払う責任を負うという法が存在する」という言明は，(1)と同義であることからはほど遠く，実際にも(1)が真であるのに対し，(2)は誤りである。45歳以上の女性が責任を負うということは，歳入法の一般的規定の帰結であり，まさに彼女らの責任に関する特別法が存在するわけではない。

　この例から得られる教訓は，「p という法が存在する」というタイプの諸言明は，論理必然的に純粋な法的言明の下位分類である，ということである。それらは，各々が一つの完全な法または（法についてのすべての詳細な内容を伴った完全な記述は滅多にないとすれば）一つの完全な法の中核的な観念を記述する言明である。われわれは今，「……という法が存在する」という共通形式の基本的特徴を確認した。通常(1)の形式を用いることによって行われる言明は，論理必然的に純粋な法的言明であり，(2)は一つの完全な法または一つの完全な法の中核的観念を記述している。私はこの共通形式を「個別化的な共通形式」と呼ぶことにする。これが通常用いられる諸言明は，「法的に，p というルールが存在する」ということを意味するものであると分析することができる。これは，それらの言明が端的に通常の法的言明の下位分類であることを明らかにしている。それらもまた「Lp」という形式を示している。

　法哲学に関するいく人かの著作家，とりわけ，ホームズ，ルウェリンおよびホーフェルトは，法的言明の一般的属性に関心をもち，純粋な法的言明や個別化的な共通形式がもつ特別の属性にはとくに注意を払わなかった。他の著作家たちは，ベンサム，オースティン，ケルゼン，ハートおよびドゥオーキンを含め，個別化的な共通形式の属性を説明するような法的言明の諸特徴に特別の注意を払った。

　個別化的な共通形式の重要性は何であろうか。その検討を怠る者は何を失うのであろうか。これに対する解答は，個別化的な共通形式の説明における二要

素に対応して，二つの部分からなっている。このうち，第一に，論理的に純粋な言明とその他の言明との区別からは，価値に関してどのようなことを学びうるのであろうか。この区別は，ただ法のみによって真であるだけの言明と，その真理性が適用可能な諸事実の存在または不存在にも依存しうる，その他の言明との区別として導入されたものである。次節で論じられるように，法は一定の社会的事実があることによってはじめて存在するものである。したがって，論理的に純粋な言明とは，その真理条件が法創造的な諸事実のみからなる言明である（これらの諸事実は，法を廃止または修正する諸事実を含むものと解される）。その他の法的言明は，その真理条件の中に，適用可能な諸事実を含むものである。論理的に純粋な言明とその他の法的言明との区別は，それが法創造的事実と法適用的事実との区別[16]——それ自体が法に対するわれわれの理解の基礎である——を反映しているがゆえに，重要である。

　法に対するわれわれの理解の仕方の中に深く組み込まれているのは，人々の権利や義務，地位や責任などに関するイメージ，手短にいえば，法によって直接的に決定されるか，あるいは法における様々な行為（つまり，契約を作成したり，売買や婚姻の効力を生じさせるといった法的権能を行使する行為）またはその他の事件（人の死亡など）の法的含意を法が決定することによって間接的に決定される，人々の法的状況に対するイメージである。法は一般的であり，法創造的事実は広く様々なクラスの人々の運命に影響を与えるのに対し，その他の取引や事件は，法的効果をもつにしても，一人ひとりが識別可能な諸個人の運命にのみ影響を与えるにすぎない。しかし，すべての法律家が知っているように，このことは真実からは非常に遠い。議会によって制定されたが，ただ一つの場面において，ただ一人の人間の行為に対してのみ適用される「個人的規範」は，たしかに稀ではあっても可能である。**物的**権利（rights *in rem*）に影響を与える売買およびその他の取引は，広く様々な人々の法的状況を変更するが，それが「法創造的」であるとはみなされない。さらに，契約および私的な団体

16　前述 pp. 60 ff. を参照せよ。

に関するルールならびに規制は，しばしば法的に強制可能であるが，それら自体は法ではない。

　法創造的事実と法適用的事実との区別は，前者の一般性に基づいているのではなく，それらが慣習であるか，それとも権能をもつ政府またはその機関の行為であるかということに基づいている。この大胆な言明は，簡略化されすぎている。政府は何ら規範を創造しない物理的な行為をしうることはもちろん，契約を結んだり，行政的または司法的な命令を発することもできる。法創造的な諸行為は，政府の行為に関する下位分類の一つである。それらは，最高位にある通常の政治上の権威による規範創造行為およびその他の政府機関による一般的ルールの創造行為である。

　最高位にある通常の立法者は，以下に示される二つの理由の一つにより，法体系における上位の法の源泉である必要はない。すなわち，第一に，慣習法も上位の法たりうる。最高位にある立法者の権威は，慣習法の権威に従属するものでありうる。第二に，まったく稀にしか行為しない憲法上の団体も，最高位の立法的権威でありうる。そのような国（例えば，アメリカ合衆国）においては，最高位にある通常の立法者は最高位の立法者ではなく，その権能も憲法上の権威に服するものであろう。（いくつかの宗教団体も，同じように稀にしか行使されない最高の権威を行使することがある。）

　私が唱えている法創造的事実という観念は，三つの分肢をもっている。すなわち，ある行為が法的に重要であり，かつ，裁判所がその行為は有効であると，つまり，それが意図した効果をもつものであると承認すべく拘束されているならば，法創造的事実とは，(1)最高位にある通常の立法者が行う法的に重要なすべての行為，(2)一般的なルールを制定すると称してその他の政府機関が行う法的に重要なすべての行為，および(3)法的に重要な社会的慣習である。これらの法創造的事実は，政治的に捉えられた法観念である。というのも，それらは何ら技術的または形式的な法的区別に立脚するものではなく，関係する諸制度および諸規範の政治的な役割に立脚するものだからである。法創造的事実の政治的性格は，法理論家たちがなぜその存在に無関心であったかを説明している。

多くの法理論家はその教育と視野からして法律家である。彼らの理論的関心は、弁護士や裁判官の仕事において役に立つ概念および技術の明確化にある。実務的法律家の観点からすれば、法適用的事実と法創造的事実との区別はあまり重要性をもたない。様々な法体系において、このような区別に従った法的規制、あるいは法の存在とその他の事実の存在との立証方法の違いといったような類似の区別に従った法的規制が存在する。制定法の文書か私的な文書かなどの違いによっても、異なった解釈ルールが適用されうる。しかし、これらのことは比較的重要ではなく、些末な相違にすぎない。

法適用的事実と法創造的事実との間で多くの区別を行った法哲学者たちが、実務的法律家の狭い知識の範囲と偏見を乗り越えたのは、驚くべきことではない。彼らは、法および法的諸制度を社会というものにおける社会的生活および政治的生活という一層広いコンテクストの中に位置づけることを問題にした。そこにおいてこの区別は、それが本来もつべき正当な地位を獲得する。法創造的な諸事実は、社会の生活における諸々の政治的な事件の中に入るものであり、また、それらは他の諸々の事件とは大いに違った仕方で、社会の**政治的**生活の中に巻き込まれている。

今や要約をすべき時である。すなわち、「p という法が存在する」という形態の言明は、それに対応する Lp という言明が以下のような場合にのみ真である。それは、Lp が、――

(1) 真であり、

(2) その真理性が法創造的事実のみによって立証され（つまり、Lp が論理的に純粋な言明であり）、

(3) 単一の完全な法（の核心部分）の内容を表現している、という場合である。

これまでに行われた指摘は、法創造的事実とその他の法的に重要な事実とを区別することの役割を説明することにより、このような言明がわれわれの法の捉え方に対してもつ重要性を説明している。この説明の中で、〔上記の〕第三の要素が果たしている役割は何であろうか。これは、その要素を取り入れたことの正当化の問題ではない。そうした正当化は、先に提示された言語学的な論

証をとおして行われる[17]。ここでの問題は，上記の言明を法的な会話の中で有用なものとすることにおいて，この〔第三の〕説明の分肢が果たしている役割に関するものである。ここでは，その説明は簡単である。すなわち，〔法の〕内容の一単位が，一つの独立した法である。これはいくつかの法的素材を含んでいるが，それらはその他の法素材から十分に独立しており，分離された一単位──一つのルールまたは一つの法──として選り抜くに値するだけの重要性を十分にもつが，なお一つの単位，一つのルールとみなされるのに十分なほど単純なものでもある。こうした〔法の〕内容に関する諸単位を指し示す標準的な方法をもつことの有用性は，自明である。

　法哲学者の仕事は，上記のような言明の使用を支配する諸慣行を明確に表現し，それらに関する体系的な説明を与えることである。これは個別化の理論がすべきことである。私がまさに個別化の共通形式の使用を指導するものとして指摘した諸点こそが，前述した箇所（pp. 141-146）で説明したような，個別化に関する何らかの理論が成功するかどうかを決定する諸要件の源泉である。

　個別化の共通形式の使用は，しばしば**その場面に応じたもの**である。相対的な独立性，単純性および重要性の諸条件をほぼ満たす内容の各単位は，きわめて固有的に取り出されうるものであり，ある一時的な目的のために一つのルールまたは一つの法を指定した。この共通形式の使用がつねにこのように**その場面に応じたもの**であったとするならば，個別化の理論に関してそれ以上述べることは何もなかったであろう。ところが，この共通形式の使用は，通常は**その場面に応じたもの**ではない。それにはつぎの二つのパターンがある。第一に，多くの法的単位は，同一の単位であれば，数多くの多様な場面においても通常は一個のルールとして言及されるように，安定した形態にまとめられている。第二に，一つのルールとして言及された単位の現実の内容が，一個の受容されたルールへとまとめられない場合であっても，その単位は，承認されうる原理に従い，承認されうる様式へと分割されるのが通常である。オノレは「現実的

17　前述 p. 219。

な法」の論文の中で，多くのそうした例を提示している。ほんの二，三の例に触れよう。例えば，民事上のまたは刑事上の責任に関する言明（「……に対して責任ある者は……」とか，「ある犯罪に関して有罪の者は……」など），権限を与える言明（「……しうる……」），および法的変更の効果を生じさせるための諸条件に関する言明（例えば，「……の場合を除き，仕事着は復活させることができないであろう」）は，しばしばルールを個別化する中で，つまり，個別化的な共通形式を適用する中で，採用されている。個別化の理論が明確に述べているのは，〔先に指摘した〕かの諸慣行（それらはすべて基本的な諸要件を満たしているものとする）の存在である。そうした諸慣行は，法の諸タイプに関する伝統的な哲学的議論の基礎を提供する。法の類型学は，個別化的な共通形式の使用を支配する言語学的な慣行を反映し，法の構造に関するわれわれの捉え方に光明を投じる。法はがらくたの山ではなく，比較的標準的な方法で相互に関係づけられた異なるタイプの諸単位からなる，合理的に十分に組織化された構造と考えられている。そうした異なるタイプの諸単位は，かの諸慣行の産物であり，個別化の理論が行っていることはすべて，それらの慣行に関する体系的な研究である[18]。

3　権能付与的ルール

五つの主要なテーゼが，本書における個別化の理論の主要な帰結をなしている。それらは，個別化を行う共通形式の使用を支配している一般的特徴のいくつかを述べるものである。

---

[18] 個別化の理論の目的はどれだけの数のルールが存在するか数えることを可能にすることであると考えるのは，最も純朴な読者のみであろう。個別化の問題は，「一つの法」，「一つの意図」，「一つの観念」といったように，「一つの……」（a ……）という加算名詞を用いることができる場合にはつねに生じる。また，定量化，同一性および相違といったものは，その他の表現形態をももたらす。すなわち，「一つの法が存在する……」とか「一つの観念が存在する」など，「これは同一の法である」とか「これは異なるルールである」とか「私は同じ観念をもっていた」など，あるいは「いや，私の意図は違う」とか「私は別の意図ももっていた」などである。個別化に関する諸々の理論は，これらの表現の使用やそれらが生み出す構造を研究するものである。これらの事例のいずれにおいても，あなたが昨日どれだけ多くの意図を心に抱いたかを数えることは意味をなさないであろうか。

I　どの法体系にも，義務賦課的ルールと権能付与的ルールとが存在する。
II　これらのルールは，法規範である[19]。
III　どの法体系にも，その他にいくつかのタイプの，規範ではない法が存在する[20]。
IV　規範ではない法もすべて，法規範と内部的に関係している。
V　法的ルールは，衝突することがありうる[21]。

19　これらのルールの規範的性格に関し，それらのルールによって企図された行動に付随するサンクションまたはその他の帰結に基づいて第VI章で提示された説明を，私はその後に放棄した。これに代わる説明に関しては，*Practical Reason and Norms*, Chs. 2 and 3 を見よ。そこではまた，法的な許可は規範である，ということも説明されている。さらに，債務および義務の説明に関しては，私の論文 'Promises and Obligations' in *Law, Morality and Society* を，また，義務に関するサンクションの理論については，P. M. S. Hacker, 'Sanction Theories of Duty' in *Oxford Essays in Jurisprudence*, 2nd series をも参照せよ。

20　オノレは，（少なくとも）五つのタイプの，規範ではない法が存在すると指摘している (Honoré, 'Real Laws', p. 112)。すなわち，――

1．**存在**に関する法は，諸実体を創造し，破壊し，またはそれらの存在もしくは不存在を規定する。
2．**推論のルール**は，諸事実が望むらくはどのように証明されうるか，または証明されなければならないか，もしくは証明されるべきか，そして，証拠からどのような推論が望むらくは引き出されうるか，または引き出されなければならないか，もしくは引き出されるべきかを規定する。
3．**範疇化のルール**は，諸々の行為，事件およびその他の事実がどのようにして適切なカテゴリーに翻訳されるべきかを説明する。
4．**範囲に関するルール**は，他のルールの範囲を画定する。
5．**地位を明確化するルール**は，権利，責任，地位およびこれらと同種のものに関する人または物の法的地位を定める。

私は必ずしもオノレの分析のすべての細目について同意するわけではないが，ここでは一点に関してのみコメントしておくことにする。オノレは，犯罪を犯すことが禁止されるという「ルール，または法の仮定」に言及している (Honoré, p. 117)。しかしながら，犯されるべきでないのは，「犯罪」の意味の一部である。したがって，そのような趣旨の特別の法は存在しない。一つの犯罪を創造する各々の法が（オノレに対しては失礼ながら）一つの規範である。

21　これと反対の見解が，ハリスによって支持されている (J. W. Harris, *Law and Legal Science*, pp. 81-3 を見よ)。ハリスの誤りは，〔法的ルールの〕衝突を矛盾と混同し，裁判所は衝突に直面することによってそれを解決するために何かをするであろうという事実から，そのような衝突は最初は存在しなかったということを導き出すことにある。ドゥオーキンは正当にも，裁判における衝突の重要性を強調した (Dworkin, *Taking Rights Seriously*, essay 2)。しかしながら，彼は誤って，一つのタイプの法的基準（彼がそこで「原理」と呼んだもの）のみが衝突しうると想定した (pp. 24 f.)。その他のタイプの法的基準（彼が「ルール」と呼ぶもの）は，いかなる法的基準とも衝突に陥ることはありえないという彼の定式は，それらが諸々の原理とは衝突しうることを彼自身が容認していることと矛盾する。私は前述第VII章では，あらゆる法体系においてすべての法的衝突を解決するためのルールが存在するものと仮定した。しかし，必ずしもそうである必要はない。*The Authority of Law*, essay 4 を参照せよ。私が検討した衝突とは，義務賦課的ルールの間の衝突およびそれらと許容との衝突である。この観念をより広く適用する試みに関しては，S. Munzer, 'Validity and Legal Conflicts' *Yale L. J.* 82 (1973) 1140 を見よ。

いく人かの著作家たちは，権能付与法が独立して存在することを疑っている。そうした疑いは，長くかつ尊敬に値する伝統をもっている。そのような疑いは，最近ではハリス（J. W. Harris）によって再び公表された[22]。彼は，法体系というものは義務を賦課する非常に多くのルールから成り立っており，そのようなものとして法体系の完全な内容を表現することが可能であり，かつそうすることが望ましいと主張する。しかし，そのような企てが本当に実現可能かどうかは疑わしい。権利は義務から独立して存在しうるということが，マコーミック（D. N. MacCormick）によって説得的に論証された[23]。制定法または何らかの私的な取引はある者に権利を付与することができるが，その際にはこの権利に関して誰かに課された義務が存在することは必要ではない。「対応する」義務または「保護する」義務の不存在はしばしば，法がそうした義務の存在を条件付きのものとし，その条件を満足させる者がたまたま誰もいないという事実によっている。法は，図式的に表現すれば，誰かがその権利をもち，その他の条件が満たされるならば，他の者が義務に服する，ということを規定している。権利は存在するが，それ以上の条件が満たされていない事例もある。この場合，権利を既存の義務に変形させることは不可能とされるであろう。もっとも，権利を条件付きの義務に変形させることはなお可能である[24]。しかし，権利にはそれに先立つ条件付き義務の諸条件の一部であることよりも大きな力が残されている。諸々の権利は，裁判所の裁量を指導する諸原理である。裁判所は新しい義務（および新しい付随的権利）の創造を正当化する際に，権利の存在に依拠す

---

[22] こうした疑いの由来は，少なくともベンサムの *Of Laws in General* にまで遡る。私は第Ⅰ章および第Ⅴ章において，この問題に対するベンサム，オースティンおよびケルゼンの取扱い方について論じた。また，Hart, 'Bentham on Legal Powers', *Yale L. J.* 81 (1972) 799 を見よ。さらに，D. N. MacCormick, 'Voluntary Obligations and Normative Powers', *Aristotelian Society*, Supp. Vol. 46 (1972) 59 も参照せよ。ハリスの議論は，J. W. Harris, *Law and Legal Science*, Ch. 5 にある。

[23] 'Rights in Legislation', *Law, Morality and Society*, p. 189 の中で論じられている。同様の論証は，より遠回しな形で，A. M. Honoré, 'Rights of Exclusion and Immunities against Divesting', *Tulane L. Rev.* 34 (1960) 453 によって進められている。さらに，同様の趣旨ではあるが，より一般的な論証につき，J. Feinberg, *Social Philosophy*, Englewood Cliffs, N. J., 1973, Ch. 4 も見よ。

[24] しかしなお，そのような変形が権利の性質を歪めるのではないかということは，まだ議論する余地がある。例えば，MacCormick, 'The Obligations of Reparation', *Proc. of the Aristelian Society* 78 (1977-8) 195 における，この趣旨の議論に相当する部分を見よ。

ることができる。権利の役割と，権利がそれに先行する条件付き義務の一部であることとは，区別される。権利と条件付き義務との関係は，有効な法のルール——前述第Ⅶ章の用語によれば，内容構成的ルール——によって存在する。しかし，権利はまた新しいルールの「源泉」でもある。つまり，こうした権利を保護するために，まだ存在していない義務賦課的ルールが生み出されたり，その権利の行使を容易にするために，新しい権能が付与されたりすることなどがありうる。もっとも，関係する諸々の義務を権利から演繹することはできないということは，きわめて重要である。権利はそうした義務を含意するものではない。権利はたんに，裁判所がすべての有効な道徳的考慮要因に照らして，その権利を保護するために行為することが最善であると判断した場合に，裁判所に対してそのように行為する権限を与え，またそれを命じるものである。法的権利は，一般に，二つの次元をもっている。一方では，権利は既存の授与的ルール，剥奪的ルールおよび内容構成的ルールによって規制されている。他方において，権利は新しい法の潜在的な源泉であり，その保護のために新しいルールを生み出す権限を裁判所に与えるものである。この法的権利の第二の次元は，権利を義務に変形することを無意味にするものである。とはいえ，それは，権利の概念が義務の概念に触れることなしに説明されうるという意味ではないことに注意を要する。先に略述された説明は，権利を何よりも「潜在的な」義務の「源泉」として表現するものである。しかし，「権利」の説明が「義務」に依存していることから，権利を規制するルールはたんに義務のルールの一部であるか，義務のルールと同じものである，という結論が正当化されると考えるのは，概念の混乱である。

　権利はまた，より複雑な条件付き債務，すなわち，「x が権利をもち，裁判所が何ぴともAをすべきであるとの判決を下すならば，何ぴともAをすべきである」という債務に変形させることもできない。重要な点は，裁判所の決定は，たとえ裁判所が権利の存在によって拘束力ある先例をつくる権限を与えられていないとしても，（イギリス法におけるように）拘束力ある先例たりうる，ということである。したがって，こうした権利の動態的側面の描出は失敗する。

おわりに：源泉，規範性および個別化 269

人はいずれにしても裁判所の決定に従うべきなのである。先のような想定上の変形における権利への言及は，余計なものである。

　最後に，しかもこれは決定的に重要な点であるが，権利は裁判所がその内容を確保しようとする際の**一応推定される**理由へと変形することができない，ということである。すなわち，φすることに対するAの権利は，裁判所が，彼がφすることを認めること，他人が彼を妨害することを止めさせることなどの理由である。しかし，ここでいう「など」に代わりうるものとして今知られている最終的で余すところのない一覧表は存在しないという事実とはまったく別に，裁判所は先の理由とは異なる根拠に基づいてそのような行為をする理由をもちうるという，別の問題点が存在する。そのような行為は，一般的福祉や公共の安全，または公共の秩序などに関する考慮に基づくものかも知れない。あるいはその行為はAの権利に基づくこともありうる。そのいずれであるかは，先の変形によっては捉えられない。しかし，裁判所がAにφさせることなどの理由に関して，法的に承認された根拠について述べることは，たんなる修辞法ではない。それは，この理由がその他の諸理由と衝突する場合に，裁判所がこの理由にどれだけのウェイトを置くことが許されるかを決定するために，きわめて重要なものとなりうる[25]。

　完全な法体系というものの内容を一まとまりの非常に多くの義務として表現することの可能性または不可能性が，法の個別化とどのような関係をもつか，という疑問が生じるのはもっともである。個別化の共通形式が，権能付与的ルールを含むその他のルールにも当てはまることは，議論するまでもない。ハリスは，そのようなルールは「義務を除外する」ものであると考えている。しかし，これは彼が許可と権限付与とを区別し損なっていることによるものである。権限付与とは，諸権能を使用する許可を与えるだけでなく，それらの権能その

　　25　諸々の権利（あるいはいくつかの種類の権利）は許可であるかも知れないが，その場合にはそのことを説明するために，許可に関する適切な理論が必要になる。しかるに，ハリスは許可に関する分析を提示していない。彼は二つの連続する文章で，許可を与えるルールが存在するということと存在しないということの両方を暗示している（Harris, p. 93）。

ものを付与するものである。彼はつぎのような例を用いている。「裁判官は（一定の環境の下では），死者の遺産を彼の遺言に反して割り当てることができる」(Harris, p. 94)。この権限付与は明らかに遺産の割当てを裁判官に許可しているが，それはまたそのようにする権能自体をも裁判官に付与している。そのような〔権能付与的〕ルールの帰結として，裁判官による〔遺産の〕割当ては有効であり，有効な権原を付与する。私と裁判官との違いは，私が遺言の文言に反して遺産を割り当てることを許可されていないことではなく，私はそのようにすることができないことである。私は必要とされる権能をもたないのである。

　権能付与的ルールが存在することは明らかである。法的な会話の中では，個別化の共通形式および個別化のその他の装置が，権能付与のルールを指示するために用いられる[26]。しかし，そのようなルールは規範であろうか。「規範」を要求や禁止と同一視するとすれば，〔権能付与のルールは〕規範ではない。権能とは，人々が彼らの規範的状況を変更することを選択する場合は，彼らがそうすることを可能にさせるのが望ましいという理由から，彼らに付与された規範的能力である[27]。法的権能が問題になっている場合には，「望ましい」という言葉は「裁判所によって望ましいものとして受容されている」と読み替えられる。そのような能力は，ある行為をするかしないかの判断を決定するために，法自体がその行為に対して法的帰結を結びつけ，その判断に基づいて権能保持者が何をしようか決めることができるようにすることを意味する。その法は，この権能保持者自身の行為を指導する。それは，この権能保持者が彼の権能を行使するかしないかの決定を指導する。それは，彼の権能行使の結果として義務に服することになる，あるいは義務を免れることになる人々の行為を指導するだけではない。権能付与的ルールが規範であるのは，この事実のゆえにである。そのルールは行動を指導するのである。しかし，義務付加的ルールとは異なり，

　26　すべての権能付与的ルールが義務付加的ルールでもあるかどうかは，別問題である。私はこの問題について，すでに手短に論じたが (pp. 166-7)，より詳しくは，'Voluntary Obligations and Normative Powers', *Aristotelian Society*, Supp. Vol. 46 (1972) at pp. 87-92 で論じた。
　27　私はここでは，前述した箇所 (pp. 159 ff.) で私が提案した分析から逸脱して，*Practical Reason and Norms*, Sect. 3.2 における分析に従っている。

権能付与的ルールは不確定的な指導を与える。義務とは，行為者がもつその他の〔義務以外の〕行為理由を打ち負かすような要求である。権能によって与えられる指導は，行為者がもつその他の〔権能以外の〕理由に**依存する**ものである。すなわち，行為者が権能によって達成可能とされる帰結を確保しようとする理由をもつのであれば，彼はその権能を行使する理由をもつ。彼がその帰結を回避しようとする理由をもつのであれば，彼はその権能を行使しない理由をもつ。

中核をなす考え方は単純である。すなわち，行為者がそれによって指導されるべき理由を法が決定することを企図し，行為者はその理由に基づいて何をすべきか決心することになっているのであれば，その法は行為を指導するものである。諸々の義務を賦課することにより，法は一つの決心を要求する。法は，義務こそがそのような決心を固める唯一の合法的な理由であるべきものと考えている。（私はここで法的な衝突の可能性を無視することにより，議論を単純化している。しかし，法的な衝突はこの説明の領域内で容易に調整されうる。）法はここでは，行為者の選択を強いることによって行為の理由を決定する。それは行為者に選択の自由を残さない。権能の付与もまた一定の行為をしようとするか，またはしようとしない行為者の理由を法的に決定する一つの方法である。その行為者は彼自身のまたは他の人々の法的地位を変更する能力を賦与される。これは彼の決心に影響を与えるかも知れない。しかし，ある行為がそうした決心に影響を与えうる法的帰結を招くたびごとに，規範的指導が行われているわけではない。権能付与は規範的指導の一つの場合であるが，それはこの場合には，法がそうした法的帰結を行為に結びつけることにより，行為者はその行為をするか，またはしないという決心を，このような法的帰結のみによって根拠づけることができるからである。権能付与の行為がその他の法的帰結としては些細なものしかもたないということも，偶然の一致ではない（権能は典型的には口頭でまたは署名によって行使される）。義務も権能もともに，それらが影響を与える行為をするか，またはしない理由を（異なった方法で）決定すべく企図されている。法が行動を指導する場合には，つまり，法が今ちょうど説明された

ような仕方で行為者の行為の理由を決定する場合には，その法は規範である。したがって，法規範には少なくとも二種類のもの，すなわち，義務賦課的なものと権能付与的なものがある[28]。

法がいかなる社会的目的をもつものであれ，それを達成するために法が奮闘するのは，規範的に指導的な行動をとおしてである。この行動は，第一に直接的には，法によって現実に指導された人々によるものであり，第二に間接的には，法に関する知識および法によって指導された行為に関する知識と因果関係をもつ諸帰結によるものである。法はどのような社会的機能であれ，規範的な指導をとおしてその社会的機能を果たすものであるから，これら二つのものは緊密に結びついている。しかし，それらは概念的には明白に区別され，社会的機能も社会的目的も規範的指導の態様と混同されるべきではない。

4 規範性

序論で提示された法哲学者の仕事に対する理解の仕方の中で，抜け落ちていた主要な点の一つは，一つの独立した仕事である法の規範性の説明に何ら触れることがなかった点である。この省略の結果，本書の中で示された法の規範性に関する諸見解は，その他の諸問題に関する議論から逸れた形で現れている。それらの見解は，たいてい焦点がずれているので，誤解を招く歪んだイメージを与えてしまう。つぎの三つの問題を厳密に区別しておかなければならない。(1)法的ルールの規範的性格がどのように決定されるか。(2)法の存在が行為の動機づけに対してどのように影響を与えるか。(3)なぜ人々は法について話す際に規範的言語を用いるか。

最初の，法的ルールの規範的性格の決定に関する問題は，すでに前節で論じ

---

28 いくつかの許可授与的ルールもまた規範である（*Practical Reason and Norms*, pp. 89-97 および *The Authority of Law*, pp. 64-7, 256 を参照せよ）。また，権利設定的ルールの性質〔が規範であるか否か〕は，権利についてのもっと満足のゆく分析を待たなければならない。法の社会的機能に関しては，*The Authority of Law*, essay 9 を見よ。

られた。この問題は，主要な規範的用語の意味に関する，より広範な哲学的探究と混同されてはならない。この問題は，こうした哲学的探究の結論を採用したうえで，さらに進んで，どのような法的ルールがどのような規範的概念によって記述されるべきかを検討するものである。換言すれば，この段階においては，「義務」，「許可」，「権能」および「権利」についての理解を前提にしたうえで，ある特定の法的ルールがどのような根拠に基づいて義務賦課的ルールや権能付与的ルールなどとみなされうるかが考察される。先に示唆したように，この問題は，裁判所によって法に与えられた企図や目的によって判断されるべきである。ルールは，行為の履行をするまたはしない理由を決定することにより，その行為を指導することを企図するものであれば，規範である。この指導の企図された性格が，その規範がどのような種類のものであるかを決定する。

法的ルールの規範的性格の問題（つまり，それが規範であるか，そうであるとすればどのような種類の規範か）は，法がもつ動機づけの効果の問題（つまり，法が人々の態度および行為に影響を与えるか，与えるとすればどのようにしてか）と緊密に関係している。この結合関係は，しばしば気づかれてはいるものの，誤って解釈されていることが少なくない。ルールの規範的性格は，そのルールがもつ動機づけの効力を測定する際の決定的に重要な一要素である。これと反対に，ルールがもつ動機づけの力がその規範的性格を決定する，という誤った指摘の一形態は，この謬見のかなり強力な擁護者の一人であるケルゼンを批判する中で，ハートによって説得的に論駁された[29]。彼は，懈怠が法的サンクションを招くような行為をどうして法的義務とみることができないのかを証明した。そのような〔証明の〕手続は，義務違反と結びつけられた法的帰結を

---

[29] Hart, 'Kelsen Visited', 10 *U. C. L. A. Law Review* 709 (1963) においてである。ケルゼンはもちろん，法が行使する動機づけの効力について彼が取り扱っていることを否定する。彼は潜在的に動機づけを行いうる，法によって定められた諸帰結に関心をもっているにすぎない。彼の理論は書物における法，つまり，法律家の観点から見た法についての理論である。あとの残りは社会学に属する。しかし，法がもつ動機づけの効果について，（最低限の合理性の仮定に基づいて）少なくとも弱い一般論を引き出すには，法執行機関（the law-enforcement machinery）が概して実効的なものであること，およびこのことが一般的に知られていることだけを付け加える必要があるにすぎない。法は無法者の観点から考察されるべきであるというホームズの学説も，同様の誤りを犯しているもう一つの形態である。

サンクションと定義するのとは異なり，サンクションとその他の——行為者の観点からすれば通常は望ましくない——法的帰結（例えば，所得や輸入に対する課税）とを区別する方法が存在することを想定している。ハートの論証は，ルールがもつ動機づけの効力はその規範的性格を決定するのには十分でないことを証明している。私が先にルールの規範的性格の決定に関して述べた説明は，このルールの規範的性格というものを，行為の理由を決定しようとする法の企図に依存させるものである。権能〔付与的ルール〕の場合，その規範的性格の決定には法的帰結と行為とを結びつけることが含まれるが，すべての法的帰結がルールの規範的性格の決定にとって重要であるとは限らない。以下のような状況を検討してみよう。

(1) 私が遺言を作成し，それを変更することなしに死亡するならば，その遺言の中で指定された受遺者は，私の不動産権に対する権利をもつであろう。

(2) 私が計画に対する許可を申請するならば，問題の権限をもつ当局は，適切な手続に従って私の申請を検討し，合法的な考慮要因に基づいて決定を下す義務を負う。

(3) 私がテレビの受像機を買うならば，私はテレビの受信料を支払うべきである。

(4) 私が被用者としての職務を行うに際して不法行為を犯すならば，私の使用者は被害者に対して損害賠償を支払う義務を負う。

(5) 私が被用者を解雇するならば，その被用者は失業給付を受ける権利をもつ。

これらすべての状況において，履行というものが法的帰結を生じさせる。しかし，最初の二つの状況においてのみ，（遺言を作成することまたは計画に対する許可を申請することの）決心は，法的帰結だけによって行われる。その他の状況においては，法的帰結はせいぜい行為者のその他の考慮要因に付け加えられるにすぎない。同様に，義務違反はサンクションを招きうるものの，行為が義務的であるのは，他のすべての法的でない帰結を排除して行為者の判断を決定すべく企図された条項があるからである。サンクションを定める条項は，義

務の存在自体によっては行為する気にさせられなかった者に向けられた補強的な考慮要因を提供する。サンクションという手段による抑止は、それ自体としては、課税およびその他の類似した手段による抑止と何ら異ならない。

　このアプローチは、法の規範的性格を決定するに際し、法の企図というものを決定的要素として強調するものである。これは、多くの法学者たちの業績を特徴づける主要な洞察、つまり、法の性格は、法をつくり、それを強制することを受け持つ主要な法的諸制度〔機関〕の活動および態度に依存するものであるとの洞察と、歩調を合わせるものである。「現実の世界」において、法に関して実際に何が起こっているかは別問題である。この問題は、法に関する多くの社会学的調査の主題をなすものである。

　しかしながら、法がもつ動機づけの効力について、社会の働きに関する最も一般的な仮定に基づき、いくつかの一般論を述べることは可能である。私はたった一つだけ考察することにしよう。すなわち、法は二つの方法で動機づけを行う。つまり、様々な形態の行動に対して諸々の帰結を結びつけることによって、および行動のための諸規準を設定することによってである。施行されている法体系がどれも概して実効的であるとすれば、法的に定められた帰結が実際に実現されるであろうという、何らかの蓋然性が存在する。これらのありのままの事実について一般的な知識をもつ者は誰でも、この者が最小限の理性をもつと仮定すれば、動機づけに関して影響を受けるであろう。つまり、この者は、他の条件が同じであれば、好ましい法的帰結を招く行為の仕方を採用し、好ましくない帰結が結びつけられた行為を避ける気にさせられるであろう。これはまさに一見して自明の理であり、法がもつ動機づけの効力を全面的にサンクションに帰する理論の中に存在するすべての真実を含んでいる。

　法はサンクションをとおしてのみ動機づけを行うものであると主張する諸理論は、二つの誤りに束縛されており、そして第三の誤りに陥る恐れがある。それらの理論は、サンクションがもつ現実の動機づけの効力を過大視しがちである。法と秩序を擁護する非常に多くの者たちがそうするように、それらの理論を信頼することは非常に容易である。また、意欲された帰結を確保するための

サンクションの現実的な成功が，法に一般的実効性がある場合においてサンクションが適用されるであろう一般的蓋然性によるものではなく，個々の事例群における以下のような見込みに基づいているということも，あまりに容易に忘れられがちである。すなわち，サンクションの現実的成功は，捜査と首尾よく行われる訴追の見込み，私人である市民が法的手段に訴えることを選択し，有利な判決を獲得することに成功するであろう見込み，〔サンクションを受ける〕人の支払能力（サンクションが金銭の支払いである場合）または刑罰に服する能力（彼は刑罰に服するにはあまりに病的であるかも知れない），法が課すことを許容または要求するサンクションを裁判官および陪審員が課そうとする傾向，法を破ることから犯罪者にもたらされる利益，上記に示された事実に関する彼の知識，危険を冒そうとする彼の意欲など，個々の事例において存在するこうした見込みに依存している。

　注意深い学者たちは，サンクションがもつ直接的な動機づけの効力を過大視する誤りを回避した。もっとも，彼らが法はサンクションをとおしてのみ動機づけを行うものであると信じる立場に立っていたとすれば，彼らはそれ以外にも二つの誤り，つまり，法的に定められたその他の帰結の重要性を見過ごすこと，および諸規準を設定することがもつ動機づけの効果を無視すること，という誤りを犯している。すでに指摘したように，法的権能は，法がサンクションでない法的帰結を法的権能の行使に結びつける場合にも存在する。また，それ以外にも多くの，サンクションでない法的帰結が存在する。例えば，課税，強制的な手数料およびその他の支払い，計画の諸要件，証拠および訴訟手続に関する諸要件，ありふれた「官僚主義」などである。これらのうちのいくつかは無条件に課されるが，多くのものは，ある者が様々な形態の行為に携わろうと意欲したことを条件とする。それらの法的帰結は，（不愉快というよりはむしろ魅力的ないくつかの帰結を除いて）サンクションがもつ動機づけの役割と区別のつかない役割を果たしている。

　駐車違反の罰金と駐車場を利用する許可を得るために支払われる同額の金銭とを比べてみよう。駐車を減らすことにおいては，罰金の方が駐車料金よりも

効果的であると考えられるのが通常であろう。動機づけとなる権能の相違は，法的に定められた諸帰結の相違によっては説明されえない。これらの帰結は定義上同一である。そのような相違は，一方の場合においては法が駐車を禁止するという規準を設定するのに対し，第二の場合においてはそのような法的規準が存在しないという事実によって説明されうる。このような〔行動の規準を設定することによる〕法の動機づけの効力は，それが法の普遍的な特徴ではなく，むしろそれは存在することもしないこともありうる独立した動機づけに依存するものであることを理由に，法の性質に対するわれわれの理解にとっては重要でないものとしばしば考えられている。この点において，そのような動機づけの効力は，ある者の生活上の利益，健康，自由または財産のような，(必ずしも決定的ではないものの) 普遍的な動機に立脚するサンクションとは，たしかに異なっている。他方，その他の法的に定められた諸帰結は，普遍的な動機に立脚する必要はない。しかし，それらの諸帰結は法に対するわれわれの理解にとって重要である。なぜなら，それらの作用は細かな点では様々であるが，それらは全体として体系的に用いられ，法的諸制度および法の対象者の双方によって，つねに変わることなくあてにされているからである。

　同様のことが，行動のための規準を設定することによって法が行う動機づけにも当てはまる。この動機づけは単純に，いかなる行為が禁止されているか，いかなる行為が許可されているか，誰が何をする義務を負い，誰が何に対して権利をもつか，ということを宣明することによって行われる。大抵の社会においては，様々な集団が，たとえ公務員を別にしても，法に対して一般的に，または一定の類型の法に対して（例えば，交通法規を除いて，あるいは重大な犯罪および公正な取引に関する法のみを含むものとしてなど），遵守を要求する諸慣行 (conventions) を受け容れている。それらの諸慣行の受容は，迷信によることもあれば，道徳的もしくは宗教的な確信，自己利益の考慮，または単純に誰もがそれを信じているという事実によることもありうる。いずれにせよ，こうした諸慣行の存在は，法が規準を設定することによって動機づけを行うことを可能にするものであり，そうした諸慣行がこの規準を始動させ，その動機づけの権

能を新しい行動形態に適用するのである。そうした諸慣行の重要性は，法の性質に関するあらゆる一般的説明において認められなければならない。というのも，それらの慣行は，法の実効性をありのままにかなりの程度説明するからであり，また，法創造はきわめて意識的に，それらに依拠し，それらの存在に訴えかけ，そしてそれらを作用させるべく企図されているからである。

5 規範的言明

　法的ルールの規範的性質に関する説明も，法がもつ動機づけの力に対する理解も，なぜ人々が法を記述する際に規範的言語を用いるのかを説明するのには十分でない。人々はなぜ義務と権利，権原，許可などの用語によって法的状況を記述するのであろうか。最初に注意すべきことは，法を記述するためには，稀にしか使われないものでもないような代替的な語彙が存在することである。すなわち，法によっていかなる行為が行われるべきものとして要求されているか，投獄を避けるためには何を行うのがよいか，指導者階級，権力をもつエリート，専制君主などが指令または要求することについて，語ることが可能である。これらの表現およびその他の多くの表現が，法的状況を記述するための豊富な非規範的な語彙を提供する。それは，いく人かの法学者が認めるよりも相当頻繁に用いられている。

　規範的言語に訴えることは，関連する法的ルールの有効性，つまり拘束性を受け容れることを含意するのが通常である。規範的言語を避けることは，しばしば法の有効性に対する信頼に異議を唱えることを示唆する。ここでいう法的ルールの有効性の受容は，そのルールに対する道徳的賞賛を与えるものではなく，またそのルールに従うことの適切な道徳的理由が存在するという信念を伝えるものでさえもない。この受容は，道徳的理由，打算的理由，またはその他の何らかの理由から，あるいはまったく理由なしに行われうる。それが意味することはもっぱら，行為者はルールの文言どおりにそのルールに従うべきであるという信念である。ルールを受け容れることは，サンクションを恐れて行為

することと時折対照させられる。これは誤りである。サンクションに対する恐れは利己的な理由であり、その他の利己的な理由が当該ルールの受容へと導きうるならば、なぜサンクションを恐れないことがあろうか。「正直は最良の策」との言は、その報酬が利益であろうと刑罰の回避であろうと、行動のルールを受容することへと通じる類の考え方である。ルールの受容は、それが一回限りの決心であるというよりも一般的な方針に通じるものであるならば、刑罰に対する恐れに基づくこともありうる。ある者が原則としてある行動のルールに従って行動している場合、そうすることがこの者の通常の方針であるならば、この者はそのルールを受容している。ある者が、あるルールが適用されるたびごとに、それに従うことのメリットを再考する場合には、この者はそれを受容してはいない。

　規範的用語を用いて法的状況を記述する者は、彼の言明が依拠するルールの拘束性を受容していることを含意するのが通常である。これは規範的言語の部内者的な使用（the committed use）と呼ぶことができる。しかし、規範的言語を用いて行われるすべての言明が、この種のものであるとは限らない。また、規範的言語は、人々がもつその他の規範的見解を記述するために用いられうることも、しばしば指摘した。例えば、「過去10年間のうちに、専門家の間では、女性はその請求によって中絶の権利をもつと信じることが一般的になった」というような場合である。多くの著作家たちは、規範的言語の部外者的な使用はすべてこの種のものであると想定している。しかし、顧客にアドバイスをしているソリシターや、法的な問題点を議論している物書きのことを考えてみよう。彼らは典型的には、その他の人々が何を法と信じているかを主張しようとするものではなく、むしろ何が法であるかを述べようとしているのである。法は公知の事柄であることが通常であるから、他の人々も法はソリシターや物書きが述べるとおりのものであると信じるのももっともであろう。しかし、彼らが述べる法は彼らの目的に付随するものであり、典型的な場合においては、法は彼らが述べるところのものではない。法的な問題点はおそらく彼らによって明らかにされるであろうが、たとえそれが正しいとしても、それがかつて誰にも起

こったことのないものでもありうる。ソリシターは，実務上の理由から，これによって困惑させられるかも知れない。他方において物書きは，そのような新奇さを立派な業績と考えがちである。いずれにせよ，彼らの言明の内容も真理性も，それが新奇な法的問題点であるかどうかによっては左右されない。これを否定することは，新奇な法的問題点に関する部外者的な言明の可能性を否定することである。

以上の議論が確認していることはすべて，部外者的な規範的言明は必ずしも人々が**明示的**に信じていることを述べていないということである，との異論が出されるかも知れない。部外者的な規範的言明は時折，他人が黙示的に信じていることをも述べる〔というのである〕。この異論は，あらゆる者が彼の信念のすべての論理的帰結を，つまり，彼が信じるいかなる命題にも伴うすべての命題を必然的に信じているという，誤った原理を受け容れる場合にのみ説得力をもつ。ここは，この原理がなぜ誤っているかを説明すべき場所ではない。その原理を放棄することは黙示的な知識の否定に通じるものではなく，たんにこのような〔原理の〕観念をより制限的に用いることへと通じるにすぎない。しかし，その原理は，いったん制約されたならば，われわれが議論し，私が分離された言明または法的観点からの言明と呼ぼうとする種類の部外者的言明を説明するのには不十分になる[30]。

---

30 分離された言明を一種の内的言明として（この用語の拡張された意味において）分析するという選択肢も，同様に成功しない。そのような分析を試みる際の最善の選択は，そのような言明を条件付きの理由言明（a conditional reason-statement）とみなすことである。そのような解釈は，以下のような方向に沿って，ある程度は進めることができる。すなわち，「ある者は法的にφすべきである」という言明は，分離された言明（つまり，「しかし，この者はφすべきいかなる理由ももたない」という言明と併存可能な言明）を行うために用いられる場合には，つぎのことを意味する。すなわち，「法創造的事実〔の存在〕が理由であったならば，ある者はφすべきであるということが真であったであろう」という意味である。明らかに定言命令的な言明を省略された条件文と解釈することには，慎重になるべきである。そのような解釈をするには，とりわけ，この事例におけるように，完全な条件文が完全で明示的な形で述べられることが非常に稀な事例においては，非常に強力な理由を必要とする。こうした一般的な疑念とはまったく別に，このような解釈を拒絶すべき付加的な理由がある。法創造的事実〔の存在〕が行為の理由であるが，それにもかかわらず，ある者がφすべきであるということが誤りである場合がありうる。また，φすることではなくて，xについてのその他の法的でない理由が存在し，それがφすることの法的理由を圧倒することがありうる。条件文の中の「すべきである」は**一応推定される**「すべきである」であり，それはたんに行為の理由が存在することの主張と

おわりに：源泉，規範性および個別化　*281*

イギリスにおける承認のルールの拘束力（およびイギリス法におけるその他の究極的なルールが存在するとすれば，そのルールの拘束力）を信じている者を想像してみよう。さらに，彼は，イギリス法の究極的ルールに遡ることができなければ，いかなる義務も拘束的ではないこと，いかなる権利も有効ではないこと，いかなる規範的帰結もそれに服する者に対する請求権をもたらさないことを信じていると想定しよう。さらにまた，その者が事実に関するすべての情報について完全な知識をもち，完全にかつ動揺することなく理性的であり，そして，イギリス法における究極的ルールからのすべての帰結を——それらのルールがありのままの事実に適用された場合に，そこから生じるすべての帰結を含めて——導き出したと仮定しよう。そのような者は，抽象的な論理的モデルとして考える場合を除けば，いずれにしても深く考えるにはあまりにも悪魔的であることは明らかであるが，法的観点の全面的な受容を象徴している。分離された言明は，われわれの想像上の人間が，その言明に対する拘束された対応物（つまり，拘束された言明をするために用いられる場合に，通常は同一の規範的文章の使用によって表現される，拘束された規範的言明）を信じている場合にのみ真である。分離された言明は，法的観点が有効かつ包括的である場合にのみ真である。換言すれば，通常は一定の文章を用いて行われる分離された言明は，通常はこれと同一の文章を用いて行われる部内者的な言明が真である場合にのみ，そして，——この世界には非規範的な事実があるとすれば——言及された法体系のすべての究極的ルールが拘束的であり，かつその他の拘束的な規範的考慮

等しいものにすぎないと述べて，この問題を回避することは不可能である。分離された言明は**一応推定される**「すべきである」についての言明でありうるが，しかし，それはまた確定的な「すべきである」であることもあり，この言明についてのいかなる解釈も，このことを考慮に入れておかなければならない。先に提示された解釈は，このことを考慮に入れていない。

　さらに一層複雑な解釈が今や提示されうる。すなわち，「ある者は法的にφをすべきである」という言明は，「法創造的事実〔の存在〕が理由である場合には，そのような理由が当該問題に影響を与えるかぎりにおいて，ある者はφすべきである」という言明と等しいものであると考えることができる。この言明は真ではあるが，しかし空虚で，情報量の乏しいものである。それはつぎのように述べることと等しい。すなわち，「法によればある者はφすべきであるからある者はφすべきである場合には，ある者はφすべきである」という言明である。これは十分に真ではあるが，「ある者は法的にφすべきである」ということの説明にはほとんどなっていない。条件付きの言明は同義反復的であるのに対し，それが説明すると称する法的言明はそうではないのである。

要因が存在しない場合にのみ，真である。

　私はすでに規範的な法的言明について，直接的言明と間接的言明とを区別した (p. 49)。ここで提示された規範的言語の使用に関するコメントが意味することは，間接的な法的言明は大抵は人々の態度，信念および実践についての言明である，ということである。直接的な規範的言明は，話し手の意図——それは彼の発言またはそれが行われたコンテクストによって明らかにされる——に従い，部内者的言明であるか，あるいは分離された言明である。

ラズの法体系論──『法体系の概念』の意義と課題──

松 尾 　 弘

1　従来の法体系論とその批判的分析
2　新たな法体系論への契機
3　ラズの法体系論の基本構想
　(1)　法体系の構造
　(2)　法体系の同一性
　(3)　法体系の存在
　(4)　法体系の内容の問題へ
4　法体系における法の規範性と実効性
5　法体系における権利の位置づけ
6　法の定義
7　法体系論の現代的意義

1　従来の法体系論とその批判的分析

　本書は，法体系（a legal system）についての学説史を辿りながら，「法とは何か」という根本的な問いにアプローチするものである。法体系論の重要性は，「法」を明らかにするためには「法体系」を明らかにしなければならないことにある。なぜなら，「もしわれわれが単一の孤立したルールに注意を限定してしまうならば，法の性質を把握することは不可能である」からである[1]。法は，それを構成する様々なルールが，あたかも手と手をつなぐように，相互に関連づけられていることに本質的特色があり，法を定義するためには法体系を定義しなければならず，法とは何かを知るためには法体系を知る必要がある。この意味で法体系論は，法とは何かという問いへの最も正統的なアプローチであるということすらできるであろう。

　ラズは本書で，「法体系論」（a theory of legal system）という独自の理論領域が成立するかどうか，成立するとすれば，その内容構成はどうなると予測されるかを明らかにするとともに，そうしたありうべき法体系論の構築に寄与してきたと考えられる様々な学説を特徴づけ，その功績と問題点を明らかにするため

---

[1]　本書3頁。ケルゼン『法の一般理論』（H. Kelsen, *General Theory of Law*）からの引用。

に，法体系論を構成するであろう四つの基本問題を——あくまでも概念的に——識別する。すなわち，①法体系の存在の問題，②同一性の問題，③構造の問題，および④内容の問題である。しかし，ここで注意すべきは，これら四つの問題の識別は，あくまでも法体系論の構成要素に関する議論を整理するための道具にすぎず，現実の法体系においてはこれらの問題は不可分に結びついていることである[2]。

こうした方法論的準備のうえで，本書において批判的な分析対象とされた主な学説は，ベンサム（Jeremy Bentham, 1748-1832），オースティン（John Austin, 1790-1859），ケルゼン（Hans Kelsen, 1881-1973），ハート（Herbert Lionel Adolphus Hart, 1907-1992）のそれである。これらの分析法学派と呼ばれる学者の理論が分析の俎上に上げられた理由は，彼らが法体系論に通じる議論を展開してきたからである。ラズの法体系論は，彼らによって追究されてきた法体系のモデル化を完成させるために不可欠のいくつかの要素を発見し，それに付加しようとするものと特徴づけることができる[3]。

本書は，直接的には，その師であるハートの名著『法の概念』の延長線上に位置する。この面では，本書がハート理論のどの点を批判し，何を付け加えているかが注目されるところである。しかし，そのことを明らかにするためにも，ハートの『法の概念』の中心コンセプトの一つであり，法体系論の発展史にお

---

[2] 本書1-2頁。したがって，将来ありうべき法体系論は，その点についても明らかにしなければならないであろう。この点に関しては，後述3(4)も参照。

[3] ラズの法体系論については，中村晃紀「法体系の概念——ジョゼフ・ラズの法体系理論——」日本法哲学会編『正義（法哲学年報1974）』（有斐閣，1975）147-161頁，深田三徳「法規範と法体系——イギリスにおける最近の議論の紹介と検討——」日本法哲学会編『法規範の諸問題（法哲学年報1977）』（有斐閣，1978）52-71頁，同「法の個別化理論と法体系の構造論——J・ラズの見解の紹介とドゥオーキンの批判を中心にして——」同志社法学151号（1978）1-38頁などがある。また，ラズの法理論に関しては，後掲注103所掲の文献のほか，深田三徳「J・ラズの法理学について」同編『権威としての法——法理学論集——』（勁草書房，1994）1-30頁，とくに，ラズの政治哲学・政治思想については，森際康友「自律・権威・公共善——ジョゼフ・ラズの政治哲学——」同編『自由と権利——政治哲学論集——』（勁草書房，1996）325-349頁，濱真一郎「ジョゼフ・ラズにおけるリベラリズムの哲学的基礎づけ」同志社法学47巻2号（1995）102-146頁，同「ジョゼフ・ラズの卓越主義的リベラリズム（一），（二・完）」同志社法学49巻1号（1997）65-93頁，49巻2号（1998）86-119頁などがある。

ける重要な寄与である，第一次的規範を根拠づける第二次的規範の概念に対し，大きな影響を与えたと考えられるケルゼンの下位規範を根拠づける上位規範ないし根本規範の概念との関係を確認しておく必要があるだろう。ハートは，命令や禁止によって義務を課す第一次的ルールの有効性を根拠づける承認のルール，その内容を確定する裁判のルール，その内容変更を正当化する変更のルールといった第二次的ルールの形成を「法以前の世界から法的世界への歩み」を示すものとみて，第一次的ルールと第二次的ルールの結合が法を最も分かりやすく特徴づけるとした[4]。この説明は，法が下位規範と，それを定立する行為を正当化することにより，妥当性の根拠となる上位規範との関係からなり，最終的な妥当性の根拠として要請される「根本規範」(basic norm) に至る段階的秩序をなすとみるケルゼンの法体系論は，レベルを異にするルールの階層構造として法を捉える点で，類似性をもつようにみえる。しかし，ハート自身は，その第二次的ルールとケルゼンの根本規範との関係について，両者間の相違，とくに後者が仮定ないし要請されるのに対し，前者は人々による受容という経験的事実であることについて，簡略に触れているにすぎない[5]。

---

[4] H. L. A. Hart, *The Concept of Law*, 2nd ed., Oxford University Press, 1994 [hereafter cited as: Hart, *CL*], p. 94.

[5] ハートは，第二次的規範の典型例である承認のルールとケルゼンの「根本規範」との関係について，興味深い自己認識を示している（Hart, *CL*, Note to Chapter VI, pp. 292-294）。すなわち，「本書の中心テーゼの一つは，法体系の基盤が，法的に無制限の主権者に対する服従の一般的習慣から形成されるのではなく，当該法体系における有効なルールを識別するための権威的な諸指標を規定する究極的な承認のルールからなっている，というものである。このテーゼは，ケルゼンの『根本規範』の概念化に何らかの形で類似しており，そして，より近いものとして，サーモンドによって不十分な形で練り上げられた『究極的な法原理』の概念化に類似している（Kelsen, *General Theory*, pp. 110-24, 131-4, 369-73, 395-6，および Salmond, *Jurisprudence*, 11th edn., p. 137 ならびに Appendix I を見よ）。しかしながら，本書では，ケルゼンの用語とは異なる用語が採用された。なぜなら，ここで採られた見解は，以下の主要な点において，ケルゼンのそれとは異なるからである」。ハートが挙げる相違は，①ある法体系において，承認のルールが存在するかどうか，その内容が何であるか（つまり，その法体系における有効性の指標が何であるか）は，たとえ黙示的に前提とされている場合であっても，あくまでも経験的な事実の問題であること，②ケルゼンは，根本規範の有効性を「前提とする」（ないしは根本規範が「要請される究極的なルール」）と述べるが，受容された承認のルールは，その存在についての事実上の問題とは区別されえないこと，③ケルゼンの根本規範はつねに同じ内容，つまり，憲法または憲法を最初に設定した者が服従されるべきであるということを述べているにすぎず，それは不必要な確認ないし繰り返しであること（例えば，連合王国には成文憲法は存在せず，憲法は遵守されるべきであるという明文のルールはないが，法の有効性の指標が法を識別するために用いられる

ケルゼンに対するハートのこのような関わり方を背景にして，本書で強く意識されているのは，ケルゼンの法体系論の特色である。ラズは，「法体系の概念を明示的かつ十分に扱ったのはケルゼンが最初であった」[6]として，ケルゼンの功績を評価する。しかし，ラズはさらに遡って，すでにオースティンの業績の中に，「黙示的にではあるが，完全な法体系論が存在する」[7]とみる。そして，オースティンとケルゼンに共通する法理解を「命令的アプローチ」(the imperative approach) と特徴づけ，「ケルゼンの理論への序論」としてのオースティンの法理論の分析から考察をスタートする。そして，オースティンの**命令説**——法とは，主権者からその臣民に向けられた一般的命令である——との関係で，その前提にある「主権」概念を分析したベンサムの法理論にも立ち入っている。というのも，オースティンはベンサムの主権概念分析——主権は，服従の習慣という社会的事実にもっぱら基礎づけられている——を採用し，法が存在するかどうかを判定する指標（法の存在指標）として，人口の大部分が主権者に習慣的に服従するかどうかによっていると解しているからである[8]。こうして，ラズは，より直接的な分析対象に設定したケルゼンの規範理論の中に，ベンサムおよびオースティンの命令説の刻印を見出している[9]。

そこで，ラズはまず，オースティンの法＝主権者命令説（法を主権者からその臣民に向けられた一般的命令と捉える）に対する批判と論駁を試みる。そこでは，オースティンが主権の統一性 (the unity) を確証しておらず，その結果，法体系の存在の指標のみならず，起源の原理に立脚するオースティン流の法体系の同一性の指標もまた受け容れることが困難であることを指摘している[10]。

べきであるというルールが存在し，それで足りている），④ケルゼンは，特定の法的ルールを有効であるとみなすと同時に，当該法的ルールによって要求された行動を禁止する道徳的ルールを道徳的に拘束力のあるものとして受容することは不可能であるとするが，そのような帰結は法的有効性についてのハートの『法の概念』説明からは導かれないことである。

  6 本書4頁。
  7 本書4頁。
  8 本書8頁。
  9 本書73-74頁。
 10 本書44-45頁。

起源の原理は「究極的起源」の統一性を前提とするからである。また、オースティンの命令説によると、法（の少なくともその重要な一部）として無視できない「慣習法」を「黙示的命令」として説明することも困難であることを指摘する[11]。慣習はけっして立法者によってつくられたものではない。こうしてラズは、オースティンの主権者命令説を論駁する。

では、法というものは一体どのようにして生み出されるものであろうか。その起源はどこにあるのであろうか。主権者命令説に前述したような問題があるとすれば、主権者の命令に代わる、法の根拠はどこにあるのであろうか。権威者による様々な決定のうち、あるものは有効な法と認められ、あるものは有効な法とは認められないとすれば、その違いはどこから生じるのであろうか。こうした問題状況の中で、一つの解答を試みたのが、ケルゼンの法体系論である。ここではまず、法規範を含め、およそ規範については、真か偽か（true or false）ではなく、有効か無効か（valid or invalid）が問われるということが確認されなければならない（これに対し、規範的言明は、ある情報〔事実〕を伝達しているがゆえに、真か偽かでありうる）[12]。

そうした有効な規範の源泉として、ケルゼンが提示するのが、ある規範の有効性の源泉となる規範創造規範の存在である。そして、その源泉を辿ってゆくと、最終的には規範の有効性の最終的な根拠としての根本規範（basic norm）に到達する（起源の原理）。ケルゼンの法体系論によれば、法体系は、誰かがその根本規範を前提としなくとも存在し得るが、根本規範それ自体が存在しなければ、存在しえない。なぜならば、根本規範なしには、法体系は統一性（unity）と有効性（validity）を欠くからである[13]。

ラズは、こうした規範の創造に関するケルゼンのアイディアは、ベンサムおよびオースティンの理論に立脚しつつ、大きな進歩を遂げている、と評価している。それは、原初的規範と派生的規範との区別を導入したうえで、派生的規

---

11 本書46-47頁。
12 本書53-54頁。
13 本書77-78頁。

範は,規範創造規範によって「権威づけられた」事件の発生によって創造されるものであるとの見方を提示した[14]。

では,慣習(法)についてはどうであろうか。慣習がどのようにして生じるかについて,ケルゼンは慣習をも立法行為とみる。その説明は,より一般化すれば,事実から当為が発生するプロセス,つまり,規範創造メカニズムを説明する方法に通じているように,私には思われる。それは,ある社会において一定の行為が一定期間継続した場合に,個々の構成員の意識の中に生じる変化,つまり,①自らが他の構成員が行動するのと同様の仕方で行動すべきであるという観念,および②他の構成員も同様に行動すべきであるという意思,③その結果として,そのような仕方で行動しない構成員に対する非難により,そうした客観的事実が構成員の意識における主観的意味として当為化することによって慣習が生じる[15]。もっとも,孤立した規範の創造の問題は,既存の規範的体系に属する規範の創造の問題とは別である,とラズは考えている。後者は,規範創造規範によって(規範創造の)権能ないし資格を与えられた(者の)行為(規範創造行為)によって規範を創造し,その内容を決定することができる。その場合,最も原始的な形態の規範創造規範は,「彼を模倣せよ」というものであったと考えることもできる[16]。

このようにして,立法も慣習も,規範創造規範によって規範創造権能を付与された(者の)規範創造行為によって創造された派生的規範の体系として説明する起源の原理は,一つの法体系に属する法規範を識別する指標(法体系の同一性の指標)となりうる。しかし,そのことは,そのような(有効な)法体系がある社会に現実に存在するか否かの指標(法体系の存在の指標)とは別問題である。このことはケルゼン(およびオースティン)も認めており,ある法体系が現実に存在するか否か(法体系の存在)の指標は,法規範が当該社会で実効的に遵守されているかどうか,実効性(efficacy)——それは規範の有効性

---

14 本書79頁。
15 本書79-80頁。
16 本書82頁参照。

（validity）とは区別される——の原理に従って判定されるとみている。

ラズは，この点では，法の実効性を指標とする法体系の存在の問題（前述した法体系論の第一の問題）と，法の有効性を指標とする法体系の同一性の問題（同じく第二の問題）とを，より明確に区別するケルゼン理論を評価しているようにみえる[17]。すなわち，ケルゼンによれば，規範の実効性は，(a)当該規範によって義務を賦課された者による服従と，(b)当該規範によって許可されたサンクションの適用にある。他方，オースティンは，(a)最高立法者が慣習的に服従を受けていること，(b)最高立法者自身が何ぴとにも服従していないこと，(c)最高立法者が各々の法に関する法主体に対して優越していることを規範の実効性の要件としている[18]。オースティンの(a), (b)の要件はケルゼンの(a)の要件に相当する一方，オースティンの(c)の要素はケルゼンでは求められていない。ケルゼンは，オースティンのいう主権者を根本規範に置き換え，人々の最高立法者への人的服従よりも，法そのものへの服従およびサンクションの適用を重視しており，この点をラズは法体系論の前進であると評価している[19]。

しかし，ラズはケルゼンの理論に対していくつかの重大な疑問を投げ掛けている。前述したように，ケルゼンによれば，規範は必ず他の規範（規範創造規範）に基づいて正当化され，その場合の「正当化」とは，規範創造規範によって予め定められた仕方で創造された，ということにある[20]。つまり，規範を「正当化された要求」とみるのである。しかし，その際に，ケルゼンが規範の有効性（同一性）の問題と規範の実効性（存在）の問題とを最早明確に区別できなくなっていることが，両者を明確に区別するはずのケルゼン理論として首尾一貫しない点を，ラズは批判する[21]。この問題点は，ケルゼン説の核心である根

---

[17] しかし，これら二つの問題がそれほど画然と区別できるかどうかということ自体が問題になることは，後に触れられるとおりである。つまり，ラズによるケルゼン説に対する評価面と批判面は表裏一体であるように思われる。いわば評価すべき点も行き過ぎると批判の対象になる，という関係にみえる。

[18] 本書第Ⅰ章第2節。

[19] 本書111-112頁。

[20] 本書158-159頁。

[21] 本書159-160頁。

本規範の概念の問題性に集約されるであろう。すなわち，ラズはケルゼンの根本規範の概念およびその法体系論における必要性に疑問を投げかける。まず，最初の憲法の創造者は，最初の憲法をつくる立法権能をもつが，それは根本規範による必要はなく，通常の立法によっても付与されうるものであり，さらに，法によって付与されたものではなくとも，最初の憲法が「実効的な法体系に属する」──それは，そのような憲法が発せられた後しばらく経ってみないと決定することのできない「事実」である──ということに依拠している[22]。また，根本規範の概念は「個々の有効性の連鎖がどこで終わり，その範囲がどこまでであるか」を決定すべきであるが，同概念はそれに失敗している[23]。そして，「法体系の構造と配列，その統一性は，根本規範の削除によっても実質的に影響を受けない」とし，根本規範の代わりに「根本（立法）権能」を置くこと（いわば修正ケルゼン説）で足りるとみる[24]。この点では，ラズはむしろ，オースティンの法体系論に与しているようにもみえる。また，立法権能を付与する法が廃止されることによっても，その法に基づいてすでに創造された法は影響を受けないとみることができる[25]。

　ラズは結論的に，ある法体系の存続の条件をもっぱら起源の原理だけを基礎にして説明することは不可能である，とみている[26]。これは，ケルゼンの法体系論を柔軟化する，妥当なものといえるであろう。法体系の同一性の問題（法体系論の第一課題）を法体系の存在の問題（法体系論の第二課題）から完全に切り離し，実効性の原理を排除して法体系の有効性について論じることは，やはり現実味を欠くように思われるからである。概してラズは，法についての常識的概念を尊重し，法についての理論的な概念や説明が，法に対する常識的な捉

22　本書 162-163 頁。
23　その結果，「根本規範の概念は〔法体系の〕同一性および所属資格の指標に何ら寄与していない」と，ラズは手厳しい（本書 122 頁）。
24　本書 123 頁。もっとも，この「根本（立法）権能」の概念自体，ラズの発案ではなく，ケルゼンの（根本規範の）理論によってすでに示唆されているとする（本書 125 頁注 23 参照）。
25　本書 137-138 頁。
26　本書 127-128 頁。

え方から乖離することを嫌っているようにみえる[27]。

2 新たな法体系論への契機

本書の第Ⅰ章から第Ⅴ章は、従来の法体系論——主としてベンサム、オースティン、ケルゼンのそれ——の批判に当てられ、第Ⅵ章以降では、新たな法体系論の展開が試みられている。しかし、そのベースになるのは、まったく新奇な理論ではなく、ケルゼンによる規範についての命令理論（the imperative theory of norms）であり、これをより首尾一貫した命令理論に仕立て直そうとしたハートの試みである[28]。この点でまさにラズの『法体系の概念』は、その師ハートの『法の概念』を補完し、さらに前進させるものとみることができる。

ラズは、法体系を構成する「規範」（norms）とは何かについて、ケルゼンの著作の断片を再構成して定義し直している。規範、つまり、ある者が一定の仕方で行動すべきである——端的に、何かをすべきである——というルールは、①一定の行動を評価する基準を設定するものであり、②それに基づいて人間行動を指導し、③不遵守の場合に起こるであろう「何らかの害悪の予期」によって標準的な動機づけが行われ、④これらのことを企図した人間の行為によって創造されるものである、と捉えられている[29]。換言すれば、規範は、威嚇によって裏打ちされた命令であり、それによって命令された人々の行動を指導するものであり、威嚇によって示されたサンクションの回避を規範に従うことの「標準的理由」とするものである[30]。

このことは、なぜ人々は規範に従うか、なぜ法を遵守するか、遵法意識の基礎は何か、という重要問題とも密接に関係する。その際、「規範に従うことの標準的理由」という要素を欠くことができないように思われる。この点につい

---

27 本書135頁参照。例えば、ケルゼンは、法（体系）を違反に対するサンクションを伴った規範と捉え、法はすべて（サンクションを発動させるために）公務員に向けられた「許可」であるとする（本書150-152頁）。このような法概念は、ラズの目にはややエキセントリックに映ったのかも知れない。

28 本書142頁。

29 本書143-144頁、144-150頁。規範が前提とする「行動への指導」は、それに従うことの「標準的理由」がどの程度にせよ随伴する場合にのみ存在する（本書147頁）。

30 本書147頁。

ては，ケルゼンによれば三つの標準的理由が存在する。すなわち，①規範を遵守することによって生じる利益，②規範に違反することによって生じる不利益，および③規範によって規定された<u>行為それ自体の直接的な魅力</u>である（下線は引用者による）[31]。これら三者は排他的ではなく，併存可能とみることができる。このうち，ケルゼンは②（規範に違反した場合の不利益）を**「法に従うことの標準的理由」**とみなしている（強調は引用者による）。つまり，規範への違反に対する不利益を定めている規範こそが，法規範の本質であるとみるのである。この点は，様々な社会規範の中で，法規範がもつ独自の意義や存在理由を考えるうえでも，重要な論点である。

これに対し，ラズは，法規範を遵守する標準的理由として，法規範が（違反に対する）サンクションを定めているだけでなく，その際に法体系が全体として実効的であるという事実，すなわち，不利益の「蓋然性」が存在するという事実が前提となっていることを確認している[32]。

法体系論の四つの課題のうちの第三課題，つまり，法体系の構造の問題に関して，ラズはある一つの法体系に属する諸法の間の内部的関係における種々のパターンに注目している。それは，(1)個別化の原理（the principles of individuation）——つまり，一つの完璧な法としてみなされるべきものは何であるかを決定する原理——と，(2)法体系の内容の豊富さ・複雑さ・多様性に依存するとみる[33]。このうち，ラズは，法の個別化の諸原理を分析し，以下の七つの原則を提示する。すなわち，個々の法は，——

①通常の法概念からできるだけ逸脱すべきではない。
②あまり反復が多いものであるべきでない。
③冗長なものであるべきでない。
④比較的単純（概念的な単純さおよび同一性確認の単純さ）であるべきである。
⑤できるだけ自足的であるべきである。

---

[31] 本書147-148頁。
[32] 本書148頁。
[33] 本書165頁。

⑥法によって指導された行為状況（an act-situation guided by law）をその核心とすべきである。

⑦多くの法に共通する諸特徴を分離した法をつくることなどにより，法体系における様々な部分間の結合関係をできるだけ明確にするものであるべきである。

以上のうち，①～③は㈠消極的・制限的要件，④～⑦は㈡積極的・指導的要件ということができる[34]。⑦の中には，ある法規範の適用場所（特定の地域など）を明確にする法もあり，これは規範ではないが，当該法規範と「内部的関係」をもち，当該法規範の適用や解釈を左右する重要な意味をもつ[35]。このような法により，他の多くの法にも妥当する共通の履行条件を定めることにより，他の多くの法をより単純なものとすることができる。

ここでラズは，法体系論史における重要な寄与をしている。それは，法体系はそのすべてが法規範のみから構成されるのではなく，法体系には規範でない法（例えば，法規範の適用方法や解釈方法を示す法）も存在するということである。しかも，規範でない法はその重要性において法規範にけっして劣るものではなく，法規範と「内部的関係」[36]に立つことにより，法体系にとってなくてはならない存在である。この点は，法体系が法規範のみからなるかのように漠然と前提としてきた従来の法体系論に対するラズの独自の寄与ということができるであろう。

では，法規範そのものについてはどうか。法規範の中心部分であり，その典

34　本書 167-171 頁。後者㈡積極的・指導的要件（指針的要請）は，前者㈠消極的・制限的要件（制約的要請）を満たしたものの中で，最良のものを選択する基準であるとも解されている。深田・前掲（注3）「法の個別化理論と法体系の構造論」13-15 頁参照。ラズは，そうした法の個別化，すなわち，一つの法体系を構成する厖大な法的素材を諸法に分割することの主要な目的は，単純な個体を創出し，相互の言及ないし参照（reference）を容易にすることにあるとみている。しかし，それはたんなる認識の便宜の問題ではなく，存在論的な問題として捉えられている。深田・同前 19 頁，28 頁参照。

35　本書 171 頁。規範ではない法の具体例としては，法の管轄領域を定める方，国会議員の数や資格を定めるルール，立法権の範囲や立法手続を定めるルール，遺言の方式を定めるルールなどが含まれると解されている。深田・前掲（注3）「法の個別化理論と法体系の構造論」20 頁。

36　本書7頁，29 頁参照。

型例と捉えられてきた義務賦課法（しばしばD法と略称される）の成立要件について，ラズはハートの理論を手がかりに，改善を加えている。まず，ラズは，義務賦課ルールの存在要件に関するハートの理論を，より緩和し，柔軟なものとする方向で，批判的に検討している[37]。そして，義務賦課ルールが義務賦課法になる契機は，①まずは，義務賦課ルールによって課された行為の不履行が当該集団の構成員による批判的反応に出くわすという見込みであり，そのことが義務履行の標準的理由になっているという事実である。しかし，それに加え，②そうした批判的反応という機能が，「組織化されたサンクションによって相当程度に引き継がれていることが，法の特色」であるとみる[38]。この「組織化されたサンクション」が加えられるという点に，社会一般の批判的反応とは異なる，法の制度的ないし制度化されたルールとしての特色が示されている[39]。

こうして，法に固有の特色を生じさせる重要な契機であり，批判的反応の進化形態である組織化されたサンクションの特色として，ラズはつぎの四点を挙げる。すなわち，①法的権利の剥奪や法的義務の賦課など，少数の限られた手段であること，②かなりの部分が実力を用いることによって保障されること，③その性質や内容が予め確定していること，および④その適用も組織化されていることである[40]。ラズもまた，法（とりわけD法）におけるサンクションの要素を重視しており，D法としての法の性質は，法適用機関（裁判所など）によるサンクションの適用の仕方によって決まる（したがって，法の内容が，法的素材の最初の創造者による介入なしに変更されうる）とみている[41]。

もっとも，このことは，サンクションによって裏打ちされていない法的義務は存在しない，ということを意味しないことにも留意する必要がある。この点は，義務一般と法（D法）との違いやそれらの境界域の性質を理解する場合に

---

[37] 本書173-174頁。
[38] 本書176-177頁。
[39] ラズは，法の最も一般的で，最も重要な特徴として，それが規範的（normative）であり，制度化（institutionalized）されており，かつ強制的（coercive）であるという点をひとまず挙げている（本書3頁）。
[40] 本書177-178頁。
[41] 本書179頁。

も重要である。この点をラズはあえて画然と区別せずに，意図的に曖昧にしており[42]，そのことは義務と法との境界がいわばグラデーション的ないし量的相違の性質をもつことを示唆している。反対に，サンクションは定められていても，法的義務を前提としない場合もある[43]。また，ラズは，D法の範囲とサンクションを定める法の範囲とが，同一の広がりを持つ必要はないことも指摘している[44]。

3　ラズの法体系論の基本構想

(1)　法体系の構造

以上のような分析法学の先駆者たちの法理論に対する批判的分析に基づき，ラズはより包括的な法体系の構造分析へと進む。そのための分析道具概念として，ラズは法体系を構成する各種のルールにつき，以下のような概念整理（分類）をしている。

D法：義務賦課法（duty-imposing laws）。
S法：サンクションを定める法[45]。
DS法：サンクションの適用を義務づける法。
MS法：サンクションの適用を許可する法。

P法：人々にその願望を実現するための**便宜**（facilities）を提供することによ

---

[42] ラズはこのことを，「事柄の性質上，サンクションによって裏打ちされた義務の賦課をとおして人間行動を規制することは，多くの状況下において効果的ではあるが，必ずしもすべての状況下で効果的であるとは限らない」と表現している（本書179-180頁）。そして，「あらゆるD法がそれに対応するS法をもつわけではな」いことを認めている（本書182頁）。

[43] 例えば，軽微な方式違反や錯誤を理由とする契約や遺言の不成立または無効というサンクションは，有効に契約を成立させる義務や錯誤をしない義務を課すとは必ずしもいえないであろう。このように，契約や遺言の成立要件や有効要件は，必ずしも無効な契約をしない義務や遺言をしない義務を課すものとは限らない。

[44] 本書181頁。

[45] すべてのD法がS法によって裏打ちされているわけではない（例えば，法創造機関および法適用機関に対して義務を課すD法は，S法を伴わずに存在することも可能である）が，そのような法も，一般市民に向けられたD法の存在を前提にしており，このD法はS法によって裏打ちされている。その意味で，S法の裏づけのないD法は，S法の裏づけのあるD法に対して第二次的なものであり，前者は後者を前提とするものである（本書217-218頁）。

り，行動を命令することなしに，その行動を指導する権能付与法（power-conferring laws）。P法は，ハートがその存在を指摘したものであり，命令によるのではないものの，人々がその願望を実現するための便宜を提供することにより，やはり人間の行動を指導するものであることから，D法とともに，行動規定的規範（prescriptive norms）の一種とみられているものである[46]。

PR法：行動規定的規範の適用を規制する規範をラズはO規範（O-norms）と呼び，行動規定的規範によって一定の仕方で行動することを義務づけられている人々の同一性，彼らがそのようにすることを義務づけられる諸環境は，O規範によって付与されたO権能の行使によって決定されるとみる[47]。かかるO規範は，行動規定的規範に対して「規制的関係」（regulative relations）という内部的関係をもち，規制権限（power to regulate, regulative power）を付与することができる。そのようなタイプのO規範はPR規範と呼ばれ，それが法であるときはPR法（いわば規制権限付与法）と呼ばれる。そして，PR法は，それが適用を規制するD法に対し，規制的関係に立つ[48]。PR法はP法（権能付与法）の一種

---

[46] 義務は，行為者がもつその他の（義務以外の）行為理由を打ち負かすように要求するものであり，それによって行動を指導するがゆえに規範である。これに対し，権能は，行為者がもつその他の（権能以外の）理由に依存することを認めるものであり，それによって行動を指導するがゆえに規範である（本書271頁）。ラズは，権能付与法の規範性について，「人々が彼らの規範的状況を変更することを選択する場合は，彼らがそうすることを可能にさせるのが望ましいという理由」から，彼らに「規範的能力」を付与する点，つまり，権能保持者がその権能を行使するかしないかの決定を指導する点に求めている（本書270頁および同所注27参照）。なお，中村・前掲（注3）152頁は，ラズによれば，権能付与法（P法）は義務賦課法（D法）と異なり，「人間行動を指図する規範」（prescriptive norm）ではないとみていると解されるが，前述のように，ラズはそれもまた，行為者が権能行使以外の理由に依拠して行動することを認めるという方法で，行動規定的規範であると解しているとみられる。

[47] 行動規定的規範は，特別の種類のO規範であると捉えられている（本書187-190頁参照）。O規範は，人々の行動に対する，人々の広く知られた統一的反応（widespread known and uniform human reaction）に依存しており，それが前提とする人々の反応の統一性（the uniformity）は，人々が同一の状況下では大抵同一の方法で反応する場合には，彼らは同様の理由（正しいことと誤っていること，共同体の善，彼ら自身の福利についての彼らの意見など）からそのようにしていることが多い，という事情に基づくものである（本書189-190頁参照）。また，行為者がZ（C1においてA1を行う行為状況）を履行するまたは履行しない能力をもつことにより，一つのY（C2においてA2を行う行為状況）およびP（包括的な事態）の発生に対するコントロールをもつ場合には，当該行為者は，YおよびPに対するO権能（O-power）をもつということができる（本書188頁）。

[48] 本書190頁。そこには，例えば，裁判官を任命する権能，代理人を指定する権能，免許や営業権を付与する権能などが含まれると解される。深田・前掲（注3）「法規範と法体系」60頁参照。

である。

PL法：立法権能（power to legislate, legislative power）を付与するO規範。PL法（いわば立法権限付与法）は，それによって付与された立法権能の行使をとおして制定された法と「発生的関係」（generic relations）という内部的関係をもつ[49]。PL法も，PR法とともに，P法に当たる。

M法：「xは C〔という条件の下〕において A〔という行為〕をすることを許可されている（Aをすることができる［may］）」ということを定めるルール。M法はD法の例外を定めている。例えば，正当防衛，緊急避難，自力救済などに関する規定である[50]。ラズは当初，この許可授与法（permission-granting laws）を「規範ではない法」であるとみた[51]。しかし，後にラズは，法的な許可も規範であると改説するに至っている[52]。

MS法：サンクションの適用を許可する法。例えば，配偶者が不貞行為をした場合，裏切られた配偶者またはその近親者は，不貞行為をした配偶者を市場などで鞭打つことができる，という法である。これは，不貞行為を禁止するD法の違反に対するサンクションを定めた法である。これは，暴行を禁止するD法とは別個の法であるとみられている[53]。

以上のような概念整理を前提にして，ラズは法体系の包括的な分析に乗り出している。まず，法体系には，規範としては，①義務賦課法（D法）と②権能付与法（P法）という2種類のもの——後にはこれに加え，③許可授与法（M法）を含む3種類のもの——が存在する。D法とP法との関係は，ハートが法理学の鍵を第一次的ルールと第二次的ルールとの結合に見出した際のレベルを

---

49 本書191-192頁。そこには，例えば，規則制定権，契約締結権などが含まれると解されている。深田・前掲（注3）「法規範と法体系」60頁参照。
50 本書202-204頁。
51 本書202頁。
52 本書266頁 注19; Raz, *Practical Reason and Norms*, 1975［2nd ed., 1990. Hereafter cited as Raz, *PRN*］, Chaps. 2 and 3.
53 本書204頁。

異にする2種類のルールの関係に対応するものと、ひとまずみることができる[54]。もっとも、第一次的ルールと第二次的ルールとの関係と、D法P法との関係は、必ずしも同じものとは捉えられてはいないことにも注意する必要がある。むしろ、ラズは、ハートの『法の概念』の心臓部ともいえるこの2種類のルールの関係について、以下の5点について批判している。それらは、ハートの『法の概念』に対し、ラズの『法体系の概念』が何を批判し、何を受容し、何を付加したかを知るうえで、重要である。すなわち、――

①ハートは、法体系における法はすべて第一次的ルールか第二次的ルールのいずれかであると解しているが、法体系にはD法とP法という二つのタイプの法規範のほかに、規範ではないタイプの法が存在する。

②ハートのいう承認のルール（the rule of recognition）は、権能付与法（P法）ではなく、義務賦課法（D法）である[55]。また、P法はハートのいう第二次的ルールに相当するとみることは不正確である。

③ハートは、第二次的ルールが第一次的ルール「について」のものである点で、第一次的ルールとは次元が異なるものとみた。これに対し、ラズは、第二次的ルールおよびP法は、第一次的ルールないしD法「について」のものであるというよりは、第一次的ルールないしD法のように指導する人間の行動「について」のものであるとみる。

④ハートは、PR法とPL法との区別をしていない。例えば、契約をすることも、財産権を移転することも、ともに限定された範囲の立法行為とみるべきであるとしている。しかし、契約をする権能のみが立法権能（PL法）であるのに対し、財産権を移転する権能は規制的権能（PR法）であるとみるべきである。

⑤ハートは、裁判のルールを第二次的ルール（変更のルールを含む）の一形態とみる。しかし、むしろ、それはPL法または変更のルールの特別の亜種と

54　本書193頁。
55　この点については、後述(3)参照。

みるべきである[56]。

　法体系を構成する規範に関するD法とP法との関係について，以上のような概念整理を踏まえ，ラズは法体系の構造を分析する。その結果，以下のような基本命題が導き出されている。すなわち——

(ⅰ)　あらゆる法規範はD法を含む。

(ⅱ)　あらゆる法規範はS法を含む。

(ⅲ)　処罰的関係（punitive relations）は内部的関係（internal relations）である。

(ⅳ)　あらゆる法体系には，（内部的関係としての）処罰的関係が存在する。

(ⅴ)　どの法体系にもPL法が存在する。

(ⅵ)　どの法体系にもPR法が存在する。したがって，——

(ⅶ)　どの法体系にも法と法の間の発生的関係が存在し，かつ

(ⅷ)　どの法体系にも法と法の間の規制的関係が存在する。

(ⅸ)　どの法体系にも規範が存在する。

(ⅹ)　ある法体系における，規範でない法は，法規範と内部的関係をもち，法規範の存在または適用に何らかの仕方で影響を与える。

(ⅺ)　どの定時点的法体系（a momentary legal system）によるにせよ，その体系において特別の法によって禁止されていない行為状況はすべて許可されている[57]。

56　本書193-195頁。

57　この命題(ⅺ)は，法がある行動を命じること（prescribing）または禁止すること（prohibiting）によって人々の行動を指導することをも含意している。なぜなら，法が行動することを命じまたは禁じていないときは，それが許可されていることを意味するからである。注目すべき点は，本命題の真偽は，個々の法体系の内容によって左右されないと解されていることである（本書199-200頁）。この命題は，仮にそれが真であるとすれば，法体系が他から独立した規範的体系を構成しうる可能性を示すものである（本書200頁参照）。と同時に，本命題は法体系の成立が一定の自由を内容とする規範的体系へと帰結する傾向をもつことを示唆しているように思われる。もっとも，ここで「定時点的法体系」に限定されている理由は，遡及法の可能性が排除されないからであると解されている。深田・前掲（注3）「法の個別化理論と法体系の構造論」23頁。そうであるとすれば，命題(ⅺ)はもっぱら論理的帰結の問題であり，道徳的な自由の含意をもつものと解すべきではないであろう。しかし，ラズは法の性質として，遡及法に対しては否定的である。例えば，「法の支配の根本観念」（the basic idea of the rule of law）としての「法の支配の形式的概念化」（a formal conception of the rule of law）の第一の内容として，「法はすべて将来に向って効力をもち（prospective），公開されていて，明確でなければならない。人は遡及法（a retroactive law）によって指導されるべきではない」とみている。Joseph Raz, *The Authority of Law*, Second Edition, Oxford University Press, 2009, p. 214.

(xii) どの定時点的法体系によるにせよ，将来の行為が法を創造したり，法の適用を左右することは，その定時点的体系において将来の行為に対してそのような権能を付与する法が存在しないかぎり，不可能である。

命題(xii)は命題(xi)からの類推であり，これを補足するものである。ラズによれば，命題(xi)は義務賦課という方法による行動の指導に関するものであるのに対し，命題(xii)は権能付与という方法による行動の指導に関するものである。したがって，両者の関係は，命題(xi)がある一定の時点で存在している法体系に属する法の効果を明らかにする，いわば静態的構造に関するものであるのに対し，命題(xii)はある一定の時点で存在している法体系に属する法が従来どのような変更を経て現在に至り，現在有効な法はどれか，また，将来どこまで変更される可能性があるかを明らかにする，いわば動態的構造に関するものである，ということができよう。ちなみに，ラズは，法体系の構造を①発生的構造と②作用的構造に区別して分析できるとみている。すなわち，(ア)発生的構造は，ある一定の時点で，その法体系における諸法のうちのどれが有効であり，どれが有効であったか，ある時点において様々な主体が将来の法創造のためにどのような権能を付与されたか，法体系がその存続中にどのような変更を経験したかを明らかにするものである。これに対し，(イ)作用的構造は，ある時点で存在している法の効果に関するものであり，定時点的な法体系の理解にとって重要である[58]。

以上のような分析により，法体系はあたかも相互に連結した諸法の錯綜した織物として捉えられ，その構造の複雑性がより一層明らかになったということができるであろう。

(2) 法体系の同一性

ラズは，法の最も重要な三つの特色として一般的に指摘される，規範であること，制度化されていること，および強制的であることを是認している[59]。そのうち，規範のあり方[60]，つまり，人間行動を指導する仕方について，二通り

---

58 本書 201 頁，215-217 頁。
59 本書 3 頁，198 頁。
60 規範とは，人々の行動を指導する基準である。人々が行為の履行をするまたはしない理由を

の方法があることを確認する。①一つは，人々がある行動を避けるように，そのための標準的理由となる帰結を決定する方法である。②もう一つは，人々がある行動を遂行するか回避するかを各人の願望によって選択するように，そのための標準的理由となる帰結を決定する方法である。そして，ベンサム，オースティン，ケルゼンが規範を①の意味においてしか捉えていなかったのに対し，ハートが②の可能性を示した点に，ハートの功績があるとラズは認めている。それは，法が人間の一定の願望を満たすための便宜を供与する方法による人間行動の指導である[61]。

しかし，ハートも，ベンサム，オースティン，ケルゼンらと同様に，あらゆる法が規範であることを前提にしている。これに対し，ラズは，法の個別化（法の一単位）の分析により，法の中には「規範ではない法」(the laws which are not norms)が存在し，規範である法と内部的関係――規範の存在と適用の仕方に影響を与える関係――に立つことを指摘した[62]。この点に，法体系論の発展史におけるラズの寄与が認められることは，すでに一言したとおりである。

つぎに，強制がなぜ法の本質に属するかについても，ラズは法体系論――とくに，法体系の構造の問題――と関連づけて説明している。すなわち，強制が法の究極的な基礎であるということの意味は，それがいくつかのD法に対する服従の標準的理由（の一部）であり，かつD法が他のすべての法規範によってきわめて多様な仕方で前提とされ，そして，それらの法規範をとおして，その法体系における他のすべての法によって前提とされている，ということである[63]。ただし，ラズは，法における強制の役割について，強制的サンクションに依拠する第Ⅷ章の分析を後に修正していることにも留意する必要がある[64]。

さらに，規範が制度化されているということの意味について，ラズは，裁判所のような法適用機関や立法府（および判例法主義をとる国の裁判所のような）

決定することにより，その行為を指導することを企図するルールは，規範である（本書273頁）。
   61　これは，前述したP法（権能付与法）の存在を指摘したことによる。
   62　本書197-199頁参照。
   63　本書217-219頁。
   64　本書250頁注6。Raz, *PRN*, Sect. 4.3, 5.2.

法創造機関によって——いわばシステマティックに——法が創造・承認・執行されているという点に注目しているようにもみえる[65]。ここでは，裁判所や立法府のような恒常的な「機関」(institutions) の存在が，制度化 (institutionalization) の一つの指標とみられている。それは究極的には，ルールの創造・確認・実現の仕方に反復・継続性，それによる安定性を与える仕組みであるということができよう。このことは，例えば，第一次的な法適用機関の同一性が法体系の連続性ないし同一性を判定する重要な要素であることなどに現れている[66]。こうして，第一次的機関の基本的形態を分析することにより，ある規範的体系が法としての地位をもつか，法以前の地位にあるか，その境界線を明らかにすることができる。しかし，そのことの重要性は，ある規範的体系が法体系か否かを判定するというよりも，移行期——法以前の体系から法体系へ，あるいはある法体系から別の法体系への移行期——にある規範的体系には様々なタイプの規範が存在することが明らかになる点にある[67]。

(3) 法体系の存在

ラズは，原初的法 (an original law) の存在を認めている。それは，法を承認する理由が，その法を定めた人または団体の権威に関係しているというものであり，そうした人または団体が法を創造する資格を他の法によって与えられているのではなく，第一次的機関ないし裁判所も法を創造するのではなく，そうした人または団体の定めた既存の法をたんに適用しているにすぎないという形で存在する法である。

これは，ハートのいう承認のルールの特殊性を認めることでもある。承認のルールは，その存在が他の法の中で定められた指標によって決定されるのではなく，それが現実に適用されているという事実によって決定される点で，他の

---

[65] 本書224-225頁参照。規範ではない法の存在は，オノレによっても認められている。オノレは，①存在に関する法，②推論のルール，③範疇化のルール，④範囲に関するルール，⑤地位を明確化するルールを挙げる（これらに対するラズのコメントにつき，本書266頁注20参照）。

[66] 本書226頁参照。

[67] 本書228頁。この意味では，ある規範的体系が法体系か否かを判定することは，それ自体としては不毛な問題である。

法とは異なる。ハートがいうように，承認のルールは裁判所，公務員および私人が一定の指標に照らして法を識別するという調和した実践であり，したがって，承認のルールの存在は事実の問題である[68]。

さらに，ラズはハート理論の分析を進め，承認のルールが義務賦課規範か権能付与規範か——ハートによれば，すべての法が規範であり，すべての規範が義務賦課規範か権能付与規範かである——を問う。承認のルールは，一見すると，公務員と私人を含む一般大衆に向けられた権能付与ルールであるかのようにみえる[69]。しかし，ハート理論によれば，第一次的ルールとしての義務賦課法は慣習法たりうるが，第二次的ルールとしての権能付与法は，ある法体系の承認のルールでない一部でないかぎり，慣習法たりえない。そこで，慣習的実践に基づく事実の問題としての承認のルールは義務賦課法であると考えざるをえない。ところが，承認のルールが義務賦課法であるとすれば，承認のルールの対象者は一般大衆ではありえない。なぜなら，通常の人々に一定の法を識別すべく課される義務は存在しない（それゆえにまた，通常人はそのようにして法を識別する法的権能ももたない）からである。したがって，承認のルールは公務員を名宛人とするD法と解さざるをえない。その結果，大衆全体の行動ではなく，公務員の行動のみが，承認のルールが存在するかどうかを決定することになる，とラズは分析する[70]。

ここでラズは，ハート理論の問題点の核心を指摘しようとする。すなわち，あるルールが法的に有効かどうかを問われたとき，ハートは「この問題に答えるためには，**他の何らかのルールによって与えられた有効性**の指標（a criterion of validity）を用いなければならない」と述べている[71]。しかし，ラズはまさにこ

---

68 本書221頁，234頁。このことは，ハート自身は必ずしも認めていないが，承認のルールはつねに慣習的なルールであり，立法されたルールではないということを意味しうる。
69 本書234-235頁。
70 本書235頁。ラズは，とりわけ裁判官が法的観点に従って行動しているか（行動すべきものとされているか）に注目する。深田・前掲（注3）「法規範と法体系」66-67頁参照。
71 Hart, *CL*, p. 103. 強調はラズによる（本書235-236頁）。このことは，下位規範を定立する行為の根拠となる上位規範の存在が必要とされ，その上位規範の定立行為の根拠となるさらに上位の規範の存在が必要とされ，そのようにして最終的な定立行為を根拠づける根本規範の存在を要請するケ

の仮定——ハート理論にとっての基盤的仮定——に疑問を投げ掛けるのである。すなわち，ラズは，ある法体系においてある法が法として存在するかどうかは，最終的にはその法体系に属する法を参照することによってではなく，通常人の観点から（公務員の行動を）みた場合の「法理学的な指標」(a jurisprudential criterion) ないし「法についての一般的真理」(a general truth about law) に照らして判断しなければならないとみる。その際にラズは，ハートと異なり，あらゆる法体系にはただ一つの承認のルールが存在しなければならないとは考えておらず，様々な承認のルールが存在し，それぞれが異なった種類の公務員に向けられており，様々なタイプの法を規定することがありうることを認めている。また，ある法体系の第一次的機関が，当該体系の承認のルールに従うべき義務を負っていても，実際にはそうせずに，他の法を承認したり，当該体系の承認のルールが規定するサンクションを課さないこともありうる[72]。ここに，ラズによるハート批判の核心があるように，私には思われる。と同時に——より重要であると思われるが——，そのことは，法が法たるゆえん，法の存在の究極的根源が，法体系外在的に存在するのではなく，法体系内在的に存在することを示唆していると解される。しかし，法の存在の根拠が法体系内在的に存在すると認めることは，必然的に法体系の内容の問題——法体系論の第四の問題——の領域に一歩踏み込みつつあり，法体系論ないし法概念論と法価値論ないし正義論の接点をなしているものと考えられる（後述(4)）。

　この点に関して，ラズは，法の執行の問題，実効性の問題，生きた法と紙に書かれた法との関係に関するよく議論される問題について，特色のある視点を提示する。すなわち，法の最低限の実効性 (minimum efficacy) があらゆる法の有効性 (the validity) の必要条件であるとみたケルゼンに反し，制定法や規制は，たとえそれらが大衆によって無視されたり，さらには警察によって無視され，裁判所において訴追されず，当事者によっても法適用機関においても援用され

ルゼンの見解にも当てはまるものと解される。
　72　本書236-237頁。なお，ラズの理論とハートの理論との相違については，深田・前掲（注3）「法の個別化理論と法体系の構造論」25頁も参照。

ないとしてもなお，それらが「第一次的機関の面前において，同機関が承認し，行為の根拠とする権能の適切な行使に際して提示されるのであれば，それらは依然として有効な法（valid laws）である」とみる。それゆえに，たとえ法が大衆に対して影響力をもたないとしても，そのことがただちに法が存在しないことを意味するものではない。犯罪摘発率の低さも，人々が一定の法に対してさほど重きを置かない傾向を生じさせるものの，なおそのことは法が存在しないことを意味するものではない[73]。ここにこそ，ラズの法体系論の最も特徴的な核心部分があるとみてよいであろう。

その結果，ある社会が二つの法体系——例えば，宗教的法体系と国家的法体系——によって支配されることがありうるのであり，両者は，しばしば衝突するとしても，併存可能であるとみられている[74]。ここでは，一つの社会に二つの法体系が存在しうることが認められている。その際，ラズは，法体系の存在に関する二つのテストを提示する。①第一は，予備的テストである。これは，ある社会において法体系が存在するかどうかを確認するための，法体系の一般的な実効性についてのテストである。例えば，大衆による法への服従，法が知られている程度，法が人々の行動に影響を与える程度，法的権能の行使が利害関係のある人々の明白な利益になるであろうという理由から期待されているといったような法的権能の利用のされ方などである。結果的に，ある社会において一つ以上の法体系が予備的テストを通過し，実効的なものと判断されることがありうる。

②第二は，排斥のテストである。これは，問題となっている複数の法体系が相互に排他的（したがって，併存不可能）なものか，排他的である場合に，それら競合する法体系の比較，とりわけ憲法的諸法の実効性の比較により，どれが最善の法体系かを確かめるものである。結果的に，競合する法体系がほぼ同等の資格をもち，判断が未決定のままにされなければならないこともありうる。

そして，法理学的議論においては，①ある社会におけるある規範的体系が法

---

73 本書 237-238 頁。
74 本書 245 頁。

体系であるかを決定する問題と，②複数の法体系のうちのどれが当該社会を支配する法体系かを決定する問題とを区別すべきことに，ラズは留意している[75]。その際にラズは，①ある社会において複数の法体系が併存可能か否か，また，②ある社会においてどの法体系が支配的ないし優越的かを判断するに当たり，当該社会の社会的・組織的特色を重視しており，「社会」(society)――それは当該規範体系の適用領域，適用対象者，実効的存在領域を含む――の実際と法体系の不可分の関係を無視できないものとみる[76]。それは，「法」というものをそれが存在する社会から切り取られた切片として分析するのではなく，当該社会の組織的特色およびその規範的構造の中で捉えようとするラズの基本的立場を反映している。それはまた，法をたんに独立したルールとしてではなく，法体系として捉えることの一面でもある。この意味では，法体系はけっして自足的な社会組織ではなく，ある政治システムの一側面ないし一次元であることを認めざるをえない[77]。

(4) 法体系の内容の問題へ

しかしながら，他面で，法体系には他の規範体系と異なる構造と内容が存在し，そのかぎりで自律性をもつ存在であることも事実である。ラズは，法の政治性を強調するあまり，法の自律的考慮要因 (autonomous [legal] considerations) の重要性を過小評価してはならないことにも注意を喚起している[78]。この点もまたラズの法体系論の特色としてけっして見逃してはならないことを，私は強調したいと考えている。というのも，この自律的考慮要因こそが，法の本質 (the essence of law) ――すべての法体系に存在し，それによって法体系が法体系たりうる性質――をなすからである。ラズ自身は，そうした法の内容的特色として，法が開かれており，包括的で，かつ最高であるという要素に着目する

---

75 本書243-246頁参照。
76 本書245-246頁。
77 法は，国家，教会，遊牧民族，その他の政治システムの一側面であり，法の存在も同一性も，法がその一部をなす政治システムの存在と同一性に結びつけられており，時を超えた法体系の同一性はそれが一部をなす政治システムの継続性に依存する。本書249-250頁。
78 本書251頁。

に止めており，正義論や価値論の領域には踏み込んでいないが，それらは政治システムの中で法が果たす特別の役割を説明するものであるとみている[79]。

こうしてラズは，本書における法体系論が法体系の存在，同一性および構造の問題を扱うに止まると述べているものの[80]，実際にはそれらの問題を法体系の内容の問題と無関係のものとして論じているのではなく，むしろそれらの問題を追及してゆくと必然的に法の内容の問題に一歩立ち入る所，少なくともその境界域ないし接点に立ち至らざるをえないこと，それにより，法体系論の四つの問題が絡み合う包括的な法体系論像を強烈に示唆する点を見逃すべきではあるまい。この最後の示唆を抜きにしては，やはり本書の真の面白さは伝わってこないように思われる。この意味で本書は，法体系の存在・同一性・構造の問題がその内容の問題と不可分であることを——やや逆説的ながら——示す結果になったということもできよう。

---

[79] 本書251頁および同所注9参照。また，Raz, *PRN*, Sect. 5.1 も参照。さらに，本書299頁注57も参照。加えて，法体系の内容との関係では，あらゆる法体系が何らかの権利を認めており，どの法体系の法もその多くが権利に関するか，権利の存在を前提としていると，ラズみている点が注目される（後述5参照）。私は，法体系に共通する内容的特色を，法の「普遍妥当性」——一定の内容をもったルールは，各社会のすべての構成員に対し，その好むと好まざるとにかかわらず，遍く妥当することを求めるという性質——として捉えている。それは，法を習俗・道徳・宗教といった他の社会規範から区別する指標であるとともに，法に特徴的な強制可能性，そしてそれゆえに要請される法の階層性（下位規範と上位規範，第一次的ルールと第二次的ルールなど）の究極の源泉であると考えている。松尾弘『良い統治と法の支配——開発法学の挑戦——』（日本評論社, 2009）213-214頁参照。

[80] ラズは，本書が法体系論の四つの問題のうち，主として同一性の問題と構造の問題に集中し，存在の問題は批判的に論じられ，内容の問題はまったく論じなかったとする（内容の問題は，Raz, *PRN*, Sect. 5.1 で言及されている）。この点については，ラズの法体系論が，法と道徳との関係，個々の法体系がその歴史的背景の下で含んでいる特定の内容・価値の問題を捨象しているとして，批判的になっている。そして，法体系の存在はその内容が価値的ないし目的的に正当なものとして承認される点にあるとみて，法体系の存在の基準はその内容・価値を捨象しえないとみるドゥオーキンの見解との相違が指摘されている。深田・前掲（注3）「法規範と法体系」68-70頁。しかし，ラズは法体系の内容の問題を本書の中では論じなかったとするものの，それが法体系の存在・同一性・構造の問題と完全に分離可能ではないことを認めている（むしろ，強調している）と解される。この点を示唆するのが，前述した法に固有の内容的特色としての自律的考慮因の承認である。それに関するラズの「源泉テーゼ」(the sources thesis)——人々の行為の法的理由は，その存在および内容が，道徳的議論に訴えることなしに，社会的事実のみに基づいて立証されうるようなものである（本書252頁。後掲注100および該当本文，深田三徳・前掲（注3）「J・ラズの法理学について」6-11頁も参照——も，このように法の存在と内容の密接な関連性が承認されていることを前提にして理解されるべきであろう。

4 法体系における法の規範性と実効性

　以上に概観したラズの法体系論のうち，法体系の内容にも関わる問題として，以下ではとくに興味深い二つの点について，やや立ち入って分析してみよう。一つは，法の規範性の根源がどこにあるか，規範である法に内在するか，規範である法の外部から付与されるか，とくにそのこととの関係で，法の規範性と法の実効性との関係（法はその実効性を欠いていても規範性は維持されるか，あるいは法は一定程度の実効性がなければ規範性は保たれないか）についての分析である（本節）。また，もう一つは，法体系において特殊な内容をもつ法であり，しかし，現代の法体系においては欠くことのできない重要性をもつと広く認められている権利の位置づけについての分析である（後述5）。

　ラズは，法（D法やP法）の規範性について，それらのルール（D法やP法）によって企図された行動に付随するサンクション，その他の帰結を必要不可欠とみる当初の説明（規範である法は，それが企図する行動に付随してサンクション，その他の何らかの帰結――処罰，報酬など，不利益の賦課，利益の供与，税制上の優遇の有無など――によって担保されなければ，規範性を維持しえないとの考え方）を後に放棄している[81]。そして，ラズ自身が当初本書で提示した規範＝サンクションの賦課または便宜の供与による人間行動の指導という前提自体に大きな変更がみられる点が，極めて興味深い論点を提示している。

　すなわち，ラズは，本書・第二版において書き加えられた最終章において，ルールの規範的性格とルールがもつ動機づけの効力について，「ルールの規範的性格は，そのルールがもつ動機づけの効力を測定する際の決定的に重要な一要素である」ものの，「これと反対に，ルールがもつ動機づけの力がその規範的性格を決定するという」認識は誤っていることを指摘する[82]。そして，ラズは，ルールの規範的性格が，行為の理由を決定しようとする「法の企図」（the law's

---

　[81] 本書266頁注19。それに代わる新しい説明は，Raz, *PRN*, Chaps. 2 and 3で述べられている。
　[82] この点で，ラズはハートのケルゼン批判に依拠している。ハートは，ルールがもつ動機づけの効力は，そのルールの規範的性格を決定するのには十分でないとする（本書273-274頁）。

intention）というものに依存することを強調する[83]。

　ちなみに，法がもつ動機づけの効果を決定する要因について，ラズは，**①法執行機構**（the law-enforcement machinery）**が概して実効的なものであること**，および**②このことが一般的に知られていること**を挙げている[84]。これに対応して，ラズは，法は二つの方法で動機づけを行うとする。一つは，①様々な形態の行動に対して諸々の帰結を結びつけることによってであり，もう一つは，②行動のための諸規準（standards for behavior）を設定することによってである。そして，「施行されている法体系がどれも概して実効的であるとすれば，法的に定められた帰結が実際に実現されるであろうという，何らかの蓋然性が存在する。これらのありのままの事実について一般的な知識をもつ者は誰でも，この者が最小限の理性をもつと仮定すれば，動機づけに関して影響を受けるであろう。つまり，この者は，他の条件が同じであれば，好ましい法的帰結を招く行為の仕方を採用し，好ましくない帰結が結びつけられた行為を避ける気にさせられるであろう。これはまさに一見して自明の理であり，法がもつ動機づけの効力を全面的にサンクションに帰する理論の中に存在するすべての真実を含んでいる」[85]。

　ここでは，法の実効性とその周知性——その前提としての行動規準の設定——（の結合）が重視されている。もっとも，両者の関係については，まずは法執行機構の実効性が最低限の必要条件とみられているようにも窺われる。しかし，ラズは，「法はサンクションをとおしてのみ動機づけを行うものである」との主張をそもそも排斥している[86]。そして，行動規準を設定することによって法が行う動機づけは単純に，いかなる行為が禁止されているか，いかなる行為が許可されているか，誰が何をする義務を負い，誰が何に対して権利をもつか，ということを宣明することによって行われるとする。そして，「大抵の社会においては，様々な集団が，たとえ公務員を別にしても，法に対して一般的

83　本書 274-275 頁。
84　本書 273 頁注 29。
85　本書 275 頁。
86　本書 275-276 頁。

に，または一定の類型の法に対して……，遵守を要求する諸慣行（conventions）を受け容れている」とみる。そうした（一定の）法遵守の諸慣行の受容は，「迷信によることもあれば，道徳的もしくは宗教的確信，自己利益の考慮，あるいは単純に誰もがそれを信じているという事実などによることもある」[87]。重要なことは，法が行動規準を設定することによって行う動機づけは，まずはそうした素朴なルール遵守の諸慣行によって可能になるものと，ラズがみていることである。そして，そのような慣行こそが「法の実効性をありのままにかなりの程度説明する」ものと考えられている[88]。

このように法の規範性は，単純に外部的な強制の存在によって創出されるものではなく，より直接的には諸規準の鮮明化による人々への周知と遵守の慣行化によって支えられている。そうであるとすれば，たとえ「紙に書かれた法」であってもけっして蔑にすることはできず，それが規準の宣明と遵守の慣行化によって実効的な規範性を獲得する余地が認められるとみるべきであろう。

5　法体系における権利の位置づけ

ラズは法体系における権利概念の分析に強い興味を示している。なぜなら，あらゆる法体系が何らかの権利を認めており，どの法体系においても多くの法が権利という制度に関わるか，権利の存在を前提としているとみられるからである。それゆえに，ある者が一定の物理的客体に対し，または一定の人の上にもしくはこの者に向かって権利をもつという言明は，**主要言明**（key statement）と呼ばれている[89]。

まず，ラズは，ホーフェルトの権利概念分析の誤りについて指摘している[90]。とりわけ，権利を人と人との関係と捉える見方が不適切な理由について，ラズはオノレを参照し，論証している[91]。あらゆる権利を人と人との関係に還元することは，様々な権利そのものの本質の相違——例えば，典型例として，物権

87　本書277頁。
88　本書278頁。
89　本書206頁，215頁。
90　本書210-211頁。
91　本書212頁。

と債権の相違——を不明確にし，権利の本質とその救済手段とのレベルの相違を混同しており[92]，私見もこれに賛成である。

そのうえで，より興味深い点は，ラズが，**権利を設定する法**（laws instituting rights）の性質を，D法およびP法との関連において捉えようとしていることである。すなわち，権利を設定する法は，授与的法，剥奪的法および内容構成的法からなるとする[93]。そして，権利を設定する法は，基本的には，規範ではない法であると捉えられている[94]。すなわち，権利概念は，PR法をそれによって規制されるP法およびD法と関係づける手段であり，義務賦課に関するD法および権能付与に関するP法から，・個・々・の・義・務・賦・課・ま・た・は・権・能・付・与・に・共・通・す・る・一・定・の・諸・条・件を分離し，D法またはP法と内部的関係をもつ法の中に隔離するものである。ただし，権利に関するすべての内容構成的法は，PL法かD法のいずれかであり，それは，権利に関する授与的法または剥奪的法と内部的関係をもつ，とみられている[95]。

さらに，権利は，こうした既存の授与的ルール，剥奪的ルールおよび内容構成的ルールによって規制された次元とは異なる，もう一つの次元をもっている。それは，権利が一定の状況にある人々を保護するために新しいルールを生み出す権限を裁判所に与えることにより，新しい法を生み出す潜在的源泉になっているという側面である。こうして，「権利にはそれに先立つ条件付き義務の諸条件の一部であることよりも大きな力が残されている。諸々の権利は，裁判所の裁量を指導する諸原理である。裁判所は新しい義務（および新しい付随的権利）の創造を正当化する際に，権利の存在に依拠することができる」[96]。これが権利のもう一つの役割である。ただし，ラズは，あらゆる義務を権利から演繹することはできないとも考えていることに留意する必要がある。すなわち，

---

[92] 例えば，物権も，その救済手段としては，物権的請求権，損害賠償請求権など，債権と同様に特定の人に対する権利によって保護される。しかし，そのことが，物権も債権も人と人との関係であるという説明を単純に正当化することにはならない。
[93] 本書 207 頁。
[94] 本書 215 頁。
[95] 本書 213 頁。
[96] 本書 267-268 頁。

「権利はたんに，裁判所がすべての有効な道徳的考慮要因に照らして，その権利を保護するために行為することが最善であると判断した場合に，裁判所に対してそのように行為する権限を与え，またそれを命じるものである」[97]。したがって，義務は単純に権利の裏返しではないことには注意すべきである。

　以上のようなラズの権利概念分析は，第一の次元では，既存の義務賦課法および権能付与法の存在や適用を整序する手段として，また，第二の次元では，主として裁判所に対する権能付与法（およびその帰結としての義務賦課法）の源泉として捉えられている。もっとも，そこでは，権利の種類，とくに私権（人格権，物権，債権，家族法上の権利など）と国家的公権（立法権，裁判権，執行権など）および個人的公権ないし基本的人権（各種の自由権，社会権，参政権など）の区別は意識されていないように見受けられる。しかし，これら権利の種類の相違に応じ，それを規定するルールの内容は，授与的ルール・内容構成的ルール・剥奪的ルールのいずれについても，同一でないように思われる。例えば，国家的公権と私権とでは，権能付与の名宛人（対象者）のみならず，その規範的性格も異なる可能性があるように思われる。また，権利を設定する法の性質は，法体系の内容の問題に踏み込むことなしには，十分に取り扱うことができないであろう。ここにも，法体系の構造の問題と内容の問題との不可分の関係が示唆されているように思われる。これらの点は，本書の構想の延長線上にあるべき課題ということができよう。

6　法の定義

　本書におけるラズの法体系論の分析の最後に，最初に提示した「法とは何か」，法の定義の問題にラズがどのように答えているかを総括してみよう。本書においてラズは，法の定義に関する諸学説を批判的に吟味している。そこには，以下のものが含まれている[98]。

　ベンサムによる定義：法とは，主権者の意欲を宣明する諸表示の集合である。

　　97　本書268頁。
　　98　本書6頁，65頁，95-96頁，100頁，150-152頁，210頁（アルフ・ロスはケルゼンの定義を承継した），224頁参照。

オースティンによる定義：法とは，主権者の命令である。

ケルゼンによる定義：法は，強制的命令として，他の社会的命令と区別される。法とは，違反に対するサンクションを伴った規範であり，（サンクションを発動させるために）すべて公務員に向けられた（サンクション発動の）許可である。

ホランドによる定義：法は，主権的な政治的権威によって強制される，人間の外的行為に関する一般的ルールである。

サーモンドによる定義：法は，司法裁判所によって承認され，遵守されるルールから構成される。

これに対し，ラズ自身は，法とは，権威的な法適用機関によって承認され，強制される──この意味で制度的性質（the institutional character）をもつ──（行為の）諸理由（reasons）の体系であると定義している[99]。しかも，ここでいう（行為の）理由，つまり，法的理由は，その存在および内容が道徳的議論に訴えることなしに，社会的事実のみに基づいて立証されうるものであるとする点に，ラズの法体系論の特色がある。ラズはこのような法的理由の特色を源泉テーゼ（the sources thesis）と名づけている。

しかし，それはラズが法実証主義に与することを示すものではなく──ラズは，源泉テーゼは法実証主義者の排他的所有物ではなく，自然法論とも両立可能であるとする──，法的理由が「社会の構成員に対して権威的に拘束力ありと主張するものである」という点にある[100]。その際にラズは，法が遵守されるかどうかを含めて，社会の構成員がどのように振る舞うかについて，人々の行動における①熟慮段階（選択可能な行為の諸方法の相対的なメリット評価が行われる）と②実行段階（そうした評価は排除されている）とを区別し，源泉テーゼは法が両段階の区別を承認する司法制度が存在することを必要条件とするものであると捉えている。そして，法的理由においては，人々が選択した行為方法を道徳的にどのように評価しているかは問われず，そうした熟慮段階で問題にな

---

[99] 本書252頁。これはハートが承認のルールの中で表明した，法の同一性に関する議論の礎石をなす。

[100] 本書252頁。

るような道徳的議論に依存しない，実行段階における行為の理由が裁判所を拘束し，適用されるとみる。このように，源泉テーゼは，法を社会的意思決定の実行段階に位置づけるものであり，道徳的論証を援用することのない，実行段階の理由のみが，法的理由であると主張される[101]。それゆえに，権威的に拘束力ありと主張する法的理由が重要になるのである。

しかしまた，ここでも，ラズのテーゼを極端に純化ないし単純化することは正確さを欠くことに注意しなければならない。源泉テーゼは，法的理由とは裁判所によって有効であると判断された（意思決定の）実行段階の理由であることを主張するが，そのことは，裁判所が承認し，適用するすべての理由が法的理由であることも，道徳的理由が裁判所の判断の考慮要因とされることはないことも意味するものではない[102]。例えば，道徳的に問題のある契約の有効性が裁判所で否定されることがある。また，法的理由は裁判所のみに適用されるわけではなく，一般大衆を含むあらゆる行為者に向けられている。

7　法体系論の現代的意義

本書で提示されている法体系論の構想は，現代における立法，裁判，執行をはじめとする法的実践に対しても，様々な示唆を与えうる[103]。

例えば，法とは何か，人々はなぜ法に従うかといった法の規範性や実効性に関する問いは，開発途上国や体制移行国における法整備支援（協力）の実践の場で，首尾一貫した法体系への改革と法執行の強化がどのようにすれば可能になるかをめぐり，関係者が直面し続けている問題である。また，法の個別化の原理についてラズが提示する諸要件——個々の法は，①通常の法概念からできるだけ逸脱すべきではない，②あまり反復が多いものであるべきでない，③冗

101　本書 252-254 頁。
102　もっとも，後者の場合には，道徳的に問題のある契約を法的に決定的に有効としてはならないという源泉テーゼに従った命令が存在しているとみられる（本書 255 頁参照）。
103　ラズの法理論についての包括的な分析として，"Symposium: The Works of Joseph Raz," *Southern California Law Review*, Vol. 62, 1989, pp. 731-1235; R. Jay Wallace, Philip Pettit, Samuel Scheffler and Michael Smith (eds.), *Reason and Value: Themes from the Moral Philosophy of Joseph Raz*, Clarendon Press, Oxford, 2004; Lucas H. Meyer, Stanley L. Paulson and Thomas W. Pogge (eds.), *Rights, Culture, and the Law: Themes from the Legal and Political Philosophy of Joseph Raz*, Oxford University Press, 2003 がある。

長なものであるべきでない，④概念的にも同一性確認のうえでも，比較的単純であるべきである，⑤できるだけ自足的であるべきである，⑥法によって指導された行為状況を核心とすべきである，⑦多くの法に共通する諸特徴を分離した法をつくることにより，法体系における部分間の結合関係をできるだけ明確にすべきであるなど——（前述2）は，いわゆる途上国および先進国を問わず，グローバル化に対応しつつ，国家の伝統や現状に調和しうる新しい立法が求められている現時の状況下で，実践的な意義をもちうる。個々の法をどのような構成指針に基づいて立法すべきかについては，今なお標準的方法論が定着しているとはいえず，様々な動揺がみられるからである[104]。

さらに，政府が崩壊し，実力によって政権が移行した（あるいは移行しつつある）社会では，法体系の存在や連続性に関する法体系論の知見が，超憲法的に宣言された新しい憲法体制をどのような要件の下に正当化しうるか，新しい法秩序の構築をどのように説明すべきかを考えるためのヒントを与えている。とりわけ，そうした社会では，既存の法秩序のいわゆる根本規範が崩壊した場合にも，法体系の連続性を維持しうる要件を提示する修正ケルゼン説やラズの見解が，国家統治の指針を与えうる。また，宗教的法体系と国家的法体系が併存する国家において，法体系の存在・同一性・構造・内容に関する現状をどのように理論的に説明できるかは，将来に向けて法をより明確化し，制度化するために，不可欠の前提プロセスをなすものといえよう。

そして，このことにも関連しつつ，本書が，そしてそれが構想する法体系論が，現代の法状況に対してより根本的に重要な寄与をもたらしうると考えられるのは，法と社会（とりわけ国家）との緊張関係を正確に描こうとする点であろう。ラズは本書の中で，社会生活は，法体系だけでなく，宗教，国家，体制，民族などの複合的な諸形態から構成されており，法体系はそうした社会生活の

---

[104] なお，ラズは，個々の契約自体は法ではないとみている（本書258頁，261-262頁）。このことの含意も重要である。例えば，債務不履行の要件の立法化において，個々の契約文言そのものが債務不履行の有無を判断するためのルールとなりうるか，あるいはより一般化された法命題が必要か，議論を深める余地があろう。

諸形態の特徴づけの方法の一つにすぎないとみている。そして，法体系の同一性は，それが属する社会的形態の同一性に依存していることを指摘する[105]。オースティンのいう究極的立法者が同一であること，ケルゼンの強調する憲法的連続性ないし合憲性といった法理学的指標も，より包括的な社会的連続性の観点をまったく無視することはできないであろう。本書でラズも強調するように，それらの指標はあくまでも法体系の同一性を判断する一つの要素にすぎないとみるべきである。

その一方で，ラズは，法体系は他の規範体系とは異なる構造と内容をもち，自律性もあることから，法の政治性を強調するあまり，法の自律的考慮要因を過小評価してはならないことにも，慎重な配慮を促している[106]。

このような法体系の二面性，つまり，法体系と政治組織との関連性と相互の自律性は，一方で，法の本質を分析するための方法論的な基本枠組を再確認させるとともに，他方で，統治と法の緊張関係の分析へと法理論を進展させる契機をはらんでいる。この意味で，ラズの法体系論は，開発法学（Law and Development）――それは「統治と法の一般理論」と特徴づけることができる――にとっても不可欠の基本認識を提供しているように思われる[107]。

---

[105] 本書222頁。もっとも，法が政治と密接に交流し合うプロセス（例えば，立法，裁判のプロセスなど）の側面は，ラズにおいては「捨象されている」との批判もある。深田・前掲（注3）「法規範と法体系」70頁。たしかに，本書はそうしたプロセスの分析には深く立ち入っていない。しかし，ラズが法体系を政治的プロセスから完全に切り離された独自の存在としてのみ捉えていたのではないことも看過されるべきではないであろう。むしろ，後述のように，法体系を政治プロセスとの関連性と自律性の二側面において捉える点に，ラズの法体系論の特色があるものと考えられる。

[106] 前述3(4)参照。

[107] この観点から重要なことは，ラズが法体系における原初的法（an original law）――法を承認する理由が，その法を定めた人または団体自体の権威に依存しており，そうした人または団体が法を創造する資格を他の法によって与えられたのではない形で存在する法――の存在を認めていることである。そして，そのような原初的法が新たに創造されても，必ずしも法体系の連続性が断絶されるとは限らない（本書221頁）。その場合に最も顕著な形で問題になる承認のルールの性質については，それは権能付与法ではなく，義務賦課法であり，しかも公務員の行動における慣習的実践という事実の問題であるとみられている（前述3(3)）。このことは，どの社会においても法改革を試みるときには，当該社会の原初的法の存在と内容を確認し，新たに導入されようとしている法と原初的法との接合可能性を検討しなければ，法改革は成功しないことを予想させる。仮に法体系を地層として捉えれば，原初的法はその第一層に属する部分である。この点に関しては，松尾・前掲（注79）235-237頁参照。なお，開発法学の理論枠組における法体系論の位置づけに関しては，同書210-215頁参照。

訳者あとがき

本書は，Joseph Raz, *THE CONCEPT OF A LEGAL SYSTEM: An Introduction to the Theory of Legal System,* Second Edition, Clarendon Press, Oxford, 1980 の全訳である。同書は，「法とは何か」という問題に正面から取り組んできた法理学の理論史上，重要な位置づけを与えられている。それは，ラズの師であるハート（H. L. A. Hart）の啓発に満ちた著作『法の概念』（邦訳として，矢崎光圀監訳，みすず書房，1976年）における課題と方法を一層本格的に発展させたものであり，法理学史上は，ベンサム（J. Bentham），オースティン（J. Austin），ケルゼン（H. Kelsen），ハートと受け継がれてきた「分析的実証主義」（analytical positivism）の到達点に位置づけられている[1]。もっとも，ラズの立場を単純に法実証主義と割り切って特徴づけるのは，後述するように，けっして正確ではない。むしろ，本書から汲み取られるべき主張の核心は，以下にみるように，われわれがそれを手がかりにしてさらに展開させるべき，法分析への問題意識と方法論である。

本書では随所において，法の定義を試みた諸学説が，正面から詳細に吟味されている[2]。そして，法は，①規範的であり，②制度化されており，③強制的である，という三つの特徴をもつことが，ひとまず確認される。しかし，法を個々のルールに着目して定義してみてもあまり実り多い帰結をもたらさず，むしろ法は一まとまりの意味をもった体系としてはじめて機能しうるのであるから，そうした法体系全体の構造や内容を解明することが，法を適切に定義するための前提条件であることが確認される。これがラズの法分析の出発点である。そのうえで，そのような法体系論の萌芽が見出されるオースティンの理論の分

---

[1] George C. Christie and Patrick H. Martin, *Jurisprudence: Text and Readings on the Philosophy of Law*, 2nd ed., West Publishing Co., 1995, pp. 502 ff., esp. pp. 708–724.

[2] 例えば，法を主権者の「意欲を宣明する諸表示の集合」（ベンサム），「主権者の命令」（オースティン），「主権的な政治的権威によって強制される，人間の外的行為に関する一般的ルール」（ホランド），「司法裁判所によって承認され，遵守されるルールから構成されるもの」（サーモンド）などと定義する諸見解が吟味されている。本書312–313頁参照。

析と批判から出発し，ついで本格的な法体系論を最初に提示したケルゼンの理論の意義と欠陥を，ベンサムの理論との比較なども用いて，明らかにする。さらに，ハートをはじめとする現代の分析理論家の議論を検討することをとおして，法体系論の四つの主題である，法体系の存在，同一性，構造および内容について，それらを確認し，特徴づけるための指標を模索している。これらの分析をとおして，ハートのみならず，ベンサム，オースティン，ケルゼンといった，それほど親しまれているとは必ずしもいえない法学者たちの理論に触れる機会を提供していることも，本書の大きなメリットである。

　本書では，法は様々な個別法のネットワークとして捉えられているが[3]，そのような意味での法体系は，基本的に(a)①義務賦課法，②権能付与法および③許可授与法からなる「規範としての法」と，(b)それらの存在や適用に関し，諸規範を相互に関連づけるためにそれらと内部的関係をもつ「規範ではない法」から構成され，法体系はこうして相互に関連し合った諸法の複雑な織物とみられるべきことが確認されている[4]。このように法を構成するルールには，規範と規範ではないルールがあり，このうち，「法規範には少なくとも二種類のもの，すなわち，義務賦課的なものと権能付与的なものがある」(p. 229) ほか，その他の規範形態の存在も模索され[5]，また，これらの法規範と規範ではない法との内部的関係のパターンも検討されるなど，緻密な分析が進められている。その際には，規範とルールとが厳密に区別されたうえで，法との関係の明確化が図られている。

---

　[3] 例えば，「法体系というものは相互に連結した諸法の錯綜した織物とみなされるべき」(p. 183) であるとされる。
　[4] ルールの規範性は，それが人間の行動を指導する点にある。したがって，法の規範性については，「法は，その機能が人間の行動を指導することにあるがゆえに規範的である」(p. 168)。もっとも，「規範的体系が法体系であるのは，それが最低限度の複雑さをもつ場合のみである」(p. 141)。したがって，「どの法体系にも規範が存在する」一方で，「ある法体系における，規範ではない法は，法規範と内部的関係をもつ。つまり，そうした法は，法規範の存在または適用に影響を与える。さらにいえば，そうした法がもつ唯一の法的重要性は，それが法規範の存在および適用に影響を与える仕方にある」(p. 169)，とみられている。
　[5] 例えば，許可を与えるいくつかのルールも規範であるとみられている。さらに，権利設定的ルールの規範性は，権利に関する一層満足のゆく分析に待たなければならない，とされている (p. 229, note 28)。

法が体系をなすとした場合，一個の法とは何であろうかという問題が，新たに生じてくる。これは本書では，法の個別化（individuation）の問題として扱われている。結論的には，「〔法の〕内容の一単位が，一つの独立した法である」(p. 222) とされているが[6]，そのような法の単位でさえ，一つひとつがばらばらに存在するのではなく，いくつかの体系をなしている。すなわち，「法はがらくたの山ではなく，比較的標準的な方法で相互に関係づけられた異なるタイプの諸単位からなる，合理的に十分に組織化された構造」(pp. 223-224) であると考えられている。

ラズによれば，様々な個別法からなる法体系それ自体も，けっして「自給自足的」な社会組織ではなく，それを含む政治システムの，ひいては全般的社会システムの一部，一側面ないしは一次元にすぎないものと捉えられている[7]。このような認識は，（法）社会学，その他の分野で展開されている社会システム論との接点を見出す手がかりとしても，注目される[8]。このような見方は，法体系の連続性をどのように考えるかという問題において，とくに意味をもってくる。ラズはいう。「『憲法的連続性』(constitutional continuity) は，二つの定時点的体系が同一の法体系に属するかどうかを決定する際の一つの要素にすぎず，しかもそれは最重要の要素ではない。もう一つの要素は，権威づけされない法の内容である。新たな原初的法が法体系の連続性を断絶させるのは，それがきわめて大きな重要性をもつ憲法である場合だけである。／しかし，新しい法の

---

  6 その際には，「法概念は，法に携わる人々（それは，程度の差はあれすべての者）の活動やニーズに役立つように最も良くデザインされた仕方で鋳造されるべきである」(pp. 142-143)，「法の内容は容易に分かるようにすべきである。法の概念は，どの法の内容も大抵の場合には数少ない制定法，規則，判例などを調べれば分かるような仕方で形づくられるべきである」(p. 143)，といった実践的視点への配慮も示されている。

  7 そして，究極的には，「……法体系の存在は，それが適用される人々の大部分がもつ持続的で普及した行動パターンに依存している」(p. 150)。

  8 N. ルーマン／村上淳一＝六本佳平訳『法社会学』(岩波書店，1977 年)，N. ルーマン／土方昭監訳『法と社会システム』(新泉社，改訳，1988 年)，N. ルーマン／土方透訳『法システムと法解釈学』(日本評論社，1988 年)，T. ニックホフ＝N. K. ズンドビー／都築廣巳＝野崎和義＝服部高宏＝松村格訳『法システム——法理論へのアプローチ——』(ミネルヴァ書房，1997 年) などを参照せよ。もっとも，法の規範的存在構造としては，ラズ自身も「法はそれ自身の創造を間接的に権威づけることができる」との認識を肯定している (p. 138)。

『憲法的連続性』も，その法の内容も，法体系の連続性やその欠如を確証するための必要条件でも十分条件でもない。法体系はつねに，宗教，国家，体制，民族などといった社会生活の複合的な諸形態からなる法体系である。法体系は，これら社会生活の諸形態を明らかにする特徴づけの方法として役立つものではあるが，ただそうした特徴づけの方法の一つであるにすぎない。／法の重大な，かつ憲法と矛盾するような変更は，法体系がその一部をなしている社会的実体の同一性の変化を確立するのに十分なほど重要であるかも知れないが，その他の要因もまた考慮に入れなければならない。法体系の同一性は，その法体系が属する社会的形態の同一性に依存している。それゆえに，法体系の同一性の指標は，法理学的ないし法的考察によるばかりでなく，他の社会科学に属する考察によっても決定される」(pp. 188-189)。このような意味において，法体系はそれを含む政治システムの，ひいては全般的社会システムの一部にすぎず，したがって，憲法の連続性は，必ずしも法体系全体の連続性を意味するものではないことになるのである[9]。こうして解明されるべき問題の方向性は，社会システムと法システムとの依存・自律・緊張の各側面の包括的構造把握にあることが示唆されている。

　法体系の構造の解明に際して，しばしば問題とされる最重要テーマの一つは，法と権利および義務との関係である。この点に関してラズは，まず，権利と義務との関係について，マコーミック（D. N. MacCormick）に従い，権利が義務から独立して存在しうることを承認する（p. 225）。そして，権利を条件付きの義務に変形して表現することも可能ではあるが，権利には，それに先立つ条件付き義務の諸条件の一部であることよりも大きな力が残されていることを認めて

　9　このような視点は，例えば，明治憲法の改正規定（76条）に従いつつ，その基本原理を変更して成立した日本国憲法の誕生の法理を説明する場合にも，有効であるように思われる。「八月革命」説に対するためらいの背景には，事実としての法体系の連続性に対する意識が，多かれ少なかれ現実的に存在しているように思われる。仮にそうであるとした場合でも，問題は，その連続していたと考えられる法体系の現実的な内容である。これは，憲法をはじめとする法律の規定やその解釈の分析のみならず，政治システムや社会慣行の体系的構造にまで踏み込まずには，解明されえないであろう。Cf. Lawrence M. Friedman, "Legal Culture and Social Development", *Law and Society Review*, Vol. 4, No. 1, 1969, pp. 29 ff.

いる[10]。つぎに，法と権利との関係については，権利は法によって規制される一方で，権利が新たな法を生み出す源泉となることも指摘されている。すなわち，「法的権利は，一般に，二つの次元をもっている。一方では，権利は既存の授与的ルール，剥奪的ルールおよび内容構成的ルールによって規制されている。他方において，権利は新しい法の潜在的な源泉であり，その保護のために新しいルールを生み出す権限を裁判所に与えるものである」(pp. 226-227)。ここでは法体系における権利の一定範囲の根源性が承認されているとみられるが，いずれにしても重要なことは，「法体系の構造に関する一般理論が，権利に関する適切な分析のための前提条件」(p. 178) になっている，ということである。

さらに，法の基本構造に関するこのような分析は，必然的に，法の普遍性の問題にも通じている。すなわち，ラズも指摘するように，すべての法体系に共通する構造や，すべての法体系によって共有された内容が存在しうるのか，存在するとすればそれはどのような要素か，という問題である。このような問題意識は，近年一層重要性を増している発展途上国に対する法的な開発援助（法整備支援）のあり方といった現代的な問題に対しても，多くの示唆を与えうる。とりわけ，非西洋世界の法の独自性をどのように評価すべきか，これと西洋法との共通性を見出しうるか，西洋法の原理を非西洋世界にどこまで，どのようにして導入しうるのか，といった問題が，いわゆる開発法学 (law and development study) の分野などでは，繰り返し議論されてきた[11]。こうした法学の応用分野に対しても，本書で展開されているような「法の一般理論」は，多くのヒントを与えるであろう[12]。

---

10 例えば，「諸々の権利は，裁判所の裁量を指導する諸原理である。裁判所は新しい義務（および新しい付随的権利）の創造を正当化する際に，権利の存在に依拠することができる。……権利はまた新しいルールの『源泉』でもある。つまり，こうした権利を保護するために，まだ存在していない義務賦課的ルールが生み出されたり，その権利の行使を容易にするために，新しい権能が付与されたりすることなどがありうる」(p. 226) とされている。

11 Cf. Brian Z. Tamanaha, "The Lessons of Law-and-Development Studies: Review Article", *The American Journal of International Law*, Vol. 89, 1995, pp. 470 ff.

12 Cf. Joseph Raz, "On the Nature of Law", *Archiv für Rechts- und Sozialphilosophie*, vol. 82, Heft 1, 1996, pp. 1 ff. 本書 316 頁および注 107 参照。

本書で吟味され，批判され，修正された概念や理論は，《法を科学する》ための不可欠の道具となるに違いない。すでに述べたようなルール，規範，法の関係分析，法体系，政治システム，全般的社会システムの関係づけ，権利・義務と法との関係づけのほか，法の有効性（validity）と実効性（efficacy）との関係分析，言語使用における規範的（prescriptive）と記述的（descriptive）との区別，規範的言明における部内者的（committed）と部外者的（non-committed）との区別，法と時間との関係分析[13]など，従来の学説上の成果をも吟味しつつ，緻密な分析方法を貫く姿勢は，法の分析を深めるためには欠くことのできない道具的視角である。このような分析をとおして，各々の国・地域や民族に固有の文化諸領域との関連性も取り込みつつ，イデオロギーを超えた，科学的な法理論の構築が可能になるかも知れない。

本書で展開された主張に対しては，いくつかの異論も提起されている[14]。中でも，法体系の実質的な内容の分析，とくに特定の内容をもった道徳や価値との関係に関する分析が不十分であるとされる点は，決定的に重要であると思われる[15]。もっとも，このことは，ラズ自身も自覚しており，本書が法体系の内容の問題には深く立ち入らないことを，「序論」の中で断っている。この点は，分析法学の成果を法理学の核心問題である正義論とどのように関連づけるか，とりわけ，正義論自体がもつ体系とラズの法体系論との間にどのような接点を

---

[13] すなわち，「法体系というものは，つねにある一定の時点または一定の期間において存在する。……法体系というものは，ある一定の時点がその法体系の存続期間の一部である場合に，その各々の時点において存在するものである」（p. 208）とみられている。

[14] 例えば，深田三徳「法規範と法体系——イギリスにおける最近の議論の紹介と検討——」『法規範の諸問題・法哲学年報（1977）』（有斐閣，1978 年）52 頁以下，とくに 68 頁以下，同「法の個別化理論と法体系の構造論—— J. ラズの見解の紹介とドゥオーキンの批判を中心にして——」同志社法学 151 号（1978 年）1 頁以下，田中成明『法的空間——強制と合意の狭間で——』（東京大学出版会，1993 年）162 頁以下など。また，中村晃紀「法体系の概念——ジョゼフ・ラズの法体系理論——」『正義・法哲学年報（1974）』（有斐閣，1975 年）147 頁以下にも紹介がある。なお，本書の第一版（1970年）の刊行後，J. Raz, *Practical Reason and Norms*, Hutchison, 1975 が出版され，その中では前著に対する若干の修正も行われているが，それらを踏まえ，本書の第二版（1980 年）では，「おわりに」（Postscript, pp. 209 ff.）の中で，そうした修正について改めて触れられている。

[15] 「これはまさにドゥオーキンの示唆している最も重要な問題提起であり，それはイギリス法理学の法実証主義的伝統に対する挑戦である」とされる。深田・前掲（注 14）「法規範と法体系」70 頁。

見出すことができるか，という問題であるようにも思われる。これは将来の大きな課題であるとともに，それ自体が法学の発展方向を大きく左右することになるであろうと予想される。この点に関しては，本書の中でも，法の存在・同一性・構造の問題をそれぞれ突き詰めてゆくと，法の内容の問題に一歩踏み込まざるをえないことが示唆されている[16]。

　この点に関連して付言しておく必要があると思われるのは，ラズの理論がもっぱら法実証主義に属すると特徴づけることは，必ずしも正確ではないという点である。たしかに彼は，「法体系というものは，行為の諸理由の体系として観念されうる。その同一性の問題は，どのような理由が法的理由であるかの問題である」とし，「法とは，権威的な法適用機関によって承認され，強制される諸理由の体系である」(p. 212) と述べたうえで，「法的理由とは，その存在および内容が，道徳的議論に訴えることなしに，社会的事実のみに基づいて立証されうるようなものである」とし，いわゆる「源泉テーゼ」(the sources thesis) を提示する。しかし，その際にラズは，「このテーゼはそれを受け容れる法実証主義者と，それを拒絶する自然法論者という，名高い主唱者たちの間の相違を画するものである，とみなす誘惑に駆られるかも知れない。たしかに，このテーゼが〔自然法論者と法実証主義者という〕歴史的な区別と強い関係をもつことは疑いないが，しかし，このテーゼがそのどちらかの学派による排他的な所有物であると主張することはできない」と明確に述べている (pp. 212-213)。しかも，源泉テーゼは，自然法論者の主張と両立可能であることも示唆されている (p. 213, note 11)[17]。

　16　本書 306-307 頁参照。ちなみに，「権利を設定する法について」と題された第VII章第3節では，「どの法体系においても，その多くの法は，権利という制度に関わるものであり，あるいは権利の存在を前提にしている」(p. 175) として，権利を制度化する法の性質，および権利の制度におけるD法とP法の役割について，一定の考察が行われている。
　17　ラズの法理論を自然法論か法実証主義かという定式で特徴づけること自体が，ラズの法理論の中心的企図に沿わないものであろう。ラズの法理論の積極的貢献は，法の本質の説明において，実証可能な実定的なものと，そのような実証性を受け入れないものとしてこれと分断される傾向のあった規範的なものとの「関係づけ」を深めた点に見出されるといえよう。森際康友「自律・権威・公共善——ジョゼフ・ラズの政治哲学——」同編『自由と権利——政治哲学論集——』（勁草書房，1996）332-337 頁，とくに 336 頁参照。

いずれにせよ，法の存在・同一性・構造・内容の諸問題が密接不可分に絡む法体系論こそが法の本質に迫る本道であることを明らかにする点で，本書は読者に対し，社会における法の《現存在》を意識させ，あるいは目には見えないが法の姿を予感させ，当該社会に現存する法の真の姿を理解することへの意欲を搔き立てるに違いない。そのことはとりもなおさず，当該社会そのものの仕組みをその骨格から理解することへと通じる。数あるラズの著作の中で，1980年に第二版が出された本書の翻訳に，訳者が今更ながらに着手したのは，まずは本書に見出されるこうした問題意識のもち方，問題への切り込み方，過去の主要な諸学説の吟味……といった方法論的な示唆の豊富さにある。本書の中から汲み取るべきことは多く，含蓄の深い分析視角が数多く含まれている[18]。

本書の訳出および出版に際しては，とりわけ企画当初から支援してくださった新田敏教授のお世話になった。そのお力添えに心より感謝申し上げたい。また，森征一教授には，難解な原文に訳出が進まず，挫けそうになっていた時期に心強い励ましをいただいた。さらに，修士課程在学中から私のゼミナールに参加してきた佐藤知佳子さん（訳出当時，法政大学大学院社会科学研究科博士課程）は，私の訳稿すべてに丹念に目を通し，訳語のほか，内容の解釈についても多くの適切な指摘をしてくれた。それに従って改訳した部分も少なくない。なお残されている不適訳の責任が，それらを活かしきれなかった私にあることはいうまでもない。そして，本書もその一環である私自身のプロジェクトの趣旨を諒解され，厳しい出版事情の中で励まし続けてくださった慶應義塾大学出版会の田谷良一氏，仕事の遅い私に対し，『民法の体系──市民法の基礎──』（慶應義塾大学出版会，1997）に引き続き，忍耐強く様々なアドバイスをくださっている同出版会の近藤幸子さんにも，心からお礼を申し上げる次第である。また，この場を借りて，いつも私の無謀な企ての犠牲になりながら，見通しのつかない研究生活を支えていてくれる家族たち，家内の美春と剛弥，和弥にも感謝したい。

　18　なお，ラズの主要論文の多くが，深田三徳編『権威としての法──法理学論集──』（勁草書房，1994年），森際編・前掲注17に邦訳されている。

そもそもこの度の訳出は，名もない一介の研究者のリクエストに応じて様々な便宜を図り，最初の軌道に乗せてくださったジョゼフ・ラズ教授のご配慮がなければ始まらなかった。訳業の遅れという，災いならぬ怠慢が福に転じて，本訳書の校正時期が訳者のオックスフォードにおける在外研究期間と重なったことから，不明な点を直接にラズ教授に確認しながら校正にあたることができたことも，私にとっては新しい発見や刺激に満ちた忘れえぬ思い出となった。自らの知見と能力を超えるがゆえに苦しく，かつ楽しくもあった作業の末の本訳書の出版が，われわれの法概念と法理論のさらなる深化・洗練・発展にわずかなりとも寄与するところがあれば，幸いである。

　1998年9月25日
　　　　　　　オックスフォード，オッカム・コートにて　　　松尾　弘

復刊によせて

　1998年11月に本訳書が出版されてから，すでに12年余りが経過した。この間，幸いにも本書は，地味ながらも，根強い読者の関心を引き続けてきた。そのことは，法の本質への正統なアプローチといえる本書の内容に照らして十分な理由があると，私は考えている。そして，この間の少なからぬ年月の経過にもかかわらず，本書および法体系論の意義は，薄れるどころか，昨今のグローバル化に伴う大きな法改革の流れの中で，ますます重要性を増していることが実感される。もっとも，本書の叙述がやや難解であり，一読して直ちに何らかの結論や判断を手短に導き出す類の著作として利用しやすいものでないことが，とりわけ昨今の法律学の書物の全般的傾向からすれば，難点ないしアドヴァンテージに欠ける点といえるかも知れない。

　そこで，この度は，改めて全文を読み直し，少しでも表現を分かりやすくできる部分は改訳した。また，全訳の後に，本書におけるラズの主張をより簡潔に理解するための指針として，「ラズの法体系論——『法体系の概念』の意義と課題——」と題する論考を付加した。本小稿が，本書への理解と法体系論への関心を一層深める契機になれば幸甚である。

　本改訳および本小稿の追加は，法学におけるラズの法体系論の良き理解者である，岡田智武氏（慶應義塾大学出版会）の力強いご支援によって実現された。ここに記して謝意を表する次第である。また，私事ながら，この間も筆者を支え続けてくれた家族たち，美春・剛弥・和弥・史弥に感謝したい。

　　　2011年3月31日
　　　　　　　鎌倉，常盤台にて　　　　　　　　　　　　　　　松尾　弘

文献目録　本書の中で引用または言及された著作に限定する。

AUSTIN, JOHN, *Lectures on Jurisprudence*, John Murray, London, 5th edn., 1885.
―――*The Province of Jurisprudence Determined*, The Noonday Press, New York, 1954.
―――'The Uses of the Study of Jurisprudence', published in the same volume with *The Province*.
BENTHAM, J., *A Fragment on Government*, Blackwell, Oxford, 1960.
―――'A General View of a Complete Code of Laws', in *The Works of J. Bentham*.
―――*The Limits of Jurisprudence Defined*, Columbia University Press, 1945.
―――*Of Laws in General*, The Athlone Press, 1970.
―――*The Works of J. Bentham*, ed. by J. Bowrigg and William Tait, Edinburgh, 1863.
BROWN, J., *The Austinian Theory of Law*, John Murray, London, 1920.
BRYCE, J., 'The Nature of Sovereignty', in *Studies in History and Jurisprudence*, vol. ii, Clarendon Press, Oxford, 1901.
BUCKLAND, W. W., *Some Reflections on Jurisprudence*, Cambridge University Press, 1949.
D'ARCY, E., *Human Acts*, Clarendon Press, Oxford, 1963.
DAVIDSON, D., 'Intending', Y. Yovel (ed.), *Philosophy of History and Action*, Dordrecht, 1978.
DICEY, A. V., *Introduction to the Study of the Law of the Constitution*, Macmillan & Co., 10th edn., London, 1964.
DWORKIN, R. M., *Taking Rights Seriously*, rev. edn., London, 1979.（木下毅＝小林公＝野坂泰司訳『権利論』木鐸社，1986 年）
EEKELAAR, J. M., 'Principles of Revolutionary Legality' in A. W. Simpson (ed.), *Oxford Essays in Jurisprudence*.
FEINBERG, J., *Social Philosophy*, Englewood Cliffs, N.J., 1973.
FINNIS, J. M., *Natural Law and Natural Rights*, Oxford, 1980.
―――'Revolution and Continuity in Law' in A. W. B. Simpson (ed.), *Oxford Essays in Jurisprudence*.
FULLER, L., *The Morality of Law*, Cambridge, Mass., 1964.（稲垣良典訳『法と道徳』有斐閣，1968 年）
GRAY, J. C., *The Nature and Sources of the Law*, Beacon Press, 2nd edn., Boston, 1963.
HACKER, P. M. S., 'Sanction Theories of Duty, in A. W. B. Simpson (ed.), *Oxford Essays in Jurisprudence*.
HACKER, P. M. S. and Raz, J. (eds.), *Law, Morality and Society*, Oxford, 1977.

HARE, R. M., *The Language of Morals*. Oxford University Press, 1964.
HARRIS, J. W., *Law and Legal Science*, Oxford, 1979.
HART, H. L. A., 'Bentham on Legal Powers', (1972) *Yale L. J.* 81.
―― *Definition and Theory in Jurisprudence*, Clarendon Press, Oxford, 1959.（森際康友訳「法理学における定義と学説」矢崎光圀＝松浦好治ほか訳『法学・哲学論集』みすず書房，1990 年所収）
―― 'Kelsen Visited', 10 *U. C. L. A. Law Review*, 709.（小林和之訳「ケルゼン訪問」前掲・矢崎＝松浦ほか訳『法学・哲学論集』所収）
―― 'Legal and Moral Obligation' in A. I. Melden (ed.), *Essays in Moral Philosophy*, University of Washington Press, 1958.
―― 'Positivism and the Separation of Law and Morals', (1958) 71 *Harvard Law Review* 593.
―― 'Self-Referring Laws' *In Honour of Karl Olivecrona*.（石井幸三訳「自己言及法」前掲・矢崎＝松浦ほか訳『法学・哲学論集』所収）
―― *The Concept of Law*, Clarendon Press, Oxford, 1961.（矢崎光圀監訳『法の概念』みすず書房，1976 年）
HOBBES, T., *Leviathan*, Blackwell, Oxford, 1960.（水田洋＝田中浩訳『リヴァイアサン』河出書房新社，1966 年）
HOHFELD, W. N., *Fundamental Legal Conceptions*, Yale University Press, New Haven & London, 1964.
HONORÉ, A. M., 'Real Laws' in P. M. S. Hacker and J. Raz (eds.), *Law, Morality and Society*, Oxford, 1977.
―― 'Rights of Exclusion and Immunities against Divesting', (1960) 34 *Tulane Law Review* 453.
―― 'What is a Group', *Archiv für Rechts- und Sozialphilosophie* 61 (1975) 161.
HOLLAND, T. E., *The Elements of Jurisprudence*, Clarendon Press, 10th edn., Oxford, 1906.
KELSEN, H., *General Theory of Law and State*, Russell & Russell, New York, 1961.
―― 'On the Pure Theory of Law', (1966) 1 *Israel Law Review* 1.
―― 'Prof. Stone and the Pure Theory of Law', (1965) 17 *Stanford Law Review*, vol. 2, p. 1128.
―― *Théorie pure du droit*, Dalloz, Paris, 1962.
―― *The Pure Theory of Law*, University of California Press, Berkeley & Los Angeles, 1967.[1]（横田喜三郎訳『純粋法学』岩波書店，1935 年）
―― 'The Pure Theory of Law', (1934) 50 *Law Quarterly Review* 477, and (1935) 51 *Law Quarterly Review* 517.
―― 'The Pure Theory of Law and Analytic Jurisprudence' published in *What is Justice?*

1　私は大抵はこの *Reine Rechtslehre*（*2nd edn.*）の訳書を用いたが，時折，その翻訳が私の目的にとって重大なほどに原文から逸れていると考えられるときには，上に掲げたフランス語訳を用いた。

——*What is Justice?*, University of California Press, 1960.
KENNY, A., 'Intention and Purpose', (1966) 63 *The Journal of Philosophy* 642.
LYONS, D., 'Principles, Positivism and Legal Theory——Dworkin, *Taking Rights Seriously, Yale L. J.* 87 (1977) 415.
MACCORMACK, G., '"Law" and "Legal System"', (1979) 42 *M. L. R.* 285.
MACCORMICK, D. N., 'Rights in Legislation', in P. M. S. Hacker and J. Raz (eds.), *Law, Morality and Society*, Oxford, 1977, p. 189.
——'The Obligations of Reparation', *Proc. of the Aristotelian Society*, 78 (1977-8) 195.
——'Voluntary Obligations and Normative Powers', *Aristotelian Society*, Supp. vol. 46 (1972) 59.
MARKBY, W., *Elements of Law*, 5th edn., Clarendon Press, Oxford, 1896.
MUNZER, S., 'Validity and Legal Conflicts', *Yale L. J.* 82 (1973) 1140.
OBERDICK, H. 'The Role of Sanctions and Coercion in Understanding Law and Legal Systems', *Am. J. of Juris.*, 21 (1976) 71.
PRIOR, A., *Formal Logic*, 2nd edn., Clarendon Press, Oxford, 1962.
RAZ, J., 'Voluntary Obligations and Normative Powers', *Aristotelian Society*, Supp. vol. 46 (1972) 79.
——*Practical Reason and Norms*, London, 1975.
——'Promises and Obligations' in *Law, Morality and Society*.
——*The Authority of Law*, Oxford, 1979.
——'The Problem about the Nature of Law', forthcoming.
ROSS, A., 'A Review of Kelsen's *What is Justice?*, 45 *California Law Review* 564.
——*On Law and Justice*, Stevens, London, 1958.
——'Tû Tû', 70 *Harvard Law Review*, vol. 1, p. 812.
SALMOND, J. W., *The First Principles of Jurisprudence*, Stevens & Haynes, 1983.
——*Salmond on Jurisprudence: Eleventh Edition*, G. Williams (ed.), Sweet & Maxwell, London, 1957.
SIMPSON, A. W. B. (ed.), *Oxford Essays in Jurisprudence*, 2nd series, Oxford, 1973.
——'The Analysis of Legal Concepts', (1964) 80 *L. Q. R.* 535.
SOPER, E. P., 'Legal Theory and the Obligation of a Judge: The Hart/Dworking Dispute', *Mich. L. Rev.*, 75 (1977) 473.
STENIUS, E., *Wittgenstein's 'Tractatus'*, Blackwell, Oxford, 1960.
STRAWSON, P., 'Intention and Convention in Speech Acts', (1964) 73 *Philosophical Review* 439.
von WRIGHT, G. H., *Norm and Action*, Routledge & Kegan Paul, New York, 1963.
WILLOUGHBY, W. W., *The Fundamental Concepts of Public Law*, Macmillan, London, 1924.

人名索引

(人名のアルファベット順による。
数字は原著の頁数を指す。)

A

オースティン Austin, J. 1, 4-43, 62, 66, 93-5, 99-100, 105-8, 156, 166, 169, 183, 186-7, 190-1, 210, 220, 225

B

ベンサム Bentham, J. 1, 6-11, 17-18, 21, 43-5, 50-60, 62, 66, 70-2, 74-8, 85-6, 88, 90-2, 114, 121, 140, 142-4, 146, 150, 156, 165-6, 169, 175, 183, 186, 191, 205, 220, 225
ブラウン Brown, J. 42
ブライス Bryce, J. 41, 99
バックランド Buckland, W. W. 42

D

ダルシー D'Arcy, E. 52
デイヴィッドソン Davidson, D. 213
ダイシー Dicey, A. V. 41-3
ドゥオーキン Dworkin, R. M. 209, 220, 225

E

イーケラー Eekelaar, J. M. 209

F

ファインバーク Feinberg, J. 225
フィニス Finnis, J. 210, 213
フラー Fuller, L. 213

G

グレイ Gray, J. C. 42

H

ハッカー Hacker, P. M. S. 217, 224
ヘアー Hare, R. M. 46

ハート Hart, H. L. A. 1-3, 5, 22, 24, 28, 39, 68, 87, 121, 127, 147-50, 156-8, 165-6, 169, 178, 183, 198-200, 205, 210, 212-3, 220, 231
ホッブズ Hobbes, T. 30
ホランド Holland, T. E. 28, 41, 190
ホームズ Holmes, O. W. 219, 231
オノレ Honoré, A. N. 180-1, 209, 217, 223-5

K

ケルゼン Kelsen, H. 1-4, 11, 24, 43-50, 59-67, 70-3, 77-91, 93-140, 142-4, 146-7, 156, 169, 179, 183-4, 186-8, 191, 201, 210, 213, 220, 225, 231
ケニー Kenny, A. J. P. 54

L

ルウェリン Llewellyn, K. A. 219
ライオンズ Lyons, D. 213

M

マコーマック MacCormack, G. 209
マコーミック MacCormick, D. N. 225-6
マークビー Markby, W. 30-1
メルデン Melden, A. I. 148
ムンツァー Munzer, S. 225

O, P, R

オーバーディック Oberdick, H. 211
プライア Prior, A. N. 56
ロス Ross, A. 127, 129

S

サーモンド Salmond, J. W. 28, 42-3, 190-1, 197
シンプソン Simpson, A. W. B. 179, 209
ソーパー Soper, E. P. 213

ステニウス Stenius, E. 46
ストローソン Strawson, P. 62

フォン・ライト von Wright, G. H. 46, 51, 59
ヨーヴェル Yovel, Y. 213

W, V, Y

ウィラフビー Willoughby, W. W. 30

事項索引

(数字は原著の頁数を指す。)

あ行

意思決定 decision-making
 実行段階および熟慮段階における意思決定
 executive and deliberative stages of...
 213-4
O 規範 O-norms 159-65

か行

紙に書かれたルール paper rules 201-2
慣行 convention 234
慣習法 customary law
 オースティンの見解 39
 ケルゼンの見解 63-4, 66-7
起源の原理 principle of origin 18-9, 27, 93, 95, 108-9
規制的関係 regulative relations 162-5, 181-3, 185
規範 norms 44-69, 75, 159-63, 228-32
規範性, 法の the normativity of law 3, 157-9, 168-70, 201-2, 230-5
 ケルゼンの見解 130-7
規範的言明 normative statements 45-50, 113, 234-8
 応用的および純粋な規範的言明 applicative and pure... 49, 218
 ケルゼンの見解 131-7
 権利に関する規範的言明 ...of rights 176
 直接的および間接的な規範的言明 direct and indirect... 49, 73, 217, 238
 部外者の規範的言明 non-committed... 236-8
法体系の完全な記述 a complete description of a legal system 49, 73, 116, 189
法体系の全部の記述 a total description of a legal system 49
法体系の適切な記述 a proper description of a legal system 40-50, 73-4
論理的に純粋な規範的言明 logically pure... 218-9, 222
義務 duty 177
 オースティンの見解 20-1, 25, 28-9
 ケルゼンの見解 85-8, 90-1, 109
 ハートの見解 148-9
 ベンサムの見解 75-6, 86
義務賦課法 duty-imposing laws 147-56, 158-9, 162-6, 172-5, 181-3, 185, 199-200, 204, 206, 228-9
義務論的論理 deontic logic
 意思に関するベンサムの論理 Bentham's logic of the will 55-9
強制 coercion
 オースティンの見解 13-14, 23-4
 ケルゼンの見解 78-83
 サンクション sanction も見よ。
 法における強制 coercion in the law 3, 185-6, 211
許可 permissions 46, 56-8, 77-8, 84-6, 109, 114, 170-5, 227, 229-30
権限付与 authorization 227
原初的法 original law 60-1, 188
源泉テーゼ sources thesis 210-6
権能 powers 19-23, 29-32, 105-9, 112, 116-7,

138, 159-66, 171, 177, 228
規制的および立法的権能　regulative and legislative powers　162-6
権能付与法 power-conferring laws　156-67, 181-3, 185-6, 196, 199, 204, 206, 224-30
憲法 constitutional law
　オースティンの見解　33
　ケルゼンの見解　118-20
権利 rights　19-21, 28-32, 175-83
行為 action
　基本的行為 elementary acts　54
　行為状況／ある状況下の行為 act situation　52-3
　ベンサムの行為論　50-4
合意 convention　8-10
構造, 法体系の structure of a legal system　1-2, 24, 45, 50, 70, 73, 114, 140-1, 155-6, 169-70, 175, 181-7, 193, 196
　オースティンの見解　6, 22-6
　ケルゼンの見解　109-20
　作用的および発生的構造　operative and genetic structure　183-5
行動命令的規範 prescriptive norms　128-9, 156, 159, 161
個別化 individuation　45, 50, 70-92, 114-6, 140-7, 158, 169, 175, 216-28
　ケルゼンの見解　71-3, 77-92, 109-16, 120, 146
　個別化の共通形式 individuating operator　217-23
　ベンサムの見解　71-8, 85-93, 140, 146
根本規範 the basic norm　64-6, 95-7, 99-107, 114, 118-20, 128-40

さ行

作用的構造 operative structure　185
サンクション sanctions　76, 150-6, 185-6, 193-5
　オースティンの見解　12-4, 22-3, 25
　ケルゼンの見解　78-81, 84, 90, 118-9, 125-6
　サンクションを定める法　sanction-stipulating laws　114, 154-6, 174, 185-6
実効性 efficacy　5, 93-4
　実効性の原理 principle of...　17, 27, 33, 93, 203-5

服従 obedience も参照せよ。
指導的行動 guiding behaviour　124-5, 127, 156-9, 161-4, 168-9, 171, 228-30
社会的機能, 法の the social functions of the law　158, 229-30, 231-4
主権 sovereignty　5-11, 13-4, 27-33, 34-43, 93, 95, 99-100, 105-8
授与的法 investitive law　176-7
衝突, 法の conflicts among laws　172-3, 184, 197, 225
　ケルゼンの見解　78, 96
　ベンサムの見解　76-7
承認ルール the rule of recognition　197-200
所属資格, 法体系への　membership in legal system
　法体系の同一性 identity of legal systems を見よ。
処罰の関係 punitive relations　24, 114, 140, 156, 185
創造, 法の creation of law　67-9, 72-3, 171, 195-6, 220-2, 226-7
　オースティンの見解　11-4, 18-22, 38-41
　ケルゼンの見解　61-2, 66-9, 81-5, 117-20, 125
　ベンサムの見解　21-2, 75
存在, 法体系の existence of legal systems　1-2, 50, 73, 203-8, 210-1
　オースティンの見解　5, 11-8, 33-5, 41-3
　ケルゼンの見解　93-5
存在, 法の existence of laws　60-1, 67-9
　オースティンの見解　11-6
　ケルゼンの見解　60-7

た行

定言命令的規範 imperative norms　122-7, 156
同一性, 法体系の identity of legal systems　1-2, 50, 73, 101, 187-202, 210-2
　オースティンの見解　5, 10-1, 18-22, 33-41, 95, 105-9
　ケルゼンの見解　95-109
　ベンサムの見解　10-1
動態的正当化 dynamic justification　134-5
独立性の原理 principle of independence　25-7, 93, 114

な行

内部構造 internal structure 6, 24
内容構成的法 constitutive law 176-7
内部的関係 internal relations 6, 24, 114, 121, 140-1, 145-6, 156, 161, 163-4, 169-72, 181-3, 193

は行

廃止法 repealing laws 58, 62-4, 117, 184
剥奪的法 divestitive laws 176-7
派生的法 derivative laws 60-1
発生的関係 genetic relations 24-5, 114, 120, 164, 184
発生的構造 genetic structure 184-5
PR法 PR-laws 161-4, 181-2
PL法 PL-laws 161-4, 166-7, 181-2
批判的反応 critical reaction 147-54, 173
服従 obedience 5-7, 11, 14-6, 33-5, 94
　　服従法 obedience laws 21-3, 166-7
閉鎖原理 closure principles 170-1
法 a law 2, 44-5, 73-5, 170, 218-23;
　　オースティンの見解 5, 11-6, 23-4
　　ケルゼンの見解 59-69, 81-4
　　ベンサムの見解 21, 55-9
　　法の個別化および創造 individuation and creation of law を参照せよ。
法 the law
　　サンクション sanctions, 強制 coercion を参照せよ。
　　制度化された法 institutionalized... 3, 68, 191-4, 202, 210-2, 214-6, 232
　　法体系 legal systems を参照せよ。
　　法と道徳 ...and morality 6-7, 89, (4-8);
　　法の強制的性格 coericive character of... 3, 89, 211
法制度 legal institutions 3, 152-6, 173, 191-2, 202
　　法適用機関 law-applying organs を参照せよ。
法体系 legal systems
　　あらゆる法が法体系に属する every law belongs to... 1, 195, 209
　　定時点的法体系 momentary... 34-5, 48, 170-1, 187, 189-97
　　法体系の自律性 autonomy of... 171
　　法体系の必要不可欠な内容　　necessary

content of... 2, 210
法体系論 theory of... 1-2, 169-70, 209-10
法的言明 legal statements
　　規範的言明 normative statements を見よ。
法適用機関 law-applying organs 131-6, 173, 191-2, 211-2
　　第一次的な法適用機関 primary... 191-7
法律家の見解 lawyer's point of view 222, 231

ま行

無効，サンクションとしての nullity, as sanction 22
命令 command 5, 11-3, 23, 46, 128-31
　　黙示的命令 tacit... 39-40

や行

有効性の連鎖 chains of validity 97-100, 105-9, 113

● 著者略歴

ジョゼフ・ラズ（RAZ, Joseph）

　1939年生まれ。ヘブライ大学法学修士(1963年)，オックスフォード大学法学博士（1967年)。オックスフォード大学法哲学教授（ベイリオル・カレッジ)，コロンビア大学ロー・スクール教授のほか，ロックフェラー大学，オーストラリア国立大学，カリフォルニア大学バークレー校，コロンビア大学，トロント大学，エール大学ロー・スクール，ロンドン大学キングズ・カレッジなどの各客員教授を歴任。

　主要著作として，*The Concept of a Legal System*, 2nd ed., Clarendon Press, Oxford, 1980; *Practical Reason and Norms*, 2nd ed., Princeton University Press, 1990; *The Authority of Law*, 2nd ed., Oxford University Press, 2009; *The Morality of Freedom*, Clarendon Press, Oxford, 1986; *Ethics in the Public Domain*, Revised Edition, Clarendon Press, Oxford, 1995; *Engaging Reason: On the Theory of Value and Action*, Oxford University Press, 2000; *Value, Respect, and Attachment*, Cambridge University Press, 2001; *The Practice of Value* (ed. by R. Jay Wallace), Oxford University Press, 2003; *Between Authority and Interpretation: On the Theory of Law and Practical Reason*, Oxford University Press, 2009 などがある。

● 訳者略歴

松尾　弘（まつお　ひろし）

　1962年生まれ。慶應義塾大学法学修士(1987年)，一橋大学大学院法学研究科博士後期課程単位取得（1990年)。横浜市立大学商学部助教授，横浜国立大学大学院国際社会科学研究科教授を経て，現在，慶應義塾大学大学院法務研究科教授。この間，シドニー大学（1997年)，イエナ大学（1998年)の各客員教授，オックスフォード大学客員研究員（1998年～1999年)。

　主要業績として，『民法の体系──市民法の基礎──（第5版)』(慶應義塾大学出版会，2010年)，カナリス『法律学における体系思考と体系概念』(共訳，木村弘之亮代表訳，慶應義塾大学出版会，1996年)，「民法学の発展における自然法論の意義」姫路法学21号（1997年)，"Historical and Theoretical Intimacy between the Concepts of Rights and Property", *ARSP-Beiheft* 67, *Rights*, Franz Steiner Verlag, 1997, 『物権・担保物権法（第2版)』(共著，弘文堂，2008年)，『債権総論』(共著，法律文化社，2006年)，『民法と税法の接点──基本法から見直す租税実務──（新訂)』(共編著，ぎょうせい，2007年)，『ケースではじめる民法（第2版)』(共著，弘文堂，2011年)，『良い統治と法の支配──開発法学の挑戦──』(日本評論社，2009年)，"Let the Rule of Law be Flexible to Attain Good Governance", in: per Bergling, Jenny Ederlöf and Veronica L. Taylor (eds.), *Rule of Law Promotion: Global Perspectives, Local Applications*, Iustus, Uppsala, 2009, pp. 41-56, 『財産権の保障と損失補償の法理』(大成出版社，2011）などがある。

法体系の概念
――法体系論序説［第 2 版］

1998 年11月 5 日　初版第 1 刷発行
2011 年 9 月 5 日　解説追補版第 1 刷発行

著　者────ジョゼフ・ラズ
訳　者────松尾　弘
発行者────坂上　弘
発行所────慶應義塾大学出版会株式会社
　　　　　　〒 108-8346　東京都港区三田 2-19-30
　　　　　　ＴＥＬ〔編集部〕03-3451-0931
　　　　　　　　　〔営業部〕03-3451-3584〈ご注文〉
　　　　　　　　　〔　〃　〕03-3451-6926
　　　　　　ＦＡＸ〔営業部〕03-3451-3122
　　　　　　振替 00190-8-155497
　　　　　　http://www.keio-up.co.jp/

装　丁────渡辺澪子
組　版────株式会社キャップス
印刷・製本──株式会社丸井工文社
カバー印刷──株式会社太平印刷社

　　　　　　Ⓒ 2011　Hiroshi Matsuo
　　　　　　Printed in Japan ISBN978-4-7664-1871-2